CW01512243

Petites histoires pour devenir grand

SOPHIE CARQUAIN

Petites histoires pour devenir grand

À lire le soir, pour aborder avec l'enfant
ses peurs, ses tracas, ses questions

ALBIN MICHEL

.

© Éditions Albin Michel, 2003.
ISBN : 978-2-253-08510-2 – 1re publication LGF

à Thomas, Théo, Agathe et Daphné

Introduction

« Il est des rêveries si profondes, des rêveries qui nous aident à descendre si profondément en nous-mêmes, qu'elles nous débarrassent de notre histoire. Elles nous libèrent de notre nom. »

Gaston Bachelard, *Poétique de la rêverie*.

Un crocodile dans le placard...

Nos enfants, nous les connaissons par cœur. La forme de leurs ongles, leurs oreilles dentelées, leurs éclats de rire, leurs caprices et leurs colères... Normal, non ? Nous les avons « fabriqués », après tout... Pourtant, très vite, quelque chose nous échappe – tout simplement parce que la vie, la vraie vie, s'échappe toujours...

Ils ont leurs secrets, leurs « crocodiles dans le placard », leurs angoisses, leurs questions : « Pourquoi je l'aime, et pas elle ? », « Et papy, il est comment, là-haut ? Est-ce qu'il est heureux, au moins ? », « Et Dieu ? Tu penses vraiment qu'il existe ? »...

Et nous qui les imaginions encore à l'âge des roudoudous, des toboggans, les voilà déjà perclus de questions, de secrets. Nous hochons la tête, interloqués. Parfois, un zeste de nostalgie nous étreint, nous, les mamans un peu «mammas». Et nous pensons : «Déjà... déjà, toutes ces questions !»

Eh oui, déjà... Inutile d'attendre qu'il chausse du 39 pour le voir s'interroger avec acuité sur le cours du monde.

«L'enfant rêveur connaît la rêverie cosmique qui nous unit au monde», écrit Gaston Bachelard. Le désir de connaître est le premier pas vers toute philosophie.

Les enfants ne sont pas dupes de nos grands sourires de clown, nous qui cherchons à les protéger du mal. Ils ne sont pas non plus à l'abri des bobos de l'existence et des questions métaphysiques. Les orties du monde les piquent aussi, même si, chaque matin, nous, les parents, tel le Petit Prince, nous efforçons de ratisser nos petites planètes et de les expurger de tous les «baobabs» qui risquent de les blesser. Ne nous fions pas à leur silence. Même avant le cataclysme de l'adolescence, nos enfants ne vivent pas dans un monde tout rond, tout bleu, tout rose.

À 3-4 ans, ils commencent à avoir une petite conscience de la mort ; vers 10 ans, ils savent qu'elle est définitive. Après cela, essayez donc de ratisser les vilains baobabs sous leur nez...

Pour autant, comment leur parler de la mort, de la sexualité, de l'amitié, de l'argent, de la tristesse et de l'angoisse, de la solitude et de la camaraderie ? Du divorce et des disputes ? Comment leur dire que la nuit n'est pas si noire, que les cauchemars sont incontournables, que les adultes peuvent avoir des gestes déplacés ?

L'enfant cosmique

Lui, si naturellement philosophe, passe ses journées dans un lieu, l'école, qui répond à tout... sauf à ses interrogations. Entre les cours de géographie, de calcul ou d'instruction civique, pas question de philosopher !

Il lève le doigt pour citer les pays de l'Union européenne ou pour dire combien font 9 fois 8. Le reste ? Son appétit philosophique, il nous le sert sur un plateau, royalement.

Attention à ne pas étouffer dans l'œuf le philosophe qui est en lui, nous qui sommes si pressés, parfois, d'en faire un petit adulte 100 % adapté au monde réel ; un champion de l'adaptation, qui nous rapporte des bons points, court du judo au violon, tout sourire (même s'il est faux).

Attention à cette pression qui, écrit Pierre Péju, « maintient l'enfant dans l'infantile », avant de « le précipiter dans les problèmes de la pré-adolescence, sans avoir jamais laissé s'ouvrir en lui les grandes questions ». Et si nous cessions de le museler... Et si nous nous y prenions un peu plus tôt, pour l'ouvrir aux grandes questions ?

Période de latence, période de silence

L'âge de raison est appelé par les spécialistes « période de latence ». C'est un moment très particulier. Nos « expetits » ont, dit-on, intériorisé les interdits. Ils ne hurlent plus, ne pleurent plus, ne piquent plus de crise jusqu'à devenir rouge écrevisse. Tout au plus se plaignent-ils d'avoir un peu de mal à s'endormir. Les parents soufflent.

Cette période bénie, après les caprices « rouge écrevisse » et avant les bouleversements de l'adolescence, se déroule à pas de loup. Et, comme elle fait moins de bruit, fatalement, on l'oublie ! Mais ça n'est pas parce que notre petit bonhomme a aujourd'hui 6 ou 7 ans qu'il est devenu serein.

Au contraire : d'après les spécialistes, l'inquiétude est le trait dominant de cette fameuse « grande enfance ». Même si elle est moins spectaculaire qu'à 4 ans.

Il faut dire que l'école, la société favorisent ce « musellement ». Dès le cours préparatoire, adieu la fantaisie, les petits jeux et les toboggans dans les cours de récré. Et gare à ceux qui n'entrent pas dans le rang !

Mais les enfants s'adaptent à tout.

Ils s'adaptent au papa qui rentre tard, à la maman qui n'a pas le temps de répondre, au rythme scolaire qui n'est pas adapté. C'est presque effrayant, quand on y pense.

Et l'enfant lunaire ?

Ne critiquons pas l'école. Nous aussi, parents, passons le plus clair de notre temps à flatter l'enfant réel, l'enfant « solaire ». Notre discours ? « Qu'as-tu fait en classe ? Range ta chambre, brosse tes dents (trois minutes au moins), mange tes légumes, et dépêche-toi ! »

Une sorte de « voix de synthèse », un rien métallique, qui sonne comme un écho lointain et nous rappelle, finalement, ce que nous détestons : la répétition inexorable et archaïque des « devoirs » de l'existence. Mais la vraie vie ? Pourquoi l'oublions-nous si souvent ?

Sans doute faute de temps. Parce qu'il faut faire vite ! Parce que, obsédés par la performance, les bons points et la visibilité des choses, nous finissons par ne nous adresser qu'à son côté « pile ». L'enfant solaire, qui dort, mange, travaille, s'instruit. Et l'enfant lunaire, le poète qui rêve, qui pense, qui souffre en secret ? Trop souvent, nous l'oublions. Peut-être parce que nous ne savons pas comment lui parler...

Dessine-moi un mouton (sans muselière)

Les temps ont changé : on ne s'adresse plus aux enfants à la baguette, comme au début du siècle, avec des injonctions et impératifs à la pelle. Nous ne sommes plus des « mères fouettardes » et la démocratisation familiale exige un autre discours, plus poétique, moins « métallique ».

Cela tombe bien. Car nos petits philosophes raffolent aussi de poésie, loin du langage froid et opératoire.

C'est fou comme ils peuvent être stylistes ! Un peu comme le Petit Prince, rouspétant parce que son mouton n'est jamais assez beau, gentil, doux... Et qui jubile quand il voit enfin arriver le « mouton essentiel » : camouflé dans sa boîte, comme une histoire, une vérité à deviner.

À la fois devinette philosophique et paquet-cadeau, voilà un animal qui parle au cœur plus qu'aux yeux. Qui flatte l'enfant lunaire, plus que l'enfant solaire.

Nos enfants nous disent cela aussi : « Raconte-moi une histoire ! Mais une vraie histoire. Pas une de ces leçons de morale sèches, froides et précises. »

Peu rompus aux confidences nombrilistes, peu virtuoses du langage, ils répugnent à nous raconter leurs bobos par le menu. Ils ont trop peur de nous blesser, nous, leurs parents ! Ils vont plutôt s'offrir un bon gros mal de ventre que nous dire qu'ils ont été rackettés à l'école ou que ça se passe mal avec les copains.

« L'enfant, écrit Bruno Bettelheim dans *Psychanalyse des contes de fées*, qui est sujet à des actes désespérés de solitude [...] est souvent incapable d'exprimer ses émotions par des mots [...]. Il ne le fait que par des moyens détournés. » Devant ce qui ne peut être dit, face à l'angoisse, la colère qui le submergent, reste l'histoire. Une autre histoire que la sienne, qui lui fournira, comme l'écrit Bettelheim, « une prise pour escalader ». Donc, pour grandir.

Non au « harcèlement interrogatif » !

Notre propos, quand nous rentrons le soir, est de rétablir un dialogue forcément rompu pendant la journée.

Il était à l'école, nous au bureau. Et il faut se retrouver. Que faisons-nous ? Bien souvent, nous pratiquons le « harcèlement interrogatif », depuis : « Alors, mon chéri ? Comment s'est passée ta journée ? Tu as bien mangé ? », jusqu'à l'incontournable : « Tu as eu de bonnes notes ? »

Bien sûr, tout cela part d'une bonne intention. Mais ça fleure bon son interrogatoire policier, du genre « nous aurons les moyens de vous faire parler ! ». Le résultat, du reste, est souvent décevant. Et notre petit interviewé s'enferme dans son mutisme.

« La solitude de l'enfant est plus secrète que celle de l'homme », raconte Bachelard dans sa *Poétique de la rêverie*. C'est vrai, monsieur le poète. C'est tellement vrai que ces secrets nous agacent, nous, les mères. Nous qui aimerions, une fois rentrées à la maison, « récupérer » notre poussin, dans son intégralité, afin qu'il nous raconte tout gentiment le cours de sa journée. Seulement voilà : le poussin résiste. Et la communication tarde à s'établir.

Les enfants détestent l'intrusion, la curiosité des adultes. Ils n'ont pas leur pareil pour se dégager, comme des petits poissons, de l'emmaillage et du filet des questions. Petit air boudeur, soupir : « Arrête avec tes questions », « Laisse-moi tranquille »...

Très bien. Excuse-moi.

L'histoire crée du lien...

C'est ici que l'histoire du soir intervient.

L'histoire crée du lien entre les parents et les enfants, surtout à une époque où finalement nous passons le plus clair de notre temps loin de lui. À travers l'histoire du soir, il ne s'agit pas de lui parler avec tout notre pouvoir de mère dominatrice, mais de « communier » avec lui sur tel ou tel problème.

Par la force du « déplacement poétique » et de la distanciation, l'histoire lui parle d'un autre lui : un personnage qui ne l'angoisse pas et qui l'encourage à parler. Vous le sentez triste ? déprimé ? Commencez par « Il était une fois » : une prise de distance dans le temps qui « désangoisse » et désinhibe l'enfant. Car le personnage, petit lapin, petite souris, petit prince ou petite fée, c'est lui et un autre.

Quand il entendra l'histoire de la petite princesse qui s'était enfermée dans son donjon tant elle était triste, il restera serein – c'est loin, c'était il y a très longtemps –, et la distance écrête l'angoisse. Racontez-lui l'histoire de Hubert Petitloup, victime du racket. Il vous dira peut-être : « Cette histoire, maman, ça me dit quelque chose... »

Devant un dialogue devenu plus difficile, l'histoire permet de recueillir des confidences beaucoup plus efficacement que si on l'aborde de manière frontale. On reçoit plus en « donnant » qu'en soutirant de force, c'est bien connu...

De bouche de grand à oreille de petit, les contes sont les premières confidences philosophiques. Pour la première fois, l'enfant y fait l'expérience de l'universel : il dépasse les frontières étroites du « je », le ghetto de l'ego... Les histoires établissent un pont entre nous et les autres, et nous font sortir du cocon de notre petit moi.

« Devenir homme, écrit joliment Albert Jacquart dans la préface à *Qui a lu petit lira grand*, c'est être introduit dans un tissu de rencontres. »

Oui, la lecture, ouverture à l'autre, permet un fabuleux monde de rencontres, car elle invite à l'empathie et à l'émotion.

Émotion… et idées

Le mot est lâché : émotion. Et c'est ce qui différencie l'histoire du discours moralisateur. On ne dira jamais à quel point le livre est porteur d'émotion. Du moins quand il « emballe » un mouton dans sa boîte... Nous le savons bien, nous qui vivons des émotions esthétiques grâce à Proust, Céline et tant d'autres.

Pour les enfants, il en va de même. Au gré des albums, ils s'encolèrent avec Cendrillon, tremblent avec Blanche-Neige, pleurent en écoutant la petite fille aux allumettes (qui leur parle aussi de Dieu et de l'après-mort).

Délicieux état de lecture que rencontrent les tout pre-miers lecteurs. Daniel Pennac évoque dans *Comme un roman* ce raz de marée : « Cette satisfaction immédiate et exclusive de nos sensations : l'imagination enfle, les nerfs vibrent, le cœur s'emballe, l'adrénaline gicle... »

Les histoires aussi parlent de subconscient à subconscient, et non de cortex à néo-cortex ! L'émotion que les enfants ressentent à la lecture de l'histoire ouvre en eux comme une brèche... Les yeux brillent, les sourires se forment, les traits du visage s'ouvrent, le menton tremble. « Quelque chose se passe », dit le poète, quelque chose bascule, quelque chose vacille. Car l'émotion est un inestimable vecteur d'idées, tellement plus efficace qu'un discours rationnel !

Et soudain, dans cet intime « basculement » de l'être, on est prêt à tout comprendre : les bobos, les questions graves, les souffrances des autres. Et les siennes. L'émotion est une formidable clé d'accès aux idées.

Voix *in*, voix *off*… ou l'enfant porté

« S'il te plaît… lis-moi une histoire ! Lis-moi un chapitre… Juste quelques pages ! » Il a 8 ans, 9 ans, il chausse du 34, il est champion de foot et rentre tout seul de l'école. Ça fait belle lurette qu'il n'est plus porté dans vos bras et qu'il ne vient plus, spontanément, sur vos genoux.

Et il vous réclame, comme un tout-petit, l'histoire du soir… Normal : il a encore besoin d'être « porté », de ressentir ce délicieux sentiment d'apesanteur, de magie, quand les parents vous délivrent du réel, des contraintes de la vie.

Après tout, il vous fait encore porter son cartable, non ?

Quand vous lui lisez l'histoire, soudain, il n'a plus 7, 8 ans, il est ailleurs. Léger comme une plume qui s'envole, porté par cette « voix *off* » qu'il connaît si bien.

Être porté, être « raconté »… N'est-ce pas aussi ce qui se passe au cinéma ? Dans une interview sur France Inter, Jean-Jacques Beineix évoquait l'importance de la voix de sa grand-mère, dans son choix de « raconter des histoires au cinéma ».

« J'ai commencé à faire du cinéma tout petit, dans le lit, quand ma grand-mère me lisait des contes. Là, dans le noir, l'imaginaire s'éveille. C'est une voix qui vous porte, j'ai toujours attaché beaucoup d'importance à cette voix qui vous porte. »

La voix flottante

Cette voix flottante, loin du son « métallique » ou didactique, est pleine d'âme. Ça n'est ni la mienne, ni la tienne, elle vient d'ailleurs. Bien sûr, c'est notre voix, mais quand nous interprétons, elle ne nous appartient plus ; elle semble si lointaine, flottante, venue du pays des contes. Mais elle réveille les choses enfouies à l'intérieur de soi, les émotions inexprimées.

Comme dans certaines expériences amoureuses ou quasi mystiques, on se sent libéré soudain de son corps et de « son nom ».

« Si nous, les parents, racontons ces histoires à nos enfants, écrit Bruno Bettelheim, nous leur apportons en même temps le plus beau des réconforts. Si l'enfant lisait l'histoire au lieu de l'écouter, le résultat ne serait pas le même. [...] Mais quand ce sont ses parents qui lui racontent l'histoire, l'enfant peut être sûr qu'ils approuvent les fantasmes qui lui permettent de se venger des menaces que fait peser sur lui la domination des adultes. »

Un doudou pour un autre...

À 5, 6, 7 ans, progressivement, il lâche son bout de tissu, son vieil ours pelé. Il quitte le monde du « doudou exclusif » pour entrer dans celui des « doudous multiples », autrement dit de la philosophie, de l'histoire, des autres.

Mais les histoires ne sont-elles pas autant d'objets transitionnels ?

Regardez les tout-petits arriver fièrement à l'école, le

matin, en brandissant un petit livre, une histoire qui leur a parlé d'eux-mêmes, une histoire dont ils se délecteront toute la journée à la crèche ou à l'école – même sans savoir lire. Et regardons, nous aussi. Fouillons dans nos sacs : il y a toujours un vieux livre écorné à côté d'une photo de vacances ou d'un petit carnet.

L'histoire du soir a aussi une fonction thérapeutique et transitionnelle. On la déguste, comme une friandise avant la nuit. Comme une veilleuse dans le couloir, qui nous relie aux autres, avant le plongeon dans la nuit.

Le rituel de l'histoire du soir

Ces histoires du soir sont un moment de magie volé à la vie. On s'installe, on oublie tout. Les querelles, les petits bobos, les reproches, les dents pas lavées. Parents et enfants se voient peu ? Il faut maintenir ce rituel de l'histoire du soir : minimum vital, relais indispensable.

On lit le soir : l'enfant est sécurisé par de multiples rituels. D'où les crises de larmes quand il se voit privé d'histoire du soir – c'est pire que d'être privé de dessert.

On adopte des rituels de l'histoire : une ambiance « théâtrale », on fait le noir, on allume une petite lampe, on fait silence.

On met le ton : en modifiant sa voix. Une très grosse voix, une voix très fluette pour les petites souris, etc. On caricature à fond. Quitte à lire le texte avant. Et surtout, on laisse affleurer l'émotion...

Bref, on fait des efforts. De toute façon, avez-vous remarqué que, quand vous lisez une histoire « par-dessus la jambe », votre enfant peut vous réclamer une autre, puis encore une autre ? Quand il est vraiment satisfait, il n'en demande pas plus...

Petits cailloux blancs…
pour Petits Poucets pensants !

L'histoire, c'est la petite friandise avant la longue séparation de la nuit. Comme une petite lumière qu'ils pourront glisser sous leur oreiller. Une idée, une image, à caresser, à suçoter, à tripatouiller, dans tous les sens. C'est ce que pressentent les bébés, quand on leur donne un livre, qu'ils retournent dans tous les sens. Oui, disent-ils dans leur langage. Il y a là quelque chose d'essentiel et mystérieux. Le livre est magique.

En lui lisant l'histoire, on lui fournit une poignée de petits cailloux blancs – ceux que n'auront pas les oiseaux.

Il les transportera avec lui, sur sa route, dans sa forêt obscure. Perdu dans le noir, assailli par les questions, les doutes et les angoisses, il saura s'en saisir. Et en faire son miel.

Le sommeil
et l'obscurité

Le petit ours
qui ne voulait pas hiberner

Q uand arrivait le mois de novembre, dans la
forêt du Grand Nord canadien, soudain la
nature s'endormait.

Le jour bâillait de plus en plus tôt, les animaux
se blottissaient les uns contre les autres, les
oiseaux cessaient de siffloter, même les fourmis,
engourdies, marchaient en ronflotant vers la
fourmilière. À ce moment-là, on savait qu'il était
temps d'hiberner.

Car le plus grand ennemi de la forêt, ça n'est
pas le loup aux yeux jaunes, ni le chacal, ni
même la tempête, mais l'hiver tout simplement.
L'hiver qui empêche les oiseaux de chanter et les
fruits de pousser.

Tout le monde préparait sagement son nid ou
sa tanière pour s'y endormir six mois. Les fourmis
amassaient brindilles et mousses, les taupes creu-
saient plus profondément dans le sol, loin des premières neiges, les pinsons installaient leur nid très
haut dans l'arbre, loin des premières neiges, et se
préparaient à dormir sous des flocons de plumes,

tout bec rentré. Les escargots se pliaient en quatre dans leur coquille, antennes comprises, sourds au monde extérieur.

Dans la famille Ours, on se préparait aussi pour la longue nuit. "Allez, Léo! Va te brosser les dents", "Prends ton doudou. Ton petit nid est prêt!", "Allez, au lit, petit chéri! Sinon, tu ne te réveilleras pas à temps pour le printemps!"…

Mais Léo voyait venir l'hiver avec angoisse.

C'était sa première hibernation. Et c'est toujours une épreuve pour les petits. Imaginez: s'enfouir dans une tanière, ne plus bouger, alors qu'on galope à longueur de journée, ça n'est pas facile à accepter.

— Mon Dieu, grogna Léo, pourquoi faut-il que ce soit l'hiver? Je voudrais que l'été dure éternellement. Continuer à courir entre les rochers, glisser ma patte dans les troncs d'arbre, découvrir les cachettes des abeilles, me rouler par terre, sur le dos. Bref, continuer à vivre!

— Ah, voilà bien les petits oursons! soupirait Rose, sa maman.

Comme toutes les mamans, Rose avait envie de prendre un peu de repos. Elle avait emballé tant de pots de miel, et tricoté tant de couvertures de poils de nounours, et rafistolé tant de doudous… Elle avait passé tant de temps à apprendre à ses petits comment flairer les traces de miel, tout en évitant les abeilles, qu'elle avait envie de dormir, dormir,

dormir... Cent ans, comme la Belle au bois dormant !

Elle se rappelait toutes ses hibernations avec délices. Se rouler en boule dans la tanière, entendre battre le cœur de ses oursons, se retrancher chez soi pour pouvoir être en forme au printemps. "Hiberner, pensait-elle, c'est la belle vie !" Pourtant, quand elle réfléchissait bien, elle aussi, petite oursonne, elle avait redouté ce long sommeil. "Tous les oursons sont pareils, se dit-elle. Ils n'aiment pas hiberner. Mais pourquoi ?"

S'il avait pu l'expliquer, Léo aurait dit qu'il avait un peu peur. Il pensait : "Si je ne suis plus là pour regarder, peut-être les choses vont-elles changer, et même mourir ?" S'il se réveillait et qu'il n'y avait plus de forêt, plus de nature, plus de ciel. Et même plus de parents ? N'y avait-il pas un risque que tous les arbres s'écroulent, qu'une bombe explose, que sa maman s'en aille, que les abeilles préfèrent partir vers les pays chauds, et qu'il n'y ait plus une larme de miel, au réveil ? Plus un papillon ? Plus rien ?

Rose, sa maman, sourit :

– Il faut faire confiance. Ça n'est pas toi qui fais tourner la nature, tu sais ! La nature existe depuis des millions et des millions d'années ! Ton grand-père, ton arrière-grand-père, ton arrière-arrière-arrière-grand-père et tous les anciens ont hiberné... Pendant ton sommeil, la terre va continuer de tourner, et toi avec. Pendant l'hiver, ton cœur continue à battre, tes poumons à respirer. Et tes yeux vont voir tout à l'intérieur de jolis rêves. Tu vas même changer de position, dans ta tanière, et tu entendras les petits bruits dans ton sommeil. Ça n'est pas comme de mourir, crois-moi!

Et elle planta ses yeux dans les yeux de Léo:

– Dis-moi... Tu me crois?

Léo était rassuré. Son anxiété avait fondu comme neige au soleil. Il ferma les yeux, se blottit dans sa tanière, et s'endormit tranquillement.

Un jour, quelques mois après, un rayon de soleil traversa le bout de son museau.

À quatre pattes, il sortit à demi. Il était tout engourdi – c'est souvent comme ça, quand on dort longtemps. Il savait qu'il ne fallait pas ouvrir tout de suite les yeux, mais tout doucement, pour ne pas être aveuglé par le soleil. Ça sentait bon, dehors! Une odeur d'aiguilles de pin, un p'tit vent à la menthe, des odeurs de frais.

– Miam! J'ai faim! Je vais faire mille pots de miel, je vais gambader dans la forêt! Je vais réveiller les oiseaux! J'ai faim, j'ai faim, j'ai faim!

Et, comme la nuit porte conseil, Léopold courut chercher du miel pour toute la famille. La nuit l'avait fait tant grandir!

CÔTÉ PARENTS
La nuit et le sommeil

Pourquoi n'aiment-ils pas aller se coucher ?

La nuit représente pour eux le retour à la solitude, le passage du jeu à l'immobilité, de la « vie collective et familiale » à la solitude, de la lumière à l'obscurité et du mouvement à un certain « néant ». Autant de passages qui, bien entendu, effraient les enfants – et même les nourrissons, qui se mettent à hurler apparemment sans raison.

La nuit est indispensable... Autant pour se reposer que pour s'habituer à rester seul. C'est une « petite poche d'intimité » qui aide à grandir. Son premier face-à-face avec lui-même.

Pourquoi ils doivent s'endormir seuls...

Parce que personne ne peut s'endormir à leur place ! Et surtout pas la maman qui reste, une bonne partie de la nuit, près de son enfant.

Parce que, si on reste au chevet du petit « anxieux », on va entériner le problème. Derrière notre comportement maternant et protecteur, il va comprendre : « Tu as raison d'avoir peur du noir, tu as besoin de moi pour t'endormir »... Et alors, c'est parti pour des mois et des mois de supplications, de négociations et de galère.

Parce que, précisément, le soir, ils font leur premier apprentissage de la solitude. Incontournable.

Ce que l'on peut faire

On annonce l'heure du coucher («Dans dix minutes, nous allons au lit, commence à dire au revoir...»).

On ne négocie pas sur l'histoire : c'est une (ou deux, au choix), mais pas plus. On lui laisse en revanche, en plus de son doudou, un petit livre près de son lit. Le livre est aussi un objet transitionnel.

On prépare ensemble les vêtements du lendemain, on les place sur une chaise, bien en vue (une manière d'opérer également une transition de la nuit au jour), une manière de dire «à demain».

On raconte la journée du lendemain...

On se défend de faire planer la «menace du coucher» en toutes occasions. Exemple : «Tu n'es pas sage ? Tu iras te coucher», etc.

On évite de la même manière d'installer un climat d'inquiétude et de «crise de nerfs» au moment du coucher. Si on montre que l'on «va à l'abattoir», si l'on soupire, on va transformer la joie d'aller au lit en supplice. Pour lui aussi.

Les phrases clés

- «Le sommeil est indispensable pour récupérer. On reprend de l'énergie, et le matin, on se réveille en pleine forme.»
- «Ne crains pas de t'abandonner. Le monde continue de tourner pendant que tu dors.»
- «Sais-tu que tu grandis pendant ton sommeil ? Car c'est

la nuit que le corps secrète l'hormone de croissance, qui fait grandir. »

Lire aussi

Côté parents : « La peur du noir », p. 41.
Côté enfants : « Le petit Soleil qui ne voulait pas se coucher », p. 38.

La Lune
se sent mal aimée

C ette nuit-là, la Lune se leva du pied gauche. Elle planta ses petits poings sur ses hanches rondes et rouspéta:

— Assez! C'est assez! J'en ai maaaarre!!!!

Elle pleurnicha tant et tant qu'elle finit par réveiller la Nuit, qui dormait pourtant à poings fermés, comme un bébé.

— Quel tapage! fit la Nuit noire en bâillant. Si tu continues comme cela, tu vas réveiller tous les enfants, alors que tu es payée pour les endormir! Tu fais pourtant là un métier bien agréable, enveloppée dans mon grand manteau bleu, à garder un œil ouvert sur le monde comme il va, et à vérifier que les enfants sont bien sages, dans le fond de leur lit.

La Lune baissa les yeux tristement.

— J'en ai assez d'être mal aimée. Il n'y en a que pour le Soleil!

Quand il se lève, tout le monde s'exclame: "Oh, voilà le Soleil! On se sent revivre!" Et quand tu fais tomber ton grand manteau bleu et que j'apparais...

– Eh bien? demanda la Nuit en haussant les épaules.

– Eh bien, ça n'est pas la même chose. On ne me dit même pas bonjour!

La Nuit se gratta la gorge.

– Peut-être les adultes t'oublient-ils, mais les enfants, eux, te saluent comme une princesse! Quand tu arrives, ils s'exclament: "Regardez! La Lune! C'est la Lune!" Et ils ont des étoiles dans les yeux.

– Mmouaif…, soupira la Lune, qui, décidément, n'avait pas envie de briller ce soir-là. Mais certains jours, certains horribles jours, quand je suis bien pleine, on me confond avec… avec…

La Lune blonde rougit de honte.

– Avec quoi? demanda la Nuit.

– Avec un réverbère! Oui, parfaitement! C'est déjà arrivé!

– C'est gentil, un réverbère, répondit la Nuit. Ça donne de la lumière sur les trottoirs. Ça réchauffe le cœur.

La Lune soupira.

– Moi, je suis bien plus haute qu'un réverbère! Ah là là! Ça n'est pas le Soleil que l'on confondrait avec une lampe de chevet!!

Et la Lune continuait à pleurnicher.

– Personne ne sait comme je travaille… Même les enfants pensent que je ne sers à rien. Regarde leurs dessins: j'ai droit toujours au petit coin des feuilles, sur la droite, presque hors du cadre. Et qu'est-ce que je fais, sur leurs dessins, tu peux me le dire? rouspéta-t-elle. Je dors! On me dessine des yeux fermés, une bouche qui bâille. Alors que le Soleil, lui, rit de toutes ses dents, les yeux grands ouverts. Mais, ajouta la Lune en fronçant les sourcils, mes yeux ne sont jamais totalement fermés! Je veille sur tous les enfants qui dorment. Et ça, personne ne s'en doute! Parfois même, chuchota-t-elle, je leur fais un petit câlin. Alors, ils sentent un minuscule guili sur le front, et ils ne se doutent pas que c'est moi!

La Nuit écoutait attentivement.

– Moi aussi, on me voit toujours en train de dormir. On dit que "le jour se lève" et que "la nuit tombe", comme si je tombais dans un trou. Mais c'est faux! Je ne "tombe" pas sur le monde. Je suis drôlement utile. Sans moi, on s'épuiserait à courir à longueur de journée, sans s'arrêter une seconde. La vie ressemblerait à une course contre la montre et, à la fin de la course, épuisé, on tomberait le nez par terre sans se relever. Alors que, grâce à moi (et la Nuit bomba le torse), on reprend de l'énergie toute la nuit, et on peut à nouveau jouer et s'amuser le lendemain!

– Moi, renchérit la Lune, je suis championne pour faire pousser les fleurs, les graines, mais aussi les enfants! Je les protège et je les berce, et c'est pendant leur sommeil qu'ils grandissent.

La Nuit reprit:

– C'est vrai, rien ne s'arrête pendant la nuit.

Mais tout continue, tout bas, en sourdine. Le sang qui circule dans les veines, les fleurs qui continuent à respirer, les papillons qui battent des ailes...

La Lune secoua sa grosse tête ronde.

– Pourquoi donc les enfants rouspètent-ils au moment d'aller au lit? Comme c'est vexant! Parfois, je les entends dire: "Non, maman! Non, pas au lit, je déteste aller me coucher!"

Et elle fixa l'horizon tristement.

– Dans ces cas-là, mon cœur est prêt à exploser, je me sens si triste, que j'ai envie de rentrer dans un gros trou noir, et de jamais en sortir... mais je ne le fais pas. Que diraient les enfants si, un jour, ils ne me voyaient pas apparaître?

La Lune se tut, et la Nuit se tut aussi. Le silence envahit le ciel. Mais toutes les deux, elles rêvaient à un jour prochain où les enfants leur réserveraient une belle, une superbe place sur leurs dessins. Ce jour-là, les enfants diraient: "Chouette! C'est l'heure d'aller au lit! Vite, maman! Je veux écouter la Lune, ma copine, me fredonner une berceuse à l'oreille"...

Et la Lune et la Nuit souriaient dans le grand ciel bleu, en pensant à cet heureux jour, où les enfants goûteraient la douceur de la Nuit, et la chaleur de la Lune.

Lire aussi

Côté parents : « Pourquoi n'aiment-ils pas aller se coucher ? », p. 26.
Côté enfants : « Le petit ours qui ne voulait pas hiberner », p. 22.

La naissance de la Lune

En ces temps-là, donc, la Lune n'existait pas. Il n'y avait que le Soleil, grand, éclatant, doré et chaud bien évidemment.

Tout le monde l'adorait, se prosternait à ses pieds! À tel point qu'on n'acceptait pas de le voir s'endormir! Tous les soirs, au moment du coucher du Soleil, il y avait des glapissements, des hululements, des sanglots, des gémissements: "Pitié, petit Soleil! Ne te couche pas! Reste avec nous." La Terre entière résonnait de soupirs malheureux, de râles d'angoisse. Et tu sais pourquoi? Car la nuit, sans le Soleil, était plus noire que noire. La Lune n'existait pas encore, et la Terre entière sombrait dans le noir.

Sur son nuage, Dieu s'interrogeait.

Manifestement, il manquait quelque chose à la nuit. Entre l'éclat ultra-lumineux du Soleil et le noir-de-noir de la nuit, que pouvait-il inventer? Il fit venir le Soleil, qui lissa ses rayons avec arrogance.

– Penses-tu que tu pourrais revenir un peu la

nuit ? demanda Dieu. Rien qu'un peu, pour rassurer tous ces hommes qui pleurent ?

– Peuh ! Certainement pas ! répondit le Soleil. Je suis l'astre du jour. Je n'ai rien à faire dans le noir. Et puis, j'ai bien trop de travail comme ça. Quand arrive le soir, je n'ai qu'une envie, me coucher derrière les montagnes. Pas question de faire des heures supplémentaires.

– OK, OK, soupira Dieu. Ne monte pas sur tes grands rayons, je vais trouver une autre idée.

Et Dieu décida de fabriquer une immense et planétaire veilleuse, qui éclairerait et rassurerait tous les hommes.

– Laissez-moi un peu de temps, et je vais vous faire une belle surprise. La nuit ne sera plus si noire !

Dieu reprit son pinceau. Il créa la Lune, l'astre de la nuit. C'était une drôle de petite bonne femme toute ronde, toute blanche, toute rigolote, qui surveillait tout le monde d'un œil bienveillant. Elle était moins éclatante que le Soleil, forcément, elle n'était pas faite pour ça.

La Lune donna naissance à un petit bonhomme aux semelles de vent, qu'on appelle le marchand de sable et qui surveille aussi le sommeil des hommes. Depuis ce jour-là, les hommes voient la nuit tomber avec beaucoup de plaisir et de reconnaissance. Il n'est plus question de pleurer, bien au contraire ! Ils chantent, ils rient, et tous les enfants s'exclament : "Regardez ! La Lune est là! La Lune est là! Comme il va faire bon de dormir, bercés par cette douce veilleuse."

Depuis ce jour, donc, la nuit n'est plus noire du tout. Elle est plutôt bleue – bleu nuit. La nuit n'est plus noire et le sommeil n'est plus un coma profond.

La Lune décida d'aménager les nuits. Oh, c'était bien trop triste, bien trop morne! Elle créa le monde des rêves, tout en couleur, elle laissa quelques petits bruits agréables à l'oreille, une douce lueur planait sur le monde entier, mais pas une lumière insolente comme celle du Soleil, une douce lueur rassurante, qui vous prouve que la vie est là.

La nuit était soudain si agréable que certains eurent envie d'y vivre, comme dans une grande maison. Les chouettes, les boulangers, les trains de nuit, les gardiens de nuit, le sommeil paradoxal, les papillons de nuit, les étoiles de mer, qui ouvrent les huîtres pour y recueillir des pierres précieuses, décidèrent de travailler plutôt la nuit que le jour. Les personnages importants eux aussi élurent domicile dans la nuit: la petite souris, qui vient déposer les sous et les bonbons sous les oreillers des enfants, le Père Noël, qui choisit lui aussi la nuit pour descendre incognito par la cheminée. Et tous ceux qui ont décidé que la nuit était bien plus belle que les jours...

La Lune était drôlement fière, car c'était grâce à elle que la nuit ne ressemblait plus à un trou noir. Le plus furieux, c'était le Soleil, car, depuis que la Lune était née, il se sentait un tout petit peu moins adoré par les hommes, un tout petit peu moins indispensable. Il lui arrivait même d'entendre : "Oh, quelle clarté, comme ce Soleil fait mal aux yeux !" Et même : "Vivement ce soir qu'on se couche !" Ce qui le vexait comme un pou. Mais, sur Terre, tout le monde pensait que ça lui faisait les pieds, à ce grand arrogant de Soleil, qui n'avait jamais voulu revenir pendant la nuit...

Lire aussi

Côté parents : « La peur du noir », p. 41.
Côté enfants : « Le petit Soleil qui ne voulait pas se coucher », p. 38.

Le petit Soleil
qui ne voulait pas se coucher

Il y a très très longtemps, des millions, des milliards et des trilliards d'années, il n'y avait rien sur Terre... Rien du tout! Pas même l'homme.

En revanche, le ciel était déjà bien habité: le Soleil, la Lune, les étoiles... Ils étaient tous là! En ces temps-là, ils étaient encore tout jeunes, capricieux, chiens fous et parfois insolents. Surtout le Soleil! Il fallait le voir se pavaner, avec ses rayons tout neufs et aveuglants, tout fier parce qu'il était, et de loin, le plus ensoleillé, le plus enluminé, le plus étincelant! Il embêtait tout le monde, avec ses rayons, sa chaleur et sa lumière aveuglante.

– Arrête de briller! Tu nous fais mal aux yeux! disaient les nuages.

– Débranchez-le! Tu me casses la tête! Je n'arrive pas à fermer l'œil! bougonnait la Lune.

– Ah, ces petits jeunes! Ils se croient tout permis, protestaient les étoiles les plus vieilles, qui avaient brillé, dans leur jeune temps, mais n'étincelaient plus guère.

– Tu ne t'arrêtes donc jamais? soupirait la Terre, exténuée.

– On y voit comme en plein jour! Comment voulez-vous fermer l'œil? demandaient les petites étoiles, qui, comme tous les enfants, avaient besoin de sommeil.

Tous les habitants du ciel, exténués, épuisés, harassés, irritables, tristouilles, broyaient du noir à force de lumière. Ils avaient évoqué plusieurs idées : enfermer le Soleil dans un placard noir, le passer au Karcher pour qu'il soit moins brillant.

– Ça ne peut plus durer! tonna le tonnerre. Il faut trouver une solution.

Et, bien sûr, comme à chaque fois, il eut un éclair de génie.

– Eurêka! lança-t-il dans un Z majestueux. J'ai une idée.

Et il la souffla dans l'oreille de la Lune, qui elle-même la raconta aux étoiles, qui la chuchotèrent au zéphyr, et ainsi de suite.

On fit venir devant le tonnerre le petit Soleil insolent, qui gambadait encore dans le ciel, insouciant.

– Dis-nous, petit Soleil, nous avons une idée. Tu vas briller quelques heures chez nous et hop, au bout de douze heures, tu vas briller de l'autre côté de la Terre. Ainsi, ça te fera douze heures chez nous, douze heures là-bas. Pendant que tu seras là-bas, ils s'amuseront, et nous dormirons, car c'est comme si nous avions éteint la lumière. Et pendant que tu seras chez nous, ils se reposeront. Ainsi, toi, tu ne t'arrêteras jamais! Et tout le monde sera content!

Le petit Soleil sauta de joie à l'idée d'avoir deux maisons, et surtout des copains partout.

Depuis, il fait nuit sur la Terre, la moitié de la journée, pour le plus grand bonheur de tous ses habitants, qui peuvent se reposer. C'est à ce moment-là, d'ailleurs, que les hommes sont apparus, se disant que, ma foi, avec un peu de soleil le jour, un peu d'obscurité la nuit, la vie serait bien agréable sur cette Terre. Et ils pourraient tout de même un peu se reposer. Personne ne se plaint de le voir gambader dans le ciel. On sait bien qu'il ne disparaît jamais tout à fait. Mais qu'il est simplement de l'autre côté de la Terre, en train de mener sa deuxième vie, dans sa deuxième maison! C'est pourquoi on ne doit jamais avoir peur du noir. Le noir n'est jamais tout à fait noir, pour la bonne et simple raison que, de l'autre côté, il y a un petit Soleil qui continue de vivre. Il y a toujours de la vie, du mouvement, de la lumière. Rien ne s'arrête jamais tout à fait.

CÔTÉ PARENTS
La peur du noir

Pourquoi ?

Pour l'enfant qui se sent si vulnérable et « ballotté » dans ce monde d'adultes, le noir est une raison supplémentaire de ne pas maîtriser les événements. Donc, d'avoir peur.

Les visages les plus familiers disparaissent, le connu est ramené à l'inconnu et il se sent plongé dans un monde hostile qui l'effraie.

Le noir est rempli de fantômes et de secrets. Dans certaines familles, où règne le « tabou », il est lié à certains secrets qu'on ne veut pas révéler.

Comment réagir ?

Bien sûr, on ne l'oblige pas à dormir dans une pièce toute noire, ce qui pourrait aggraver sa phobie.

On passe progressivement du connu à l'inconnu : on tire les rideaux ensemble, on ferme la porte de l'armoire, on allume la petite veilleuse, on raconte la petite histoire... Et on s'en va ! Si on commence à rester, pour une histoire, puis deux, puis trois, le problème va perdurer...

Un peu plus tard, quand il est en âge de comprendre, on lui explique le fonctionnement du jour et de la nuit :

comme dans l'histoire, le soleil brille toujours quelque part, sur une partie du globe.

Emmenez-le voir le soleil se coucher, le soleil se lever.

À partir de 6 ans, essayez de remplacer la veilleuse par le rideau à moitié ouvert, ou le store à moitié fermé, qui diffusent précisément... la lumière de la lune.

Et s'il demande une veilleuse ?

Il faut éviter à tout prix de commencer l'«escalade de la lumière». Tous les parents connaissent ce tourbillon infernal : d'abord la veilleuse, ensuite la lumière du couloir, puis on demande un peu plus pour finir son livre... Si on commence à franchir les différentes étapes, il faut essayer de rebrousser chemin, on négocie pas à pas : on éteint progressivement...

À partir de 4-5 ans, on peut lui offrir pour son anniversaire une mini-lampe de poche, qui remplacera ainsi la veilleuse. Une manière futée de le « responsabiliser » par rapport à sa peur du noir : à lui de décider à quel moment il a besoin de sa « loupiote ». Attention : c'est l'un ou l'autre. Si on se laisse piéger en acceptant veilleuse + lampe de poche (même éteinte sous l'oreiller), on met un petit doigt dans l'engrenage de l'escalade.

Les phrases clés

- « Le noir est gentil, doux. Il te permet de fermer les yeux, de te reposer. »
- « La nuit est une grande couverture toute douce. »
- « La lune est une grande veilleuse qui veille sur nous, toutes les nuits. »

● « Tout ne s'arrête pas, la nuit. Il existe toute une vie souterraine. Le cœur continue à battre, le soleil à briller de l'autre côté de la Terre, les boulangers pétrissent le pain... La vie marche au ralenti, mais ne s'arrête jamais. »

Le grand voyage
de Thalie dans la nuit blanche

Allons, Thalie, au lit! "Oh, nooon, pensa Thalie. Pas ça!"

La nuit tombait, et Thalie, la petite fille aux couettes de bientôt sept ans, sentait son cœur faire des bonds. Comme tous les soirs, l'inquiétude, le doute s'installaient au fond de son cœur comme un sang d'encre.

– J'aime pas le noir. J'aime pas le noir, j'aime pas le noir, grommelait Thalie qui, tous les soirs, réclamait un grand verre de lait blanc, dormait dans des draps tout blancs entourée de peluches toutes blanches, avec des veilleuses toutes jaunes. Et, pendant que la nuit tombait, Thalie, les yeux grands ouverts, le cœur plein de sang d'encre, passait une nuit... toute blanche, comme pour faire la guerre au noir.

Et Thalie pensait: "Que se passe-t-il, la nuit, pendant que je dors? Et si un jour, tout s'arrêtait? Si mon cœur s'arrêtait de battre, que la Terre décidait de s'enfoncer dans les mers et que tout se mettait à s'enfoncer plus bas que terre?" Quand Thalie fermait les yeux, elle percevait ce mouvement de bascule et de vertige, tout au fond d'elle. Alors, elle les rouvrait aussitôt en pensant: "Si moi, Thalie, je garde les yeux ouverts, la Terre ne s'arrêtera pas de tourner."

Une nuit, Thalie entendit un frémissement. Un chuchotement, un froissement. Ça ressemblait à une robe de mariée toute blanche.

– Thalie, fit une voix très douce. Thalie! Regarde-moi.

Mais Thalie ne voyait rien… Rien que du noir, le blanc de ses peluches, le blanc de ses draps, le jaune de sa veilleuse.

– Je suis là… C'est moi, la Nuit!

Thalie ouvrit grands les yeux. Un petit rire infiniment doux résonna à ses oreilles.

– Je suis la Nuit! Je suis là pour t'emmener faire un petit voyage. Veux-tu que nous visitions ensemble le monde de la Nuit?

Thalie, émerveillée et apeurée à la fois, laissa la Nuit l'envelopper dans ses bras tout chauds, son corps s'alourdit. Ses paupières se fermèrent sur ses yeux, et elle décolla à six mille pieds au-dessus de la Terre! C'était une impression très étrange, car tout en restant dans son lit, elle s'élevait dans les airs, sur le grand tapis volant de la Nuit.

Comme la Terre était belle, sereine, vue de très haut! Elle était lumineuse et joyeuse comme une boule de sapin de Noël. Dans le ciel noir, Thalie croisa un petit marchand de sable, qui jetait ses grains magiques à pleines poignées en criant:

— Et hop là! Un de plus au dodo! Et allez hop! Le petit Martin, au lit! Et hop! La petite Hélène!

Quand elle le croisa, Thalie l'observa attentivement. Le marchand regarda Thalie les yeux brillants, en brandissant son petit poing d'un air interrogatif.

— Non, merci, dit la Nuit. Nous sommes en simple visite, ce soir. Ce soir, Thalie ne dormira pas.

— OK, dit le petit marchand de sable, qui continua sa besogne: "Et hop là! Oh là hop!"

Et toutes les deux s'enfoncèrent encore plus profondément dans le noir. Dans le fond du fond du ciel, une grande boule jaune tricotait en bâillant une longue écharpe de nuit. À côté d'elle, les petites étoiles gambadaient et faisaient des sauts, en riant.

— Un peu de silence! grommela la Lune. C'est la nuit sur Terre tout de même! Un peu de respect pour ceux qui dorment!

— Cette Lune ressemble à ma grand-mère, pensa Thalie, qui se dit aussi que la nuit était pleine de bruits, pleine de couleurs!

Elle vit un avion, puis un train, une étoile filante, un petit hélicoptère de nuit. Un petit Martien qui prenait un bain de lune en remuant ses longs orteils verts caoutchouteux. Sur un astéroïde, un savant peignait sa barbe blanche longue de trois kilomètres en soupirant, un mouton regardait une rose en souriant, et des petits hommes bleus se rendaient à l'école.

– Tu vois tout ce qui se passe, pendant que tu dors. La vie continue, mais c'est une autre vie, lui dit la Nuit.

Puis ils se rapprochèrent de la Terre, qui ressemblait maintenant à une énorme boule ronronnante. Elle respirait doucement dans son sommeil, bien accrochée dans le ciel. Soudain, un bon milliard de réveils se mirent à sonner en même temps. Thalie sursauta.

– Oh, ce sont juste les boulangers qui se réveillent pour aller faire les pains au chocolat et les baguettes de pain et les bonbons pour les enfants.

Et, en s'approchant encore, des centaines et des centaines d'enfants endormis, des centaines et des centaines de parents endormis, un grand sourire sur le visage. Comme ils avaient l'air tranquille, heureux...

– Leur cœur continue à battre, c'est pourquoi le drap se soulève. Le sang, dans leur corps, circule toujours, même leurs yeux bougent sous les paupières, mais ils sont dans le monde des rêves. Rien ne s'arrête, tout continue.

Et la Nuit regarda Thalie droit dans les yeux.

– Sais-tu que je ne dors que d'un œil? La vie ne s'arrête pas pendant le sommeil, tout le monde continue à respirer. D'ailleurs, chuchota la Nuit, si tu tends bien l'oreille quand tu es dans ton lit, tu peux entendre le ronronnement de la Nuit. Et même le murmure de la Terre…

De retour de son voyage, Thalie se retrouva dans son petit lit plein de sommeil. Comme c'était bon de penser à tous ceux qui se reposaient, et aussi à ceux qui travaillaient la nuit, tranquillement, gentiment, pour que le monde avance…

Bientôt, la nuit fut si agréable à Thalie, qu'elle refusa sa petite veilleuse et ses draps fluo, et tout ce qui fait les nuits blanches.

– Je veux dormir dans le noir. Le noir complet, dit-elle avec exigence.

Sa maman la regarda avec de grands yeux ronds, très étonnés, en se demandant ce qui s'était passé, et pourquoi Thalie avait autant grandi.

Thalie, de son côté, se demanda longtemps aussi si elle avait rêvé ce voyage avec la Nuit, ou s'il avait bien eu lieu. Jusqu'au jour où elle ne se posa plus la question. Car ce qui comptait, à présent, c'est qu'elle adorait dormir…

Lire aussi

Côté parents : « La peur du noir », p. 41.
Côté enfants : « La naissance de la Lune », p. 34 ; « Le petit Soleil qui ne voulait pas se coucher », p. 38.

La fusée rose et la fusée noire

Toutes les nuits, dans ses rêves, Julie vivait quelque chose d'étrange. Elle se retrouvait devant deux fusées : l'une rose, l'autre noire. La noire était grimaçante et lui faisait de l'œil :

– Bonjour, ma jolie ! Monte vite ! Bienvenue chez les monstres !

À l'intérieur, une sorcière de l'air lui présentait un monstro-plateau plein de farces et attrapes. Des ricanements noirs s'échappaient du ciel et, quand elle arrivait sur la planète des monstres, elle rencontrait des serpents gigantesques, des chiens aux dents longues, des dragons à trente-six têtes et trente-six chandelles. Julie courait en tous sens, haletante, terrifiée, et se réveillait au moment où la sorcière de l'air plantait sa fourchette géante dans son petit derrière rose. Et qu'elle disait :

– Un bon derrière cuisiné aux petits oignons ! Quel régal ! Hahaha !

Réveillée par ce cri, Julie se retrouvait dans son petit lit, en sueur, le cœur battant. Pendant dix bonnes minutes, la terre continuait à trembler sous ses pieds. Toutes les nuits, Julie redoutait d'aller se coucher, sachant qu'elle allait retrouver la fusée noire et cette planète pleine de monstres. Le plus curieux, c'était cette fusée rose, souriante, à côté. Pourquoi diable n'y montait-elle pas ? Pourquoi donc préférait-elle la noire ? Elle y pensait souvent et se disait: "Je suis trop bête! Demain, je monterai dans la fusée rose!"

Mais rien n'y faisait: elle préférait décidément la noire! Julie commença à être obsédée par la fusée noire, à ne penser qu'à elle. Elle y pensa d'abord le soir, puis l'après-midi et toute la journée. Elle voyait sur ses cahiers se dessiner les horribles monstres, elle entendait le ricanement de la sorcière de l'air, et un jour elle crut même apercevoir, dans le fond d'un magasin, le chapeau de l'horrible sorcière. Elle passait maintenant ses journées à grelotter, à s'angoisser, Julie. Et elle ne savait plus vraiment si les nuits avaient déteint sur les jours, ou bien le contraire. Qu'arriverait-il, se demandait-elle, si, un jour, elle ne se réveillait pas dans son petit lit et qu'elle se retrouve prisonnière de la planète des monstres ?

Cette histoire dura un bon moment, un bon moment de trouille et d'angoisse. Julie reculait l'heure d'aller se coucher jusqu'à 10 heures, minuit, 2 heures du matin.

Et puis, un jour, elle se décida, Julie. Elle pensa: "Va-t'en! Ouste! Dehors! Plus de ça chez moi! Plus de sorcière de l'air, plus de monstre à trente-six têtes! C'est terminé!"

Elle s'imagina, elle, Julie, avec un couteau-laser géant, un couteau suisse spécial "découpe-monstres" qui faisait trembler la sorcière et sa verrue de l'air. C'est elle qui tronçonnait le serpent en trente-six morceaux et qui faisait une soupe de tous ces monstres qu'elle jetait ensuite dans un tout-à-l'égout. Elle dessina, peignit, écrivit même l'histoire de la planète de Nulle Part réduite en poussière, grâce au couteau-laser super-géant.

La nuit suivante, Julie se retrouva, comme d'habitude, devant la fusée noire.

– Tu montes, ma jolie? ricana-t-elle, sûre d'elle.

– Non, je ne monterai pas! Ouste! Dehors! dit la Julie de la nuit.

Son grand couteau coupe-monstres brillait dans le noir. Et elle se dirigea vers la fusée rose, où une petite fée de l'air l'accueillit avec un plateau de douceurs. Julie visita la planète rose, pleine de sourires, de rires et de chants, de bateaux qui l'emportaient loin, de gros bisous et de câlins.

– Voilà, le voyage est terminé, dit la fée.

– Est-ce que je pourrai revenir demain? demanda Julie. Et toutes les nuits?

– Bien sûr! Tu sais où me trouver. Tu vas voir: les monstres vont cesser de t'embêter pendant la journée et tu te sentiras mieux.

La petite fée plissa les yeux en souriant.

– Je vais te donner une recette... Encore plus efficace que le couteau coupe-monstres. Pendant la journée, pense à rire, à jouer, à être heureuse. C'est le meilleur moyen de monter dans la fusée rose.

Julie se réveilla pour la première fois depuis longtemps apaisée et soulagée, le cœur tout chaud et tout rose. Elle avait hâte d'être au soir, pour aller dormir. C'était un tel plaisir d'avoir rendez-vous avec la fusée rose ! Elle dit à sa maman :

– Les cauchemars, c'est terminé. Fini, basta. Moi, je choisis la fusée rose. Un point c'est tout !

Depuis ce jour, le cœur rose et doux, Julie est heureuse. Plus jamais elle ne croise de sorcière dans les magasins ou de monstre sur ses cahiers. Et Julie ne sait pas si ce sont ses nuits qui ont déteint sur ses jours, ou le contraire. En tout cas, la fusée noire est ivre de rage, et elle cherche aujourd'hui d'autres enfants à emmener sur la planète des monstres. À mon avis, elle peut toujours courir...

CÔTÉ PARENTS
Mauvais rêves et cauchemars

Pourquoi les cauchemars ?

Parce qu'ils font partie de l'évolution normale de l'enfant, surtout entre 2 et 6 ans, au moment où il doit acquérir des tas de choses : propreté, autonomie, socialisation...

Parce qu'ils lui permettent d'évacuer les tensions de la journée et toutes les peurs rencontrées.

Parce qu'ils lui permettent d'exprimer des sentiments d'ambivalence à l'égard de ses parents.

Cauchemars et terreurs nocturnes

Ça n'est pas la même chose !

La terreur nocturne : elle survient au début de la nuit, en période de sommeil lent. Elle est spectaculaire : hurlements, sueurs, terreur, regard horrifié... Votre enfant ne vous reconnaît pas, mais il se rendort aussitôt. C'est relativement fréquent : 60 % des enfants entre 3 et 6 ans connaissent les terreurs nocturnes.

Le cauchemar : il survient plutôt au milieu ou à la fin de la nuit, en phase de sommeil paradoxal. Ses cauchemars sont peuplés de monstres et de bêtes, qui représentent ses pulsions, sa « boîte noire » : monstres difformes, géants, sorcières... Mais aussi, tout simplement, le visage d'un voisin, d'un «cambrioleur d'enfants», d'un kidnappeur.

L'enfant se réveille en pleurant, il reconnaît ses parents.

Comment réagir ?

Ne dites pas : «Tu es bête, ça n'est rien, ça n'est qu'un petit cauchemar de rien du tout!» Faites-lui comprendre que... vous le comprenez.

Restez avec lui un petit moment (sans céder à la pression de rester dormir avec lui, ce qui l'insécuriserait encore plus).

Pendant quelques jours, au besoin, modifiez les rituels du coucher. Faites le tour de la chambre, regardez sous le lit et derrière les rideaux pour vérifier avec lui qu'il n'y a pas de monstre !

Les phrases clés

- «Quand on a fait un cauchemar, c'est pour de faux, c'est un petit film qu'on se fabrique dans la tête, mais on a l'impression que c'est pour de vrai. »
- «On fait des cauchemars parce qu'on a peur de quelque chose et que l'on a enfoui cette peur très profondément en soi. La nuit, cette peur revient. Mais ça n'est qu'un rêve ! »

Pour l'enfant de moins de 3 ans (qui distingue encore mal le rêve de la réalité) :

- «Les monstres n'existent pas, il n'y en a pas dans ta

chambre, pas sous ton lit, pas derrière les rideaux. Tu veux que l'on regarde ensemble ? »

- « Tu es protégé par la bonne fée. Comme Julie avec son couteau-laser géant, tu possèdes en toi une force énorme capable d'anéantir des monstres. »

La famille,
l'autorité

Le bouton rétrécisseur
de mamans

U n jour de grande dispute et de grande insolence avec sa maman, Petit Dédé avait
attrapé une mauvaise gifle sur la joue. Une gifle,
c'est terrible. C'est rouge, chaud et humiliant. Ça
bourdonne longtemps comme un vilain mous-
tique, ça vous rabaisse au rang d'asticot. Petit
Dédé serra les poings et dit à sa maman:

– Tu verras… Tu verras quand tu seras petite et
que je serai grand. Je t'écraserai comme une
mouche. Non! Ne rigole pas! Car avant de t'écra-
ser, je t'arracherai les pattes et les yeux et les ailes.

C'était bien sûr une phrase terrible, mais ce qui
est certain, c'est que Dédé détestait les gifles. Il
n'avait pas tort, d'ailleurs, mais parfois c'est la
main qui part toute seule, et la plupart du temps,
les parents le regrettent.

Parfois, il venait à Petit Dédé des rêves de
grandeur. Il se disait: "Quand elle sera très
vieille, et toute ratatinée comme une pomme, elle
n'aura plus une once de force, alors, je lui ren-
drai toutes ses gifles!"

Mais il n'eut pas à attendre si longtemps! La

nuit même, pendant son sommeil, le malin génie arriva dans la chambre de Dédé. Tu sais, le malin génie, c'est celui qui profite d'une colère ou d'un chagrin pour débouler au quart de tour dans l'âme des enfants. Le vilain génie était moche, avec des yeux jaunes, des antennes tordues et des mauvaises pensées. Il s'assit sur le bord du lit de Dédé et croisa ses pattes velues.

— Aujourd'hui, dit le malin génie, grâce à l'électronique, Internet et tutti quanti, les désirs deviennent réalité.

Et il chuchota :

— Tu n'as plus à attendre qu'ELLE devienne vieille et ratatinée pour être plus grand qu'elle !

Et le vilain génie lui susurra d'un air mauvais :

— J'ai une boîte à rapetisser.

— On peut rapetisser les mamans ? demanda Dédé, le souffle court.

Pour toute réponse, le malin génie lui donna une petite machine de la taille d'une console de poche.

— Voilà le bouton rétrécisseur de mamans que nous réservons à toutes celles qui ont usé de châtiments corporels.

— C'est quoi, les châtiments corporels ? interrogea Dédé.

— Gifles, claques, fessées, petites tapes sur les fesses, récita le malin génie.

Et les yeux jaunes brillèrent d'un éclat mauvais.

– Attention! Si tu appuies dessus, ta maman rétrécira de dix tailles, comme un tee-shirt lavé à 120 degrés!

– Ça alors! dit Dédé, les yeux brillant de peur et d'envie. J'y crois pas. C'est impossible!

Les yeux jaunes étincelèrent.

– Tu n'as qu'à essayer... Mais je te préviens: quand ta maman sera minuscule, tu devras la protéger pour ne pas la voir disparaître...

Et le vilain génie disparut en criant:

– Bonne chance, mon GRAND Dédé!

Et il se désintégra dans un nuage de fumée.

Petit Dédé crut, bien sûr, qu'il avait rêvé. Mais le lendemain, quand il vit sous son oreiller l'appareil à rétrécir, avec le gros bouton, il éprouva un sentiment bizarre. Toute la journée, il sentit un gros bouton peser sur son cœur.

Le soir même, quand il fut temps d'aller faire ses devoirs, Petit Dédé était encore devant la télé et se fit encore tirer l'oreille.

– Éteins tout de suite cette télévision et apprends ta poésie de Prévert! J'ai dit: "immédiatement!" gronda maman de sa grosse voix.

Mais Petit Dédé était ivre de télé. Tu dois savoir ce que c'est: les idées qui se mélangent. Les élégants petits neurones, ces cellules du cerveau qui gambadent légèrement, se transforment soudain en gros-pleins-de-soupe. Et le cerveau est plein de ratatouille de télé.

Alors... Tu devines la suite: il se rendit dans

sa chambre, souleva son oreiller, attrapa le petit appareil et appuya sur le bouton. Ziiiiiiip! Aussitôt, un rayon vert l'aveugla et sa maman arriva dans le salon, pas plus haute qu'une petite souris.

– Qu'est-ce qui m'arrive? dit une voix minuscule, car maintenant tout était minuscule, même sa voix, même ses yeux, pas plus gros que des têtes d'épingles, même ses deux minuscules mains qui s'agitaient comme des petits bouts de Coton-tige.

– C'est un appareil à rétrécir les mamans, dit Dédé en étalant ses pieds sur le canapé. C'est à cause de la gifle, tu comprends. Maintenant, laisse-moi regarder la fin de mon feuilleton et retourne dans la cuisine, s'il te plaît.

Maman s'approcha, les yeux furibonds. Elle sauta en l'air pour arriver au niveau de la télécommande, mais rien n'y fit: elle était vraiment trop petite.

– Pfuitt, fit Petit Dédé, qui continua à regarder son feuilleton.

Pendant ce temps, la toute petite maman se disait, dans un minuscule chuchotement intérieur: "C'est un cauchemar, faisons comme si de rien n'était. Et je me réveillerai."

Alors, elle se rendit dans la salle de bains pour faire couler le bain. Elle grimpa sur le robinet, glissa et... disparut dans un flot d'eau qui sortait du robinet.

– Au secours! Une tempête! cria maman. La mer est démontée!

Petit Dédé se souvint des conseils du méchant génie. Il récupéra in extremis sa petite maman et la sécha dans une serviette. C'était bien la première fois que ça lui arrivait.

– J'en ai assez! pleurnicha la petite maman. Assez d'être petite! Je voudrais que ton père rentre de voyage. Je me sens délaissée, je me sens seule, petite et faible.

– Pourquoi me racontes-tu cela? demanda Petit Dédé, surpris, qui voyait sa maman pleurnicher pour la première fois. Je n'ai pas à entendre ça. Je suis un enfant, tu sais.

La minuscule maman roula des yeux furibonds.

– Eh bien, aujourd'hui, c'est MOI qui suis petite, c'est donc MOI qui dois être protégée. Il ne fallait pas me rétrécir ainsi si tu ne veux pas me protéger.

Et sa maman lui raconta comment, parfois, elle se sentait seule, délaissée, au trente-sixième dessous. Petit Dédé avait envie de la faire taire. Il se demanda s'il n'allait pas l'enfermer dans l'armoire à pharmacie, à côté du flacon d'alcool à 90 et de la boîte de Tricostéril, mais il craignait tout de même qu'elle n'étouffe dans le noir.

Eh oui, il avait maintenant pour mission de la protéger, sa petite maman.

Il sentait quelque chose de lourd peser sur ses épaules. Qui était le parent? Qui était l'enfant? Au fond, il préférait quand sa maman était grande et qu'elle ne se plaignait pas toujours. Comment faire, maintenant? Comment rompre le charme? Y avait-il un appareil agrandisseur de mamans? Il retourna la console dans tous les sens, mais il n'y avait que le gros bouton rétrécisseur qui le lorgnait d'un œil ironique.

Le soir, sa maman dîna d'un grain de riz et d'une goutte d'eau, et s'endormit dans une chaussette de sport molletonnée. Petit Dédé boulotta un sachet de pop-corn tristement. En regagnant sa chambre, il songea qu'il n'avait pas eu son histoire du soir et s'endormit en priant pour que sa maman redevienne plus grande.

Le lendemain, maman avait récupéré sa taille normale! Un mètre soixante-dix, cinquante-cinq kilos. Comme elle était belle! Et Dédé s'interrogeait:

– Était-ce un cauchemar? Ou cette histoire de bouton rétrécisseur avait-elle existé?

Quand Dédé entendit sa maman dire: "Dépêche-toi de t'habiller, s'il te plaît. Je ne veux plus me fâcher contre toi. Je ne veux plus te donner de gifles. Tout ça, c'est terminé", Dédé comprit que l'histoire du bouton rétrécisseur avait bel et bien eu lieu. Petit Dédé se leva d'un bond et se blottit dans les bras de sa maman.

– Je ne veux plus jamais, jamais, jamais être plus grand que toi.

"C'est vrai, quoi, pensa Dédé, parfois, les mamans sont des géantes, avec leur grosse voix, leurs gros yeux, leurs immenses sourcils froncés comme une forêt. Mais souvent, elles sont simplement plus grandes que nous. Et ça, c'est tant mieux."

CÔTÉ PARENTS

L'autorité :
un problème très actuel

De la culpabilité à la parentalisation…

Après la folle épopée des années soixante-dix (le terme d'autorité était honni dans les chaumières), les parents se retrouvent aujourd'hui avec un net « problème d'autorité ». À la fameuse hiérarchie « verticale » (le *pater familias*, incarnation de la loi, était le « *big boss* » ; la mère, le « directeur exécutif », et les enfants, les exécutants) a succédé une démocratie « horizontale ».

Où est le pouvoir désormais ? Parfois plus du côté des enfants que de celui des parents. Ces derniers sont désemparés, ne savent pas dire non, ni poser des limites. Le problème s'est accru avec les familles de couples « bi-actifs ».

De retour le soir à la maison, après une longue journée de travail, difficile de faire respecter la loi, alors qu'on n'a pas vu ses enfants de la journée et que l'on aimerait passer la soirée à donner des bonbons et faire des bisous…

C'est difficile d'entrer perpétuellement en conflit avec les enfants. Et ce serait si facile de dire « oui » à tout !

Les spécialistes constatent aujourd'hui une montée de la « parentalisation » des enfants. On les prend trop souvent pour des confidents, nous qui avons tant envie de confier nos secrets et angoisses d'adultes. Mais les enfants sont fortement déstabilisés par ce retournement de situation. Ils ont besoin de se heurter à des modèles solides pour se construire en harmonie.

Pourquoi il faut poser des limites

Les grandes civilisations se sont toutes construites sur la base d'interdits intériorisés depuis des générations (inceste, meurtre...). C'est la même chose avec nos bouts de chou : les grands hommes « se construisent » aussi en intériorisant ces limites. Même si elles leur semblent souvent odieuses.

Dans ses rêves les plus fous, l'enfant souhaite avoir un passeport « multi-autorisation ». En réalité, ce serait un cauchemar ! Sans interdit, l'enfant serait le jouet de ses propres pulsions. Et de ses angoisses. Une folle liberté s'ouvrirait à lui, et il en serait très malheureux.

Même s'ils râlent, s'ils pleurent, les enfants ont besoin de limites – elles les sécurisent, elles leur donnent des repères et un cadre bien défini dans lequel ils peuvent évoluer.

Ils ont besoin de se sentir petits, mais protégés par un grand. Ça n'est pas en les autorisant à tout faire qu'ils vont se sentir mieux. Au contraire : ils vont être encore plus vulnérables, ballottés dans un monde sans repères.

S'il enfreint ces limites ? On doit bien évidemment le lui faire remarquer, gronder ou sévir. Important : on concrétise toujours les punitions «promises» (privation de télé, de game-boy, petit séjour dans la chambre, etc.), sinon, on n'est plus crédible.

En revanche, il faut être toujours parfaitement juste et égal dans les interdictions. Pas de télé le matin? C'est «jamais de télé le matin». Comme le souligne le psychologue Harry Ifergan: «Si un jour on doit s'arrêter au feu rouge, et le lendemain au feu vert, vous imaginez quel stress ce serait!»

Les phrases clés

- «C'est comme cela et pas autrement.» (À répéter autant de fois que possible.) «Ça n'est pas la peine d'insister, je ne changerai pas d'avis.»
- «Je fais cela parce que je t'aime.»
- «Si je te laissais tranquille toute la journée (à regarder la télé, à faire de la game-boy), tu serais très malheureux, car tu penserais que je me moque de toi. Et tu aurais raison!»
- «Quand tu m'écoutes bien, je n'élève jamais la voix.»

La planète
des mamans à puce

N ous étions en 2175.
Beaucoup de choses avaient changé sur Terre. On avait exploré Saturne et Vénus, on avait commencé à faire du ski sur la Lune. Et surtout, on avait découvert une multitude de petites planètes inhabitées.

Pourtant, malgré tous ces progrès, certaines choses n'avaient pas beaucoup changé sur Terre. Les enfants faisaient toujours des caprices, et les parents des crises de nerfs. Les enfants recevaient toujours des fessées, lignes d'écriture et menaces en tout genre. Mais voilà que, quelque part dans l'univers, un savant réfléchissait au moyen d'exterminer les fessées et les devoirs...

Ce savant s'appelait Grammaticus Cartapus. Il était l'unique habitant de l'astéroïde 2024, où il s'ennuyait ferme.

– Comment attirer les petits enfants chez moi ? s'interrogeait Cartapus, qui avait terriblement envie d'entendre résonner sa planète de cris, de rires et de bonnes blagues.

Afin de savoir ce qui plaisait aux enfants, le savant avait installé un "écran de contrôle" dans son labo. Il pouvait y analyser les rêves des enfants sur Terre. Et ces rêves étaient clairs : de la télé, des bonbons, du Nutella, des jeux vidéo, pas de punitions, ni devoirs, ni légumes verts, ni poisson cuit à l'eau, rien que des câlins.

Il était bien décidé à supprimer les gifles cinglantes, fessées humiliantes, lignes d'écriture abêtissantes, choux-fleurs, épinards et salsifis, mais aussi les menaces, les "Attention, je compte jusqu'à trois !", "Tu verras quand papa rentrera", et autres "Encore un zéro et tu vas en pension !"...

Pour te dire toute la vérité, Grammaticus Cartapus, tout petit, avait reçu 2 356 fessées – il les avait comptées, exécuté 55 000 lignes d'écriture et subi à 35 reprises le cagibi noir, pain sec et eau, ce qui expliquait bien des choses.

Après quelques longues, longues années de travail forcené, Grammaticus Cartapus sortit enfin, sourire aux lèvres, de son laboratoire. Eurêka ! Il avait mis au point une toute nouvelle race de mamans et de papas, cent pour cent électroniques. Voilà qui attirerait tous les enfants terriens chez lui !

Les mamans à puce ressemblaient comme deux gouttes d'eau aux autres mamans, malgré leur regard un peu fixe, leur démarche un peu raide. Elles ne distribuaient ni fessées, ni gifles, ni lignes d'écriture, ne proféraient ni cris, ni menaces terrifiantes. Elles ne privaient pas de dessert, ne limitaient ni la télé, ni les jeux vidéo, et n'interdisaient jamais les bonbons et le chocolat, même avant les repas. Enfin, elles ne vérifiaient pas les devoirs et ne calculaient jamais le taux de calcium ou de protéines des aliments. Pour couronner le tout, elles souriaient, faisaient des bisous électroniques et répétaient d'une voix de synthèse :

– C'est bien, mon trésor ! Je suis fière de toi !

Le savant Grammaticus se frottait les mains.

– Un beau jour, il n'y aura plus que des mamans à puce et à bisous électroniques ! Et le monde tournera bien plus rond.

Quand les premières mamans à puce furent bien rodées sur l'astéroïde, Grammaticus en fit la publicité dans les écoles, sur la Terre. Par téléportation, il arrivait dans les cours de récréation et haranguait les enfants :

– Venez habiter dans l'astéroïde 2024. Je vous livrerai une maman à puce, toujours souriante, toujours disponible, qui ne gronde jamais !

Et il leur donnait un code secret qui leur permettait de le contacter rapidement.

C'est ainsi que, de jour en jour, les capricieux, les têtes à claques et surtout les "fesses à fessées" commencèrent à peupler l'astéroïde 2024.

Un jour, Jean-Brutus, un petit garçon fort désobéissant de sept ans et quelques jours, en eut assez. ASSEZ de sa maman, ASSEZ des devoirs de géographie lunaire, ASSEZ des infects épinards qui ne donnaient aucune force, ASSEZ de se brosser les dents pendant trois minutes.

Il composa le code secret et vit aussitôt apparaître dans sa chambre le savant Cartapus.

— Viens donc dans mon astéroïde à puce! dit-il. Là-bas, il n'y a ni chou-fleur, ni brocolis, ni coucher à 8 heures, ni devoirs à faire. Tu verras, tu ne le regretteras pas.

Jean-Brutus partit aussitôt. Après trente secondes de voyage (délai moyen d'un déplacement extraterrestre en 2175), une maman électronique arriva vers lui en souriant, et prit son manteau et son bonnet.

— Donne-moi ton manteau. Je suis fière de toi, mon chéri. Tu es superbe, tu as bonne mine. Comme je suis heureuse.

Elle lui avait préparé son goûter: du Nutella au Nutella farci de Nutella, et un bon chocolat chaud avec sept sucres dedans. Jean-Brutus était très satisfait. Surtout quand sa nouvelle maman alluma, pendant qu'il grignotait, trois télés en même temps, deux consoles de jeux et un ordinateur portable. Enfin, quand il réclama à boire, elle lui donna du Coca-Cola AVEC caféine. Jean-Brutus s'affala sur le canapé, avec ses baskets sales, sans un merci, mais en faisant un gros rototo à cause du Coca-Cola.

— Merci, mon grand, je suis fière de toi, fit la maman à puce, en courant dans la cuisine pour préparer le dîner: un gratin au Nutella farci de fraises Tagada.

Tous les jours, la vie sur l'astéroïde 2024 réservait à Jean-Brutus des surprises agréables. Certes, l'école existait toujours, mais on y distribuait des bonbons, esquimaux, caramels, chocolats glacés, et jamais de punitions. Jean-Brutus n'était pas pressé de ré-atterrir, tu peux me croire.

Tous les jours, lorsqu'il rentrait de l'école, sa maman à puce lui faisait des bisous, toujours les mêmes (un sur le front, deux sur les joues), allumait les trois télévisions, les deux consoles de jeux, l'ordinateur portable, et se rendait illico dans la cuisine pour préparer le gratin au Nutella farci de Nutella. Quand il rapportait une mauvaise note en dictée, elle avait toujours le sourire aux lèvres.

– Tout est parfait! disait-elle. Je suis fière de toi, mon chéri! Va donc regarder les télés.

Les enfants de l'astéroïde 2024 n'avaient plus que des zéros pointés, et même pire encore. Les professeurs distribuaient maintenant des moins 2, moins 3, moins 10. Mais comme c'étaient des professeurs à puce, ils continuaient à féliciter leurs élèves:

– Bravo! Léopold, 3, c'est absolument parfait. Je voudrais voir ta maman pour lui proposer que tu sautes une classe.

Jean-Brutus ne fit donc plus aucun effort. Un jour, il rentra à la maison escorté par un policier à puce (il avait volé trente-trois disques dans un magasin, et quarante kilos de bonbons). Jean-

Brutus pensa que sa maman allait le renvoyer. Mais elle sauta en l'air.

– Je te félicite. Bravo, mon trésor. Je suis si fière de toi!

Et un autre jour, quand Jean-Brutus rentra de l'école, son blouson déchiré et sans chaussures, les deux yeux au beurre noir, parce qu'il s'était fait racketter par un plus grand, elle le regarda, les yeux agrandis par la fierté.

– C'est génial! Comme je suis fière. Tu es superbe.

Et elle partit dans la cuisine pour préparer des choux à la crème.

Les enfants, qui s'apercevaient tous que rien ne changeait rien à rien, n'allaient plus à l'école et ne faisaient plus rien. Quand sa chambre était mal rangée, ce qui arrivait bien sûr très souvent, Jean-Brutus suivait les instructions de Cartapus: il envoyait un coup de pied aux fesses de sa maman à puce, ce qui déclenchait le programme "nettoyage".

– Merci, mon chou, disait alors la maman électronique. Va regarder la télé pendant que je range ta chambre, je t'en prie. Ne te gêne pas pour moi.

Un soir, Jean-Brutus rentra à minuit à la maison après avoir fait cent trente-six flippers de suite.

– Tu es en retard, mon chou, dit-elle. Mais je

suis fière de toi. Veux-tu encore regarder les trois télés ou te coucher tout de suite ?

Jean-Brutus fronça les sourcils : ainsi, elle ne s'était même pas inquiétée pour lui ? Sa vraie maman, elle, l'aurait terriblement disputé, et puis il aurait promis de ne jamais recommencer. Il se coucha avec un léger malaise au fond du cœur.

Très vite, le malaise s'accentua. Jean-Brutus avait une indigestion de frites, bonbons, Nutella et petits choux à la crème. Un jour de grand malaise, il composa le code secret, et aussitôt Cartapus se présenta devant lui.

– J'en ai assez, dit Jean-Brutus. Je suis dégoûté, je ne peux plus avaler une demi-cuillère de Nutella.

Le savant Grammaticus se gratta la tête : il n'avait pas du tout prévu les cas d'indigestion, mais opéra en urgence la maman à puce afin qu'elle change de recette.

Le soir même, Jean-Brutus vit sa maman à puce se diriger vers la cuisine et sortir tous les ingrédients les uns à la suite des autres. Les biscuits, le maïs, le blé, le saucisson, la mozzarella, les yaourts, le poivre, le sel, les coquetiers, le liquide pour lave-vaisselle, la serpillière... Tout en disant :

– Miam, nous allons faire un bon gratin. Tu vas voir, mon chéri, tu vas te régaler.

Elle éplucha les murs, arracha les lattes de parquet, qu'elle découpa en petits dés. Enfin, elle courut vers Jean-Brutus, afin de le mettre aussi dans le gratin! Jean-Brutus s'enfuit chez son copain Marius où la maman à puce l'accueillit:

– Tu as fugué? Je suis fière de toi. Installe-toi devant les trois télés, je te sers ton Nutella.

Grammaticus Cartapus s'arrachait les cheveux dans son laboratoire: pourquoi les choses n'allaient-elles pas comme elles devaient aller? Pourquoi les enfants n'étaient-ils pas heureux? Pourquoi étaient-ils en si mauvaise santé? Son régime ne semblait pas convenir aux petits Terriens. À force de ne manger que du sucre, leur visage était devenu tout rond, tout blanc, sans muscle; et leurs dents devenaient toutes noires. C'était comme s'ils étaient tombés dans un bain amollissant. Il consulta son écran de contrôle: les rêves des enfants avaient changé. Ils voulaient maintenant des haricots verts, de la viande, du poisson cuit à l'eau, du calcium et des protéines. Ils voulaient se coucher tôt et se brosser les dents "trois minutes au moins", soir et matin!

Cartapus déclencha la sirène spéciale et réunit toutes les mamans, afin de les opérer en urgence. Quand elles se réveillèrent, elles se prosternèrent à ses pieds.

– Nous sommes fières de toi, Cartapus, nous sommes si fières, dirent-elles d'une seule voix. Nous allons maintenant préparer des gratins plus variés.

Et les mamans se mirent à éplucher et découper en rondelles tout ce qui leur passait par la main. Il fallait voir l'état de la planète, réduite en bouillie, cassée en mille morceaux.

Un jour, l'une des mamans arriva dans le laboratoire avec son éplucheur électrique. Après quelques heures de travail, elle tomba sur la carte à puce qui régissait l'astéroïde. Boum! Dans le ciel, dans l'univers entier, on entendit alors de délicieuses voix de synthèse, qui disaient: "C'est vraiment génial", "Merci, trésor", "Qu'est-ce que je suis contente!", "Veux-tu encore du Nutella avant de dormir?". Et toutes ces jolies phrases que les enfants avaient adorées pendant quelques mois. Enfin, la planète explosa totalement: un véritable feu d'artifice à puces!

Les enfants retombèrent sur Terre, sautèrent dans les bras de leur vraie maman, en goûtant les câlins qui ne ressemblaient à aucun autre, leurs bisous qui n'étaient pas forcément un sur le front et deux sur les joues, mais parfois sur les cheveux et sur le nez. On entendit alors:

– Maman, gronde-moi quand j'ai une mauvaise note!

– Prépare-moi des haricots verts. Et de la salade!

– J'ai mal aux dents! Donne-moi ma brosse à dents!

– Je veux me coucher tôt!

Tous les enfants de l'astéroïde 2024 réclamaient maintenant des règles, donc des punitions, des félicitations sincères, un peu de bonbons mais pas trop. On ne pouvait plus passer ses journées à ne manger que du chocolat et des tartines, à jouer au Baby-foot, au flipper ou à la game-boy sans rien faire d'autre. Car le chocolat semble encore meilleur, si on le mange après les haricots verts ou le fromage. C'est ainsi que les mamans à puce disparurent définitivement et que les vraies mamans reprirent du service.

Les vraies? Tu sais bien, ce sont celles qui sont douces et sévères avec leur regard qui gronde ou qui sourit, leurs petites phrases: "Tu vas voir ce que tu vas voir", "Si tu continues, tu vas en pension", et "Tu auras ces bonbons APRÈS avoir mangé ton gratin aux courgettes, et pas avant"… Et c'est ainsi que les caprices du soir et les crises de nerfs, les enfants désobéissants et les mamans sévères continuèrent encore pendant de très longs siècles à exister. Et ça n'était pas si mal que ça, après tout…

Tu te demandes ce qu'est devenu Cartapus? Eh bien, il est redescendu lui aussi sur Terre et s'est reconverti dans la création de jeux vidéo, là où les rêves restent des rêves… Et il a décidé de ne plus jamais toucher aux machines humaines…

Lire aussi

Côté parents : « L'autorité : un problème très actuel »,
p. 64.
Côté enfants : « Le bouton rétrécisseur de mamans »,
p. 58.
« Maman est tombée sur la tête », p. 78.
« Le petit prince tyrannique », p. 84.

Maman est tombée sur la tête

C e matin-là, quand Léo se réveilla, le soleil passait déjà à travers les rideaux. Il jeta un coup d'œil à son réveil. 9 heures et demie! Et c'était un jour d'école.

– Maman! Maman!

Aucune réponse. Il se rua dans la chambre orange.

– Maman! cria-t-il, hors d'haleine. Il est tard, je vais être en retard!

Mais maman, dans son lit, enfouit la tête sous l'oreiller en grognant. Léo n'en croyait pas ses yeux. Habituellement, c'était lui que l'on tirait du lit.

– J'ai faim! gémit-il. Quand est-ce qu'on mange?

– M'en fiche, grogna maman. Regarde dans le frigo.

Léo, en colère, partit dans la cuisine. Il avala un vieux fond de céréales et un verre d'eau en guise de petit déjeuner, ce qui le rendit de très méchante humeur. Maman se leva enfin à 11 heures, bâilla bruyamment et alluma la télévision. C'était "On achète!", la chaîne du "télé-achat", où l'on pouvait commander des services à raclette, des sèche-cheveux, des bijoux, des appareils à muscle et vraiment n'importe quoi, rien qu'en téléphonant à la télé. Maman disait que c'était un programme archi-crétin et qu'il fallait vraiment être tombé sur la tête pour regarder ces âneries. Mais, ce jour-là, elle regardait en souriant, les yeux ronds comme des soucoupes, les pieds nus sur le canapé. À midi, elle posa une bouteille de ketchup sur la table et deux assiettes.

    – Qu'est-ce qu'on mange? interrogea Léo, plein d'espoir, car avec le ketchup venaient souvent les frites.
    – Des tartines de ketchup, répondit maman.
    – Avec quoi?
    – C'est tout, dit maman. Du ketchup et du coca.
    – Et en dessert?
    – Un beignet décongelé.
    – C'est pas très bon pour la santé, murmura Léo, qui se sentit bizarrement tout triste de n'avoir ni entrée, ni plat, ni dessert.
    – Et je ne vais pas à l'école?
    – Non, on ne va pas à l'école aujourd'hui. C'est bien ce que tu veux, non?
    Léo se demanda si sa maman n'était pas tombée sur la tête. Il avait envie de hurler: "Emmène-moi à l'école! Dis-moi de m'habiller, de me brosser les dents! De finir mon assiette!"

Mais il eut une meilleure idée.

– Je peux regarder la télé ?

– Oui, bien sûr, tout ce que tu veux, dit maman en lui tendant la télécommande. Moi, je vais me recoucher.

Léo attrapa la télécommande et ingurgita les dessins animés les plus défendus, les plus violents et les plus idiots, les plus sanglants et les plus bruyants : "Docteur Niarc-Niarc et ses trente-six monstres puants", "Le Robot japonais assoiffé de sang", "Le Retour de la game-boy tueuse".

Deux heures après, il avait terriblement mal à la tête, et pensa qu'il y avait vraiment un problème.

"Comment fait-on, se demandait Léo, quand sa maman tombe sur la tête ? Doit-on appeler un médecin ?"

Hier encore, elle s'était fâchée quand Léo avait refusé d'éteindre la télé. Et voilà qu'aujourd'hui... elle faisait tout à l'envers !

Quand arriva 7 heures, Léo vit que personne ne l'appelait pour le bain. Il n'entendait pas couler le filet d'eau, comme d'habitude.

– Tu m'aides, pour le bain ? interrogea-t-il, plein d'espoir.

– Oh non, fit maman, qui avait rallumé la télé. Je regarde mon feuilleton préféré.

– Et pour le dîner ? demanda Léo, en qui montait un début de colère.

– Regarde dans le placard. Il y a certainement

des Pepito. Tu pourras les grignoter en buvant un verre de Coca.

Léo avait envie de sentir les odeurs de gratin, ou même de haricots verts à la vapeur.

– J'en ai marre-marre-marre! cria-t-il.

Et il s'enferma dans sa chambre pour réfléchir. Que se passait-il? Il se sentait ballotté à droite, à gauche. Il n'y avait plus une seule règle dans la maison, tout le monde faisait ce qui lui plaisait, il aimait les beignets, les Pepito, et, la veille encore, il avait fait grise mine devant les carottes râpées et le gratin de courgettes. Alors, pourquoi était-il si malheureux? Pourquoi avait-il envie que maman lui donne des ordres, lui demande d'aller à l'école, de prendre son bain, de manger ses légumes? Sans son bain, il se sentait sale.

C'était une journée atroce-atroce-atroce.

À 9 heures, Léo se brossa les dents et enfila son pyjama. Maman arriva en tenant un livre dans ses mains. Elle demanda d'un ton guilleret:

– Alors, mon chéri? Comment s'est passée ta journée, aujourd'hui?

– Affreuse, bougonna Léo. Atroce. Un cauchemar. Tu n'es plus ma maman, et je ne veux plus te voir. Tu es une sorcière.

Maman prit Léo dans ses bras, comme quand il était bébé, et le petit garçon s'enivra de son parfum de violette. Elle semblait être redevenue sa maman. Peut-être était-elle à nouveau tombée sur la tête, ce qui avait annulé le choc précédent ?

– Je suis bien contente, dit maman, que tu aies compris. Personne ne peut vivre sans règle, sans loi, et surtout pas les enfants ! Parfois, les enfants rêvent d'être seuls, sans parents pour leur dire : "Brosse-toi les dents, arrête de regarder la télé, il est l'heure d'aller à l'école, mange tes légumes, tu vas avoir mal au cœur à force de sucer des bonbons." Et parfois, chuchota-t-elle, les parents rêvent aussi d'un monde où ils n'aient pas à dire et à répéter cela... Mais c'est impossible. Il faut suivre certaines règles de vie, pour être heureux. Tu sais, si l'école n'existait pas, tu t'ennuierais terriblement à la maison !

Dès le lendemain, quand maman le réveilla, à 7 heures et demie, en lui disant de sa chaude voix : "Debout, mon chéri, c'est l'heure !", Léo se leva immédiatement. Puis, il gagna la cuisine où une bonne odeur l'accueillit : il y avait des œufs, du jambon, du jus d'orange, un bon bol de lait... "Miam ! Miam !" pensa-t-il. Ce matin-là, il ne se fit pas prier pour se brosser les dents, ni pour attraper son cartable. Et, quand il rentra de l'école, tu peux me croire, il trouva les haricots verts et le gigot absolument succulents. Il ne demanda même pas de ketchup...

Lire aussi

« La planète des mamans à puce », p. 67.
« Le petit prince tyrannique », p. 84.

Le petit prince tyrannique

D ans un royaume très loin d'ici, une reine se désespérait de n'avoir pas de bébé.

— Il nous en faut un! Il nous en faut absolument un, gémissait le roi. À qui reviendra le superbe royaume que m'a légué mon papa, lequel le tenait de son papa et ainsi de suite jusqu'au début de la création du premier papa sur la Terre? À qui donnerai-je ma couronne, une fois que mes os seront vieux et cassants, que je serai bien chenu et tout perclus de rhumatismes?

— Quel tableau horrible de la vieillesse vous me dessinez là, mon ami! s'exclama la reine, qui n'avait pas non plus envie de vieillir sans enfants. N'empêche, vous avez raison: il nous faut un bébé.

La reine consulta tous les manuels, tous les docteurs les plus puissants et les plus avisés. Enfin, grâce à l'un d'eux, un bébé commença à bouger dans son ventre, puis, tranquillement, à naître dans de beaux draps.

— Attention! les prévint le docteur. Ce petit

prince est votre trésor, mais ne lui montrez pas trop. N'en faites pas trop vite un petit roi!

Pourtant, le médecin avait à peine tourné les talons que déjà, dans le royaume, la reine attrapa le petit prince et lui fit gouzi-gouzi.

– Tu es mon petit roi, mon seul roi, tes désirs seront des ordres!

Cette phrase ne tomba pas dans l'oreille d'un sourd...

On plaça sous globe cet enfant infiniment précieux et, chaque matin, une servante diplômée lui apportait des biberons de lait d'ânesse, du miel d'abeilles les plus rares. Il dormait sur un matelas de pétales de roses récoltées en Abyssinie à 5 heures du matin, dans des draps cousus au point d'or, et pour le servir, une demi-douzaine de servantes couraient d'un endroit à un autre du royaume et dormaient à ses pieds. Il était protégé de tout: de la moindre brise, du moindre souffle, du plus petit nuage... Pour le réchauffer, on avait construit un soleil artificiel, qui ne brûlait pas la peau, mais fournissait de la vitamine D. C'est ainsi qu'il grandit, tranquillement, en silence, et tyranniquement, car ses désirs étaient des ordres, et ça n'était pas tombé dans l'oreille d'un sourd.

Le jour de ses sept ans, il parut raisonnable de sortir de son globe de verre cet enfant chéri.

– Petit bichounou, tu es un grand, maintenant!

– Je ne suis pas un bichounou, répondit le petit prince avec dédain. Et si vous voulez m'embrasser, je vous autorise à me baiser les pieds, un point c'est tout.

Puis il harangua ainsi le roi son père:

– Hep, vieux roi chenu, passe-moi ta couronne!

Le vieux roi lui remit sa couronne sans mot dire, car il n'avait jamais dit "non" au petit prince, ni à un jour, ni à trois mois. Comment donc lui interdire quelque chose à sept ans? Et c'est ainsi que le petit prince se transforma en roi. Un roi tyrannique de sept ans et des poussières.

Il fit couper tous les arbres parce qu'il avait reçu une prune sur la tête, il fit égorger les pinsons un à un, parce qu'ils chantaient trop tôt le matin, il fit enfermer la reine sa mère au 749e étage du plus haut des donjons, parce qu'elle avait osé lui demander de faire ses devoirs de roi. C'est ce qui se passe, parfois, quand on a été élevé sous globe.

Le pire, c'est que, en dépit de ses caprices, il montrait un visage malheureux en criant:

– Je suis seul!! Je suis triste!! Personne ne m'aime!!

Quand il vit cette succession de bêtises, une violente colère saisit le vieux roi déplumé et sans couronne. Une colère semblable à une mer démontée.

– Veux-tu bien venir ici, chenapan! gronda-t-il d'une grosse voix. Qui m'a donné un gamin aussi mal élevé!

Ce qui était un vrai chapelet de gros mots pour un roi aussi bien éduqué que ce vieil homme. Il dit aussi:

– Viens ici, que je te donne une torgnole, une baffe, une bonne fessée! Tu n'as pas été suffisamment rossé, dans ta vie!

La reine, bien qu'enfermée au 749ᵉ étage, entendit les éclats de voix et s'évanouit dans son donjon.

"Nous serons condamnés à mort, pensait-elle. Nous serons jetés du haut du donjon."

Ça n'est pas du tout ce qui se passa. Très sagement, le petit roi rendit sa couronne à son père en murmurant:

– Pardon, papa.

Le vieux roi reprit sa couronne, son trône, et le pouvoir.

Il libéra sa femme et lui dit:

– Quand on abandonne trop tôt sa couronne à un petit prince, on en fait un insupportable tyran. Le docteur nous l'avait bien dit, ma mie!

Et la vie reprit comme avant. Avec un petit peu plus d'ordre, néanmoins, plus de civilité. Le plus heureux? C'était le petit prince! Avec son papa, il apprit à jouer aux billes et à rire des blagues de carambar.

"Ah, se disait-il. Il est bon d'être un enfant, de ne penser à rien de trop sérieux et de passer son temps à jouer."

Lire aussi

Côté parents : « L'autorité : un problème très actuel »,
p. 64.
Côté enfants : « La planète des mamans à puce », p. 67.

Chut, le roi est occupé !

D ans le grand royaume tout-puissant vivait un roi très occupé. Il avait toujours le nez fourré dans ses papiers, et personne ne l'en blâmait. "Les affaires du royaume", marmonnait-il.

Le roi très occupé avait un fils, qui avait le droit de grimper sur les genoux de son père, cinq minutes le matin et cinq minutes le soir. Après quoi le roi très occupé arrêtait tout net de faire "à dada sur mon bidet" et marmonnait d'un air sérieux : "Les affaires du royaume, mon fils."

Un jour, le petit prince dessina un bel avion au fusain. Et il demanda que son papa regarde aussi son travail.

– Chut ! fit la reine. Le roi très occupé est dans son bureau de l'aile Ouest. Il s'occupe des affaires du royaume.

Un autre jour, le petit prince apprit à tailler les rosiers avec le vieux jardinier du parc. C'était un sacré travail, avec écorchures et tout et tout, et il voulut le montrer à son papa.

– Montre-le-moi, à moi, dit la reine, qui était toujours très contente et très souriante, j'adore les roses, même avec des épines.

– Non, je veux le montrer au roi, dit le petit prince, qui pensait que sa maman, forcément, allait aimer son travail, et que ça n'était pas très drôle.

– Le roi très occupé est dans son bureau, dans l'aile Ouest. Les affaires du royaume, lui répondit tristement la reine.

C'est ainsi que le petit prince grandit, avec dix minutes paternelles comptées par jour. Souvent, il réfléchissait et se demandait ce qui se passait de si important dans l'aile Ouest du royaume. Il imaginait son papa avec un tas énorme de cahiers devant lui, en train d'écrire des additions à huit chiffres, des multiplications énormes, il imaginait aussi le téléphone sonner, et son papa répondre :

– Allô Moscou, ici Pékin. (Ou le contraire) Trois millions ? Oui, j'achète.

Et c'était si impressionnant, quand il y pensait, qu'il n'osait pas outrepasser les dix minutes par jour.

Le petit prince avait de très bons résultats à l'école, mais, par moments, il était très insolent. Et le maître n'était pas content. Il avertit le roi, qui envoya alors une lettre à son fils :

"Cher prince, votre insolence sera gravement punie, si vous n'obéissez pas illico à votre Maître. On ne peut pas s'occuper des affaires d'un royaume, si l'on ne sait pas obéir aux lois. Amitiés, meilleurs sentiments, le roi votre père."

Le petit prince jugea que c'était une jolie lettre, il l'épingla devant son bureau, et la lisait souvent, car elle signifiait que le roi très occupé avait consacré au moins cinq minutes à la rédiger. Mais, bizarrement, les mots ne pénétraient pas dans son cœur. Et il resta toujours aussi insolent à l'école.

Un autre jour, le petit prince décida d'aller voir dans l'aile Ouest du royaume. Il arriva avec son méga-pistolet laser ultra-bruyant, se posta derrière la porte, et fit "blip, blip, blip", "zigou, zigou, zigou", "schlak, schlak!". Derrière la porte, c'était l'affolement général :

– Que se passe-t-il ? Une attaque aérienne ? Les terroristes, vite ! Alerte rouge !

Et quand ils enfoncèrent la porte, ils trouvèrent un petit garçon avec un pistolet.

– Voilà le terroriste ! hurla le roi très occupé. Attrapez-le ! Neutralisez-le.

– Pas du tout, je suis votre fils de six ans, dit le prince. Et je viens vous voir pour un fait de la plus haute importance. Je veux faire un flipper avec vous.

Le roi, qui était très occupé, mais néanmoins futé, pensa qu'il avait passé toute sa vie dans l'aile Ouest du royaume, jusqu'à ne voir son fils depuis six ans que dix minutes par jour, et encore dans l'obscurité du matin qui n'était pas levé et du soir déjà tombé. Et voilà qu'il avait confondu le petit prince avec un terroriste !

Il se leva et dit à ses ministres :

– La réunion est levée. Une affaire de toute urgence m'appelle auprès de mon fils, veuillez m'excuser.

Et il partit faire un flipper endiablé au café d'en face.

C'est ainsi que, grâce à la fausse attaque terroriste, il y eut régulièrement des parties de flipper, des promenades et des discussions entre père et fils. Les affaires du royaume, ma foi, ne s'en portèrent pas plus mal.

Le jour arriva où, quand son fils eut vingt ans, le vieux roi, tout blanchi et avachi, partit de l'aile Ouest pour l'aile Est, qui était faite pour le repos.

Ce fut au petit prince de gagner l'aile Ouest, tout guilleret, et de devenir le roi Très Occupé Junior.

Le vieux roi, dans sa chambre, regardait avec nostalgie les papiers et les dossiers du royaume, et il les compulsait souvent, en regrettant le temps où il avait été jeune et puissant.

Souvent, il allait traîner près de l'aile Ouest, où le jeune roi très occupé travaillait aux affaires du royaume. Mais on lui disait :

– Chutt ! Le roi Junior travaille !

Alors, il collait son oreille à la porte, il entendait des froissements de papier, des bip bip, et une voix dans le lointain parler au téléphone. Et dire : "Allô Moscou ? Ici Paris", ou peut-être l'inverse.

Alors, le vieux roi tout blanchi aux os cassants s'asseyait sur un petit banc dans le couloir, et il attendait.

Une fois par jour, le jeune roi très occupé sortait de l'aile Ouest pour faire une partie de flipper avec son vieux papa. Quand je dis flipper... C'était peut-être tout simplement une partie d'échecs, une petite conversation, un tour dans le jardin pour tailler les rosiers et autres choses de la plus haute importance.

Pendant les promenades, le vieux roi ne cessait de rappeler, en dodelinant du chef, cette fameuse attaque terroriste, une matinée de novembre. Et il ne cessait de répéter (car il était vraiment devenu vieux) :

– Ah, comme tu as eu raison ! Et comme nous sommes bêtes, nous, les vieux rois très occupés, qui pensons que, si nous ne travaillons pas vingt-quatre heures sur vingt-quatre, et même plus, aux affaires du royaume, celui-ci va disparaître, et nous avec !

Et souvent, il regardait les cheveux de son fils avec admiration :

– Comme tu as de beaux cheveux noirs ! Comme tu as des yeux brillants ! Comme tu es un bon roi !

Le vieux roi aux cheveux tout blancs et aux os cassants soupirait en pensant à son pouvoir passé. Mais ça n'était pas un soupir triste ; car il était très fier de son fils, qui allait continuer après lui. Et tous les deux souriaient en silence en regardant le soleil se coucher sur le royaume.

CÔTÉ PARENTS

Les pères et les enfants

Qu'est-ce qui les empêche de « pouponner » ?

Le poids de l'histoire : même si nous sommes en 2009, un père a toujours l'impression d'être le *bread winner*, le « gagneur de pain », celui qui rapporte le cuissot de mammouth à la maison, qui distribue blâmes et satisfecit. La chose se corse s'il a été élevé par un papa « de loin », dont la fonction se bornait à donner un petit bisou le soir en rentrant du bureau. Dans ce cas, il tâtonne, sans modèle, et sans savoir exactement à quoi ressemble l'affection paternelle.

Selon le mot du psychanalyste Bernard This : « On ne peut être père que si l'on a été un fils. » Sous-entendu : un fils élevé par un père pouponnant.

La crainte de dévirilisation : question de culture. En paternant, le père a toujours peur de rogner sur sa virilité. D'après le pédiatre T. Berry Brazelton, cette crainte s'apparente même à une « peur panique de voir renaître sa féminité en lui ».

L'épreuve de la naissance : après l'accouchement, le père peut souffrir, comme l'analyse la psychologue Maryse Vaillant, d'un complexe qui le pousse à une surenchère phallique. Pour s'affirmer face à une femme qui donne la vie, il multiplie les heures sup, ne cherche qu'à gagner de l'argent.

Comment faire ?

On proscrit le forcing et on y va tout doucement. Après la naissance, inutile de lui faire changer les couches. On lui laisse faire le « bon boulot ».

On repère ce qu'il aime : le bain, l'histoire du soir ?

On lui confie, comme un rituel, son activité favorite. Pensez aussi aux cédéroms : c'est aussi une façon de l'encourager à jouer.

On lui laisse de la place : les mères se plaignent souvent de l'absence de leur mari, mais elles font souvent « écran », inconsciemment. On évitera donc de l'espionner...

Les phrases clés

• On évite de l'accabler de reproches du style : « Toi qui n'es jamais là », « Bien sûr, tu ne peux pas savoir »... Et autres petites piques blessantes.

- On prononce des paroles salutaires : celles qui créent du lien entre le bébé et son père. « Tu es bien, dans les bras de papa », « Comme vous vous ressemblez », « Ton fils te réclame, tu sais »...

La petite histoire de Didi

Dans quelques jours, Caroline aura sept ans. Sept ans, c'est important. C'est le moment d'être grand, et raisonnable aussi. Caroline soupire dans sa chambre. Elle aimerait tant fêter son anniversaire... Oui, mais voilà... Il y a Didi. Didi, sa sœur, s'appelle Isa. Mais, malgré ses neuf ans, Isa ne sait pas dire son nom. Elle ne peut dire que "Didi". Didi, comme "différente". Didi n'est pas une fille comme les autres. Elle hoche la tête pendant des heures, elle crie comme un animal et, quand il pleut, parfois, elle reste dehors, en tendant sa langue pour recueillir les gouttes de pluie.

– Rentre ta langue! lui dit souvent Caroline. Ça te donne l'air idiot.

Caroline adore sa sœur, et elle la déteste aussi. À certains moments, elle a très envie de la serrer très fort dans ses bras. Et à d'autres moments, elle sent des bouffées de rage en elle. C'est surtout quand les autres sont là. Lorsqu'une copine vient à la maison, et que Didi s'impose dans la chambre, s'installe sur le lit, la bouche ouverte, elle a envie de dire: "Va-t'en! Didi! Tu n'as rien à faire ici."

Elle a même parfois envie de lui donner un coup de pied. Mais elle sait qu'Isa ira voir maman en pleurnichant.

Quand elle était toute petite, Caroline ne savait pas que Didi était différente. Mais à force de voir les regards des gens, et les murmures, et tout ce qui vous serre le cœur, Caroline avait fini par poser la question:

– Pourquoi elle est comme ça, Didi? Elle est malade?

– Un accident, avait répondu maman.

– Un accident d'avion? de train? de voiture?

– Non, c'est comme ça. Un accident de naissance, avait dit maman. Didi est née comme ça. Certains naissent avec tout ce qui leur faut, et d'autres avec… quelque chose en moins.

Et elle avait ajouté un peu brusquement:

– Tout le monde a le droit de vivre et s'amuser, Caroline.

Et elle l'avait regardée:

– Tu as bien de la chance, tu sais…

La vie est parfois injuste.

Dans sa chambre, Caroline donne un coup de pied dans sa maison de poupée en bois. De la chance? Tu parles. Non, elle n'a pas de chance. Elle ne peut pas fêter son anniversaire, tout ça à cause de Didi. Elle aussi, elle a envie de vivre, d'avoir des copains et de s'amuser! Elle a envie de parler à maman, parfois, mais maman n'est là que pour Didi. Quand elle a une mauvaise note, quand elle s'est disputée avec sa copine Justine, comment pourrait-elle venir vers maman et lui dire tout simplement: "Justine n'est plus ma copine"? Maman lui répondrait: "Tu as bien de la chance d'aller à l'école", en soupirant. Parce qu'il n'y a pas d'école pour Didi.

Un soir, Caroline s'était levée pour parler avec ses parents de ce fameux anniversaire de sept ans. Mais, dans le couloir, plantée dans sa chemise de nuit, elle les avait entendus parler de Didi, les yeux pleins de Didi. Didi-Didi-Didi.

– Va te coucher, Caroline, nous reparlerons demain de ton anniversaire, avait dit maman.

Et elle était repartie, Caroline, en remballant sa tristesse et ses mots plein le cœur. C'était bien simple: elle échangeait toujours sa tristesse contre celle de Didi. Sa tristesse, sa colère, ses mauvaises notes... Tout cela était absorbé dans le problème de Didi. Caroline venait à se demander si Didi, finalement, n'avait pas plus de chance qu'elle.

Elle savait bien, pourtant, que Didi avait une vie difficile. La veille encore, au supermarché, devant le rayon des surgelés, un garçon s'est mis à la regarder. Quand Didi lui a tiré la langue, la maman du petit garçon l'a tiré par le bras. Elle lui a chuchoté dans l'oreille:

– Ne t'inquiète pas, elle n'est pas normale.

Soudain, il a fait froid, très froid, devant le rayon des surgelés. Alors, Caroline a demandé à sa maman:

– Didi, elle est obligée d'être là, à mon anniversaire?

Sa maman l'a regardée d'un air triste et pincé, avec le bord des yeux roses, comme elle sait si bien faire. Elle lui a dit:

– C'est comme tu veux, Caroline.

Puis elle a ajouté:

– Je te demande seulement de te mettre à la place de Didi, un tout petit moment.

Quand le jour de l'anniversaire arrive, c'est Caroline qui ouvre la porte. Didi n'est pas là.

– Pourvu qu'elle se cache longtemps, toute la journée, et même sous la pluie, pense Caroline.

Mais, à mesure que l'après-midi passe, Caroline sent son cœur se serrer. Ses copines sont là, ses copines dansent, ses copines rient... Mais il lui manque quelqu'un. Didi et son regard curieux, Didi et ses questions, Didi et sa présence discrète, mais si profonde. Mais au moment du gâteau d'anniversaire, soudain, quelqu'un frappe à la porte. Une princesse arrive en trébuchant, dans une magnifique robe rose brodée d'étoiles d'or, avec un masque blanc de reine de Venise.

– Oooooh! s'écrient les petites filles. Comme elle est belle!

Si Didi s'est déguisée en princesse, derrière un masque, c'est pour mieux se cacher – Caroline le sait. Didi apporte son cadeau à Caroline : un jeu de loto géant, qu'elle a construit elle-même. Derrière son masque, elle embrasse Caroline et dit :

— One ahiversai Taro, m'en vais.

Ce qui signifie : "Bon anniversaire Caro et maintenant, je m'en vais" (mais vous aurez compris).

Caroline sent une bouffée d'amour énorme au fond de son cœur. Elle sait que Didi va retourner dans sa chambre, pour se cacher tout l'après-midi, et cacher sa langue pendante. Alors Caroline retire doucement le masque de sa sœur, elle lui plante un gros baiser sur la joue.

Et elle dit fièrement :

— C'est ma grande sœur, elle s'appelle Isa. Retenez bien : ISA. Quand j'étais petite, je l'appelais "Didi", mais maintenant, c'est fini. J'ai sept ans, et je l'appelle Isa. Parce qu'elle est un peu différente de nous... Mais pas complètement quand même. Elle rigole et elle adore jouer. Tu tournes la roue, Isa ? J'espère que tu vas gagner le gros lot !

CÔTÉ PARENTS

Un petit frère /
une petite sœur handicapé(e)

« Et pourquoi la dame, elle est très grosse ? », « Et le monsieur, il a la peau noire », « Et lui, pourquoi il est dans une poussette, comme un bébé ? »

Le handicap, au même titre qu'une différence, désarçonne

les enfants. D'où la nécessité de le leur expliquer. Dans la fratrie, les explications sont encore plus nécessaires. D'une part, parce que l'enfant handicapé va monopoliser doublement ses parents (et que les frères et sœurs doivent le comprendre pour ne pas en souffrir). D'autre part, pour leur permettre de supporter les regards des autres.

« Il faut expliquer très précisément aux frères et sœurs de quelle affection il s'agit – en employant des termes scientifiques », préconise le Dr. Edwige Antier. Dans le cas d'une trisomie, on parlera de « chromosomes ». Les explications scientifiques lui permettront vraiment de comprendre de façon scientifique pourquoi le petit frère ou la petite sœur requiert encore plus d'attention.

On explique aussi pourquoi on est préoccupé par l'avenir du frère/sœur, et pourquoi on lui consacre tant de temps et de présence. Tout en évitant bien évidemment de le culpabiliser (« Tu as vraiment de la chance, toi. Tu ne devrais pas te plaindre, etc. »).

Les phrases clés

- « On n'est pas tous conçus sur le même modèle. »
- « Il faut que tu comprennes que l'on doit consacrer plus de temps à ta sœur, elle a beaucoup plus besoin d'aide que toi. Elle a beau avoir deux ans de plus, elle est beaucoup moins avancée, elle sait faire moins de choses que toi. »

Les asticots qui s'asticotent

Eliott et James, deux asticots anglais, vivaient dans une pomme, une superbe Granny Smith toute belle et toute ronde. Cette pomme se balançait en haut d'un pommier, dans un verger où personne ne venait jamais. Sachant que les asticots s'asticotent, leur maman, lady Ascott, avait pris soin de bien délimiter la moitié du fruit: une moitié pour Eliott, une autre moitié pour James, et autant de pépins pour les deux. Un matelas ni trop mou, ni trop dur. Un peu de glucides, de sucre et d'eau, et beaucoup d'amour. Tout ce qu'il fallait pour faire grandir deux adorables asticots! Eh bien, malgré ça, tout britanniques et flegmatiques, ils passaient leur temps à s'asticoter.

– N'entre pas dans ma moitié!
– Arrière! Tu as un pied dans mon lit!
– Tu m'as encore volé un pépin!

Bref, chacun accusait l'autre d'être le chouchou de sa maman. "Que faut-il donc faire?" s'interrogeait lady Ascott, au bord de la crise nerveuse.

"J'aime pourtant mes asticots de la même façon, je leur donne autant d'amour!"

À mesure qu'ils grandissaient et qu'ils prenaient un peu de moustache et de brioche (façon de parler pour des asticots), James et Eliott s'asticotaient encore plus.

– T'as pompé tout le sucre, c'est pas juste,

– Arrête de ronfler, c'est insupportable.

Et ils en venaient parfois même aux mains (façon de parler pour des asticots).

– Qu'à cela ne tienne, dit lady Ascott de son plus pur accent anglais. Comme vous êtes devenus grands, vous aurez chacun votre maison. Chacun pour sa pomme! Toi, James, tu iras dans une Royal Gala. Et toi, Eliott, dans une Golden.

Bien sûr, ils inspectèrent leurs pommes respectives sous toutes les coutures, en quête du plus petit détail, qui prouvât que l'autre était bien le "chouchou de sa maman".

– La tienne est plus rouge, constata Eliott en faisant la moue, tandis que James fronçait les sourcils. La mienne est moins mûre. C'est bourré de pépins! Je suis sûr que James est mieux logé!

– Encore une fois, je me suis fait avoir, soupira James.

Lady Ascott perdit son beau flegme anglais. Elle eut quelques rougeurs et quelques éclairs de colère dans les yeux (façon de parler pour un asticot).

– Très bien, mes amours. Vous allez échanger

vos pommes. Eliott ira dormir dans la Royal Gala, et James dans la Golden. Exécution! cria lady Ascott.

Aussitôt dit, aussitôt fait. Les deux asticots s'exécutèrent et passèrent la nuit dans le lit de l'autre. Eliott, en gagnant la Royal Gala, s'aperçut qu'un désagréable petit vent faisait balancer la pomme sur l'arbre, et James nota qu'il y avait beaucoup de pépins dans cette satanée Golden.

– Bof, pensèrent-ils. Son hôtel n'a pas plus d'étoiles que le mien.

– Bof, pensèrent-ils encore. Il n'est pas forcément le chouchou de maman.

Et ils s'endormirent sur cette pensée rassurante.

Le lendemain, Dame Ascott les réveilla de bonne heure.

– Alors, les trésors?

– Bof,

– Mezzo, mezzo,

– Du pareil au même,

– C'est tout comme…, grommelèrent les asticots, un rien gênés.

Lady Ascott toussota et dit:

– Voyez-vous, mes lapins (façon de parler pour des asticots), vue de loin, la pomme est toujours plus belle dans le pommier du voisin. Et vue de près, elle a toujours quelques pépins, un vilain vent contraire, parce que c'est la vie! Vous voyez: je vous donne à chacun le même amour infini d'asticot, le même sucre, les mêmes pépins, c'est blanc bonnet, bonnet blanc !

Lady Ascott partit dignement, le cœur léger, dans sa pomme qui n'était ni mieux ni moins bien que celle de ses enfants.

Depuis ce jour, plus personne n'asticota personne, tu peux me croire. Souvent, James invitait Eliott dans sa pomme, et vice versa. Ensemble, ils dégustaient un peu de pulpe et rêvaient de grosses pommes, à New York ou ailleurs, où ils habiteraient ensemble, comme deux asticots qui s'aiment.

CÔTÉ PARENTS

Pourquoi se disputent-ils ?

Les guéguerres entre frères et sœurs sont une réalité incontournable de la vie de famille. Logique : ils partagent le même père, la même mère... Donc la même place. Et chacun est persuadé que l'autre est le chouchou des parents ! « Il a toujours tout, c'est toujours moi que l'on dispute », etc.

Les enfants ressentent peut-être, malgré tous nos efforts d'harmonie et d'équilibre, une « préférence » pour l'un ou l'autre enfant. Ce peut être une inclination pour celui qui nous ressemble. D'après le pédiatre Aldo Naouri, une mère éprouve une tendresse particulière pour la fille qui est issue du même rang qu'elle. (Elle était l'aînée ? Elle s'identifiera plus volontiers à « la grande ». Même chose pour la cadette, etc.)

Comment réagir ?

En soulignant leurs différences : si on en fait de vrais « faux jumeaux », si on les met constamment dans le même sac, du style : « Vous, les enfants, etc. », on risque de cristalliser les jalousies.

Au contraire, on leur réserve à chacun des moments privilégiés – c'est une des règles de base de la vie de famille. On emmène Clara disputer une partie de tennis, on offre à Jean-Charles un moment seul à seul(e).

On évite les « activités de gros », du style : rendez-vous chez le médecin « à la file » pour les trois enfants, etc.

On insiste sur leurs qualités respectives : « Toi, Julien, qui es un as en cuisine », « Et toi, Daphné, qui excelles en musique »...

On n'intervient pas toujours. Plus on intervient, plus on risque d'attiser les querelles. On doit leur laisser leur « terrain d'entente »... Jusqu'à un certain point, bien sûr.

On n'essaie pas d'« équilibrer » à 100 % les situations. Si c'est l'anniversaire de Clara, on n'achète pas non plus un cadeau à Jean-Charles. Sinon, on entre dans une « logique de calcul » et de ratiocinations qui rendra tout le monde malheureux...

La place dans la fratrie

D'après le psychologue américain Franck J. Sulloway, qui a épluché une bonne dizaine de milliers de dossiers, les « profils » d'aîné et de cadet se différencient nettement.

L'aîné : son statut est toujours beaucoup plus proche de

« l'enfant unique » (de fait, il l'a été pendant quelques mois ou quelques années !). Comme les enfants uniques, il aura tendance à mieux réussir dans les études, à être plus perfectionniste, plus autoritaire.

Le cadet : pour le second, la concurrence existe d'emblée et il tente de développer constamment une « stratégie d'attaque » face au premier, bien installé dans ses prérogatives. Le second serait plus vif, fonceur et « révolutionnaire », développant humour, originalité et esprit frondeur.

Les phrases clés

- « Le cœur des mamans est élastique : elle aime autant tous ses enfants. Même si j'en avais dix, je les aimerais tout autant les uns que les autres. »
- « Les enfants uniques rêvent d'avoir un frère et une sœur avec qui s'amuser. Vous, vous avez un copain sous la main. Profitez-en ! »

Lire aussi

« Les dix petits princes », p. 109.

Les dix petits princes

Il était une fois un roi et une reine qui vécurent longtemps, heureux, et eurent beaucoup de garçons. Et quand je dis beaucoup... C'était vraiment beaucoup! Ils eurent le prince numéro 1, puis le numéro 2, placé avant le prince numéro 3, qui précéda le numéro 4, puis le 5... Et ainsi de suite jusqu'au dixième. À chaque fois, la reine espérait une petite princesse toute rose et toute dodue, à chaque fois, elle inventait des prénoms plus fleuris les uns que les autres, mais il naissait toujours un fils! Dix princes: c'est ce qu'on appelle une "famille nombreuse" royale.

Arrivée à ce chiffre, la reine s'exclama:

– Ça y est! Le compte est bon! Tant pis pour la princesse. Voilà ma foi une belle famille!

La reine était très fière de sa famille nombreuse, et elle proclamait partout qu'elle avait "une décade d'enfants" ou "une belle brochette de fistons". Les promenades de la famille royale étaient toujours un très beau spectacle pour le peuple: les parents devant, puis tous les garçons, les uns derrière les autres, en rang d'oignons. Car dans les familles royales, il n'est pas question de marcher dans le désordre.

Comme toutes les familles nombreuses, ils avaient droit à certains avantages : cartes de réduction dans les trains, dans les manèges, à la cantine, dans les jardins royaux. Achat au prix de gros de sceptres, couronnes, trônes royaux et tutti quanti.

Car on a beau être roi et reine, quand on a dix enfants, on ne vit pas aux frais de la princesse. Il faut bien partager entre toutes les têtes couronnées les cuillers en argent, les joujoux royaux, les cartables en or, et tout le barda !

Chaque prince avait un rôle bien défini. Le prince numéro 1 gardait souvent ses frères quand la reine était appelée dans une soirée de gala. Le prince numéro 2 faisait des crêpes au chocolat pour ses neuf frères. Le prince numéro 3 était le secrétaire général du rangement. Le prince numéro 4, drôlement futé pour son âge, devait aider ses frères à faire leurs devoirs. Le numéro 5, inspecteur des travaux finis, devait vérifier l'habillage avant la sortie : chacun son écharpe, chacun ses moufles, chacun son manteau...

Les dix petits princes estimaient tous qu'ils avaient le sale rôle dans la famille.

– Moi, on ne me voit jamais ! Je suis transparent, on ne me donne jamais rien, grognait le prince numéro 5.

– Bienheureux ! répliquait le numéro 8, qui

avait pour mission de brosser les dents des plus petits soir et matin. Ce qui faisait, si l'on compte bien, quelque 160 dents de lait, dont 48 molaires, 48 incisives et 32 canines.

Le prince numéro 10, lui, ne faisait pas grand-chose d'autre que faire la sieste dans son petit lit à barreaux, et porter les costumes, les vieux cartables, les vieilles trousses, tout élimés, tout démodés, tout reprisés, tout ravaudés, parce qu'ils étaient passés sur dix corps, et que dix ans avaient passé.

Chaque prince pensait avoir tiré le mauvais numéro, et personne n'était satisfait de son sort. On organisa une grande réunion au sommet, où chacun râla à qui mieux mieux.

– C'est pas juste! Je voudrais jouer, faire des bêtises, mais on me dit que je suis le grand, que je suis l'exemple, rouspétait le prince numéro 1.

– Oui, mais toi, tu as toujours des vêtements tout neufs, les plus beaux cartables, les beaux stylos et les livres d'école pas encore cornés, pas encore griffonnés, dit le numéro 9.

– Et moi! piailla le petit dixième, qui s'appelait prince Napoléon, je ne veux plus être le petit dernier! Je veux être le chef!

– Et moi? dit le numéro 5. On ne me dit rien, moi. Je suis trop petit pour être le chef, trop grand pour faire la sieste, et je ne sers qu'à superviser l'habillage.

Les numéros 7 et 8 protestèrent aussi, disant

qu'ils en avaient assez de brosser les cheveux de leurs frères, de nouer leurs lacets, de brosser des dents. Quant au prince numéro 4, il éleva enfin la voix :

– Je suis scandaleusement exploité ! J'en ai assez de faire les dictées, les additions à dix chiffres, soustractions et devoirs en tout genre. À bas l'esclavage !

La reine Astrid était consternée : elle réfléchit longuement toute la nuit, son bonnet de nuit lui chauffa le crâne, sous sa couronne. Puis elle eut une idée (ce qui finit par arriver quand on réfléchit longtemps). Elle délibéra longuement avec son époux le roi.

Le lendemain, elle arriva avec un air de conspirateur. Et indiqua aux dix petits princes dix petits morceaux de papier blanc, qu'elle disposa dans sa couronne.

– Tous les mois, dit-elle, chacun de vous tirera au sort un numéro et un rôle. Ça sera comme au Loto ! Et chacun vivra très précisément selon le protocole dû à son rang. Un point c'est tout !

C'est ainsi que la vie changea dans le royaume. Tous les premiers samedis du mois, chacun tirait dans la couronne de la reine un petit billet. Un jour, le numéro 10 tira le numéro 1 et sauta en l'air. Enfin, il était le chef !

Il en profita pour donner des ordres ridicules :

– Jean-Eudes ! Va donc tirer la queue du chat !

César! Tu vas me fabriquer quinze crêpes pour le goûter! Édouard! Va brosser les dents des poules!

Le prince numéro 1 tira le papier numéro 10 et dut rester au lit, faire la sieste, en pliant ses longues jambes dans le minuscule lit à barreaux. Le numéro 4, qui était si doué à l'école, tira le numéro 2 – celui des crêpes. Il fabriqua des crêpes toutes collantes, toutes salées, tout horribles, qui donnèrent une indigestion royale à tout le monde.

À la fin de la journée, le tout-petit pensa qu'il était épuisant de donner des ordres, et le numéro 1 était tout courbatu d'avoir dû se reposer alors qu'il n'avait même pas sommeil. Les dix petits princes souffraient d'un terrible mal de ventre, et, en classe, tout le monde récolta des triples zéros, parce que le numéro 5, ce benêt, avait bâclé les devoirs de tout le monde, et tout le monde se crêpa le chignon.

On en conclut, tu l'as deviné toi-même, qu'il y avait des avantages et des inconvénients dans la position d'aîné, de cadet, de puîné, et que, finalement, personne n'avait un "bon" ou un "mauvais" numéro.

De temps en temps, rien que pour en être sûrs, les dix petits princes s'amusaient à ce jeu de Loto, juste pour voir si l'un n'était pas plus chouchouté, ni plus aimé, ni plus admiré qu'un autre. Et ça n'était jamais le cas!

La reine était si heureuse d'avoir des enfants heureux, et elle vécut si longtemps, avec son mari le roi, qu'ils décidèrent d'avoir encore... dix enfants. C'est alors qu'une petite princesse arriva. On la prénomma Rose, comme convenu, mais elle ne râla pas comme le numéro 10, car il fallut confectionner de toutes nouvelles robes, de nouvelles jupes, et lui donner des cartables tout roses. Le numéro 10 était ravi : maintenant, il avait pour mission de surveiller sa petite sœur !

Lire aussi

« Les asticots qui s'asticotent », p. 103.

Les disputes,
le divorce

Les sirènes n'aiment pas les disputes

Tous les enfants craignent les chatouilles, et les disputes. Les enfants-fées, les enfants-sorcières, les petites princesses et, surtout, les petites sirènes.

Si les sirènes détestent tant entendre les parents se chamailler, c'est parce que l'eau transmet les sons cinq fois plus vite que l'air, et cinq fois plus fort. C'est pourquoi une scène de ménage, une simple dispute se transforment chez elles en cauchemar aquatique.

Dans la famille d'Emma la sirène, les disputes commençaient toujours ainsi:
– Répète un peu ce que tu viens de dire!
– Pour qui te prends-tu à la fin?
– Ah mais, ça ne va pas recommencer?
– Ça va pas la tête!!
Et hop, après quelques éclats de bulles, l'eau se mettait à bouillonner, bouillonner, et... la tempête éclatait!

Quand la mer bouillonnait ainsi, Emma voyait soudain tout flou. Ses parents lui apparaissaient déformés, grimaçants, horribles, à cause de l'eau qui bougeait. C'était moche-moche-moche.

Alors, le cœur d'Emma se transformait en glaçon. Elle mettait ses mains sur ses deux oreilles et remerciait le ciel de lui avoir donné deux mains, et non pas deux nageoires. Mais même en bouchant ses oreilles, elle entendait encore : "Je te déteste, je te déteste, je ne veux plus te voir."

Ces disputes étaient de vraies catastrophes écologiques. Dès qu'elles démarraient, les bancs de petits poissons multicolores se mettaient à fuir à l'autre bout de la mer, comme poursuivis par un requin. Les oursins s'immobilisaient, les anémones de mer déversaient leur poison en silence, et les pieuvres crachaient de longs jets d'encre noire.

"Comment est-il possible, pensait Emma, que des grandes personnes, avec deux bras, une queue de sirène et un cerveau de sirène, hurlent dans l'eau comme de vrais bébés ?" Et elle pensait à tous les parents-sirènes divorcés, qui partent vivre loin l'un de l'autre, l'un dans la mer Adriatique, l'autre dans l'océan Atlantique.

Elle se disait: "Ma maman m'a fabriquée dans son ventre, parce qu'elle aimait mon papa. Mais si je suis née de leur amour, je peux tout autant disparaître!"

C'était bien sûr un peu excessif, mais pourtant très logique dans la tête d'une petite sirène. D'ailleurs, quand elle entendait ses parents se déchirer, elle avait l'impression d'entendre son cœur se briser, comme de la glace pilée. Car les petites sirènes ne sont pas des poissons comme les autres. Mais ce sont de vraies petites filles fragiles, avec un cœur et beaucoup d'imagination.

Que pouvait-elle donc faire? Elle avait entendu parler d'une autre sirène qui avait échangé sa queue contre une paire de jambes. "Des jambes me seraient fort utiles, pour fuir sur terre, loin des cris des adultes", songeait-elle.

Pour ne pas mourir de tous ces bruits, Emma partait, loin de ces étendues d'eau hurlante, loin de ces visages grimaçants, loin de ces tempêtes aquatiques, dans des forêts d'algues labyrinthiques. Elle allait aussi loin que possible, jusque dans les abysses, là où le silence des profondeurs est plus fort que tous les cris du monde.

Emma s'enfermait dans un coquillage géant, jusqu'au moment où elle n'entendait plus rien, ni la plus petite gouttelette, ni le frétillement d'une nageoire de poisson, rien que les battements de son cœur à elle.

Et quand, le soir, on s'apercevait qu'elle avait disparu, son papa et sa maman et toutes ses sœurs sirènes la cherchaient loin, très loin, dans les eaux douces, les eaux chaudes, en ouvrant les algues de leurs deux mains, en fouillant une à une les anémones de mer, en frappant doucement à la porte des coquillages : "Emma, tu es là ?"

Le cœur affolé, ils pensaient qu'elle avait disparu à tout jamais. Car c'est le risque. Dans les abysses, au plus profond de la mer la plus profonde, une petite sirène, même expérimentée, peut très bien perdre le nord.

Et ses parents s'interrogeaient : peut-être s'était-elle échouée sur la terre ? Ou jetée dans la gueule d'un requin ? Enfin, quand ils la voyaient, repliée dans sa conque, les mains sur les oreilles, ils la prenaient dans leurs bras, très doucement, pour la remonter jusque dans leur maison. Ils avaient honte, tu peux me croire. Et ils lui disaient :
– Pardonne-nous, tu sais, nous sommes deux grands idiots. Mais on est réconciliés. On te jure !

Et Emma revenait d'un coup de queue revigorée à la maison. Elle pensait : "Le monde a failli s'écrouler, j'ai bien cru que vous alliez tuer tous les petits poissons avec vos cris horribles."
Plus elle grandit, plus la petite sirène comprit que la vie, la fatigue, l'énervement, les petites choses de tous les jours, une goutte d'eau qui

tombe en continu sur un rocher, enfin trois fois rien, peuvent déclencher d'aussi grands cris.

Quand elle fut tout à fait grande, elle souriait en les écoutant, car elle savait qu'il n'y avait plus rien à craindre. Que son cœur n'allait pas geler, ni se transformer en glace pilée.

Et, en les écoutant, elle se disait: "Tout à l'heure, vous me direz que vous ne vous disputerez plus jamais. Et je ferai semblant de vous croire! Car moi, je sais bien que vous crierez encore, parce que c'est difficile de vivre dans la même eau sans se disputer. Mais je sais aussi que le monde ne s'écroulera pas pour autant."

CÔTÉ PARENTS

Les parents qui se disputent

Les enfants ont tout à fait conscience d'avoir été des « enfants de l'amour » : leur existence a été soumise à l'amour parental, l'entente fusionnelle entre les deux parents. Quand cette belle relation se fissure, comment ne se sentiraient-ils pas, peu ou prou, menacés ? D'où leur angoisse.

Bien sûr, toutes les disputes ne se valent pas... Il y a les graves, les « pas graves », mais, en présence de cris et de vociférations, comment distinguer les unes des autres ?

Certains couples, particulièrement soupe au lait, éclatent pour un oui ou un non. Mais parfois, les disputes sont plus violentes, et plus rares. Si votre couple se fissure, il vaut mieux en parler calmement à votre enfant. Et lui expliquer ce qui se passe, tout en précisant que rien ne changera jamais quant à vos sentiments pour lui, etc.

En revanche, on n'est pas obligé d'entrer dans les détails. Depuis l'ère Dolto, les parents veulent tout expliquer aux enfants, par le menu. Ils les transforment même, souvent, en confidents de leurs peines de cœur. Ce comportement est de plus en plus fréquent, selon les psychologues pour enfants, et s'appelle l'adultisme ou la « parentification » des enfants. Or l'enfant n'a pas à porter et supporter les confidences de ses parents, et encore moins à entrer dans les mécanismes de la brouille.

Les phrases clés

- « Vivre ensemble, ça n'est pas facile. Parfois, il arrive que l'on crie, que l'on se dispute. Mais on continue à s'aimer quand même. »
- « Les parents ne devraient pas se disputer devant leurs enfants. Mais parfois, on perd le contrôle de soi-même et on se met à crier. Tu sais, les papas et les mamans font des bêtises aussi. Ce ne sont pas non plus des êtres parfaits... »

Lire aussi

« Ophélie ne veut pas divorcer », p. 136.
« Les deux maisons ou une histoire de couleur », p. 128.
« Le mur de pierres magique », p. 123.
Et pour les brouilles entre nations : « La guerre des lapins », p. 351.

Le mur de pierres magique

I l était une fois, il y a très longtemps (disons…
cent mille ans), un roi et une reine. Ils étaient
jeunes, ils étaient beaux, ils eurent beaucoup
d'enfants, ça n'était pas là le problème. Mais plus
le temps passait, et moins ils vécurent heureux.
Je vais te dire pourquoi. C'était à cause d'un mur
de pierres qui s'élevait entre eux.

— Retrouvons le coquin qui a construit ce mur,
qu'on le pende, qu'on le torture, qu'on le désarti-
cule ! criait le peuple.

Car, tu le sais, rien n'est plus agréable à voir
qu'un roi et une reine qui s'aiment, dans un carrosse qui passe. Rien n'est plus beau qu'un roi qui
fait des papouilles à une reine, qu'une reine qui
fait des bisouilles à son petit roi. Et vas-y que je te
poupougne, que je te serre dans mes bras, que je te
rigole dans l'oreille des secrets d'amour. C'est un
spectacle dont on ne se lasse pas, surtout les
enfants. Mais avec le mur, c'était devenu impossible. Au départ, on pouvait encore se tenir par la
taille, puis par l'épaule, puis par le cou, mais le
mur s'éleva si haut, si haut, qu'ils n'arrivèrent

même plus à se bisouiller et à se papouiller. Un jour, on ne put rien du tout. Ni même se faire un coucou de la main, ni même entrapercevoir une lumière dans le regard. On ne pouvait plus rien du tout. Alors le roi et la reine sont restés les bras ballants, et le carrosse est resté dans le garage.

Pour démolir ce mur, on avait tout essayé : le dragon cracheur de flammes, les bâtons de dynamite, le groupe de 5 000 esclaves, les chars d'assaut, les catapultes, les boulets à 730 000 km/heure. Mais le mur résistait. Peut-être parce qu'il était un peu magique ?

Le problème, c'est que, pendant ce temps, le roi et la reine s'étaient habitués à ce mur. Quand l'un parlait, l'autre n'entendait pas ; quand l'un écoutait, l'autre allait cueillir des cerises ou enfiler des perles.

Un jour, le roi envoya un doux bisoutoudoux à la reine, très-très petit. Minuscule, mais qui eût pu sauver les choses. La reine pensa que c'était le bruit d'une fissure.

Un autre jour, la reine glissa un mini-message très doux, dans un petit trou du mur, mais le roi crut qu'il s'agissait d'un ver de terre. Et le mot doux prit la pluie.

Arriva un jour où, en guise de bisouilles, le roi et la reine s'envoyèrent des vachouilles de part et d'autre du mur. "Espèce de vieille pie !", "Vieux cornichon de roi !", "Vieille chipie !", "Vieux mistigri pourri !"... Et tu connais la suite : les baquets d'eau brûlante et de mots méchants balancés, les poignées d'araignées venimeuses, les scorpions aux yeux jaunes. Ce nouveau jeu s'appelait "À qui insulterait le plus l'autre", "À qui vachouillerait le plus". Et il dura trois ans, trois mois et trois jours, et peut-être bien plus.

Le jeu est peut-être comique, dans une histoire comme celle-là, mais la vie n'est pas une histoire, et au fond, c'était loin d'être drôle dans la vraie vie, et surtout pour les multiples enfants qui ne voyaient plus jamais le carrosse, et le petit salut de la main, du couple le plus heureux du monde.

Un beau jour, le roi se leva avec une blague dans la tête. Ça arrive, parfois, et on rigole tout seul (tu regarderas dans l'autobus ou dans le métro, le nombre de gens qui rigolent tout seuls). Le roi ôta son bonnet de nuit et regarda à l'intérieur, pour voir si quelque chose le chatouillait. Mais rien !

C'était une minuscule blague, idiote, du genre : "Quel est le comble pour un boulanger ? C'est d'avoir du pain sur la planche !" Ah, elle est bien bonne, celle-là, pensa le roi, qui la balança aussitôt à la reine. La reine sourit d'un air méprisant, mais quelque chose la chatouillait à l'intérieur. Elle eut beau pouffer, tousser, elle égrena un petit rire, un minuscule soupir de rire. Derrière le mur, elle lui dit :

– Quel est le comble pour un électricien?
– C'est d'avoir une idée lumineuse!

Depuis ce jour-là, le roi et la reine s'efforcèrent de se balancer des baquets d'histoires drôles, des gags stupides, des jeux de mots crétins, mais rigolos, de part et d'autre du mur. Le plus amusant, dans toute cette histoire, ce ne sont pas ces blagues un peu idiotes, il faut bien le dire. Mais c'est que le mur, tout soudain, se mit à rapetisser, rapetisser! Le roi vit à nouveau le visage de sa reine, ses yeux tout brillants de fous rires, son long cou gracile, ses épaules, sa taille, et il eut terriblement envie d'un bon gros bisouillou dans le coin de l'oreille. Et voilà... C'en était fini du mur!

Depuis ce jour, on a remisé au garage la catapulte, le dragon cracheur de flammes, les boulets qui tirent à 730 000 km/heure. Les valets se sont reconvertis: ils travaillent nuit et jour pour trouver des histoires stupidouilles, rigolouilles, et des mots doux. Car tout le monde avait compris que le mur, c'était le roi et la reine qui l'avaient construit, à force de mauvaises habitudes, mauvaises pensées, mauvais jeux de mots, araignées, scorpions, et tout simplement manque de bisouilles et de papouilles.

Des murs comme ça, il en existe cent, cent mille, des millions. Ils sont si nombreux qu'on ne les voit pas.

Entre les papas et les mamans, entre les grands-parents, entre copines, entre copains...

Le jour où la première pierre s'installe, essaie d'envoyer un petit filet de vie, une petite tendresse, et tu verras. Ça fait exploser les pierres! Car, quand le mur est là, après, il en faut de la force, de l'énergie, des vies, énormes, tonitruants, pour le faire exploser.

Lire aussi

Sur les disputes des parents : « Les sirènes n'aiment pas les disputes » et « Ophélie ne veut pas divorcer », p. 116 et p. 136.
Sur les disputes entre pays : « La guerre des lapins », p. 351.

Les deux maisons
ou une histoire de couleur

U n jour de printemps, les parents de Louis décidèrent de faire le grand ménage.

– Nous allons quitter la maison verte et déménager. Tu verras, ça sera formidable.

Les yeux de Louis brillèrent.

– Alors, j'aurai ma grande chambre ? Et papa, un nouveau bureau ?

La maman de Louis émit un superbe sourire.

– C'est encore mieux que ça ! Nous allons avoir deux maisons. Une pour nous, une autre pour papa. C'est formidable, n'est-ce pas ?

Louis hocha la tête en pensant : "Les mamans sont vraiment incroyables, avec leur manie d'arranger les choses."

– Ça sera merveilleux, fantastique, poursuivit maman, avec un immense faux sourire de clown. Toi qui voulais une chambre plus grande, tu en auras deux : une chez papa, une chez moi. Tu passeras un week-end chez papa et un autre chez moi. Tu seras notre petit roi pendant le week-end, nous ne serons là que pour toi !

Louis sentit une chape de plomb tomber sur

ses épaules. Le roi? Mais il n'avait jamais voulu être le roi.

Pourtant, Louis ne dit rien, et se dessina un grand sourire sur le visage.

– Tu es un enfant sage! Tu prends merveilleusement bien les choses! dit maman, qui, depuis quelques jours, mettait des points d'exclamation partout et glissait des "formidable", des "merveilleux" dans toutes ses phrases.

Dans cette effervescence de gaieté, cette montagne de faux sourires et d'hypocrisie, chacun prépara ses cartons. Le papa de Louis emballa ses affaires, en adressant une série de clins d'œil à son fils.

– Tu as l'air content, papa, dit Louis.

– Oui, tu verras, ça sera formidable, dit papa, la voix brisée.

Par chance, on trouva deux petites maisons, pas très éloignées l'une de l'autre, une maison jaune, une maison bleue, ça changeait de la maison verte. Le jour où Louis partit voir son papa dans la maison bleue, sa maman lui tendit son petit sac, avec ses petites affaires bleues de week-end. Et quand Louis demandait quand, oui, quand, ils retourneraient tous dans la maison verte, maman détournait le regard mais pas le sourire.

– Oh, bientôt! bientôt! disait-elle joyeusement. Ne t'inquiète pas, mon chéri.

Car, parfois, les grandes personnes veulent

protéger les enfants et leur racontent des histoires de contes de fées. Elle n'osait pas dire que la vie d'avant était bel et bien terminée, et que la maison verte était fermée à jamais.

La vie s'organisa dans les deux maisons, et entre les maisons. Louis avait sa petite brosse à dents bleue, sa brosse à dents jaune. Il avait des chaussettes bleues d'un côté, des chaussettes jaunes de l'autre, ses livres bleus, ses livres jaunes. Tout était bien séparé : les couleurs, les souvenirs, les parents. Avant il n'y avait qu'une seule couleur, maintenant il y en avait deux. Pour la première fois, Louis comprenait le cycle du temps, le passé, le présent, le futur. Il y avait l'avant, il y avait l'après. Rien ne durait, et rien ne se mélangeait.

Quand sa maman l'accompagnait, elle le laissait à la porte de la maison bleue, en l'embrassant bien fort. Papa ne montait jamais non plus dans la maison jaune, il laissait Louis descendre de voiture en lui disant : "Je suis pressé, je dois y aller."

Pourtant, chacun posait des questions sur l'autre.

– Comment va ta mère ? demandait papa.

– Ton papa n'a pas trop maigri ? demandait maman.

Et Louis répondait sagement :

– Oh, maman va merveilleusement bien.

– Papa est dans une forme fantastique.

On a beau être un enfant "sage", en apparence, on peut être très désordonné à l'intérieur. À l'intérieur, on peut hurler, vociférer, crier que la vie est nulle, et que les parents exagèrent. Pas facile, d'avoir deux maisons !

Louis se perdait régulièrement dans les couloirs. Dans la maison bleue, il cherchait sa chambre jaune, et quand il se levait en pleine nuit dans la maison jaune, il se dirigeait vers la cuisine au lieu d'aller aux W.-C. Il allait chercher une baguette de pain chez le boucher, et demandait des yaourts au marchand de jouets. Un jour, à l'école, il arriva avec une chaussure bleue et une chaussure jaune. Un autre jour, pour le cours de gymnastique, il enfila sa tenue de clown à la place de son survêtement de sports.

– Comme tu es dans la lune, soupira la maîtresse.

Alors qu'il était dans le noir.

Le jour de la fête des Mères, il arriva avec un rasoir électrique, et il donna à son papa, pour Noël, une jolie paire de boucles d'oreilles en forme de cœur. "Louis est dans une phase de grande distraction", avait écrit la maîtresse sur le bulletin scolaire. Mais Louis n'était pas dans la distraction, ni dans le bleu, ni dans le jaune, mais dans le vert le plus total ! Car il pensait toujours à la promesse de sa maman :

– Bientôt nous retournerons dans la maison verte...

Mais quand ?

Et puis un jour, par le plus grand des hasards, son papa et sa maman se retrouvèrent dans la rue. Avec lui, Louis, au milieu. Ils devinrent tout rouge écrevisse.

– Oh, mais que fais-tu là ? demanda maman.

– Et toi, que fais-tu là ? demanda papa.

– Je me promène.

– Moi aussi.

(C'était une conversation fort intéressante.)

– Et si on allait au restaurant, tous les trois ? demanda papa, l'air badin.

Louis n'osa pas montrer sa joie, mais à l'intérieur, ça sautillait, ça bondissait ! Les parents se raccommodaient, et les couleurs se mélangeaient à nouveau ! Et, au dessert, devant la glace à la pistache toute verte, il prit un air badin :

– Alors... C'est ce soir que l'on retourne dans la maison verte ?

Maman regarda le fond de son verre, avec une grande application.

– Mon Louis, nous allons t'expliquer..., dit maman.

Ils racontèrent à leur petit garçon qu'ils ne revivraient jamais ensemble, jamais, jamais. Maman ne souriait plus de son faux sourire de clown, et ne dit plus du tout ni "fantastique", ni "merveilleux". Louis pleura, tempêta, trépigna, et les traita de menteurs. Parfois, pour les grandes personnes, ça n'est pas facile de se résoudre à dire la vérité, quand elle est difficile. Mais il le faut!

Et il se sentit mieux. Au fond de lui, pour la première fois, les choses étaient claires: le jaune et le bleu ne feraient jamais plus du vert, et resteraient toujours de la même couleur. La maison verte resterait verte, dans son souvenir.

Quand les choses furent bien claires, et quand le temps eut passé, Louis ne mélangea plus ni ses chaussettes, ni ses paquets-cadeaux, ni ses brosses à dent ou ses pantalons de gym. Il y avait la vie d'avant – la vie en vert – et la vie de maintenant.

Souvent, le soir, Louis demandait à sa maman une histoire de "la maison verte", et ça le rendait très heureux, car c'était une très belle histoire.

– Moi plus tard, disait-il à sa maman, je vivrai dans une maison toute verte, vert comme l'espoir. Jamais il n'y aura de séparation, jamais. Une seule couleur, pour toute la vie.

– Tu as bien raison, je le souhaite pour toi, répondait sa maman. Je suis sûre que toi, tu réussiras.

Et elle lui caressait les cheveux longtemps, dans le noir, pendant que Louis s'endormait... À la lueur de la veilleuse verte.

CÔTÉ PARENTS
Sur la séparation

Quand la décision est irrévocable, il est préférable de lui parler avec des mots et des sentiments vrais, plutôt qu'avec des « sourires de clown ». Les enfants ont des antennes. Françoise Dolto ne disait-elle pas que, dans une maison, les enfants... et les chats savent tout ce qui se passe ?

En lui annonçant la nouvelle de votre future séparation, il faut insister : cette décision est irrémédiable... Rien ne serait plus cruel que le bercer d'un fol espoir. Car, fatalement, il essaiera de vous réunir. Si vous vous revoyez en « simples amis », il est important de lui dire qu'il ne doit rien attendre de ces rencontres.

Vous devez tout « baliser » et ne pas le laisser livré à ses angoisses.

Offrez-lui un luxe de précisions : un week-end sur deux, tu iras chez ton papa. Ici, tu gardes ta chambre. Chez ton papa, il te trouvera une chambre, tu auras ton placard, etc.

Ne le laissez pas dans l'inconnu : utilisez un calendrier (genre calendrier des Postes), sur lequel vous consignerez les dates importantes, les week-ends (surlignés) et les mercredis où il ira chez son papa.

Essayez de « doubler » sa garde-robe pour éviter les oublis qui seraient pesants pour lui (pyjama, brosse à dents, chaussettes, slips, change, etc.). Ça lui évitera de se sentir « simple touriste » chez l'un ou l'autre.

Plus il sent que vous acceptez la situation, et plus il l'acceptera. De la même façon, bien évidemment, on ne « casse pas du sucre » sur le dos du conjoint à son retour.

Quelles que soient les relations avec l'ex, on évite les orages... Et, pour l'enfant, on facilite tous types de communication : e-mails, fax, lettres, petits mots doux...

Inutile pour autant de faire intrusion dans sa correspondance. Ses relations avec son père ne regardent finalement que lui...

Les phrases clés

- « Nous nous disputons trop, c'est devenu insupportable pour toi aussi. »
- « Les adultes peuvent cesser de s'aimer... Mais ils ne cessent jamais d'aimer leur enfant. »
- « Tu n'es pour rien dans ce qui nous arrive, sois-en certain. »
- « Notre histoire à tous les deux est terminée. Mais pour toi, tout continue ! Tu vas continuer à nous voir tous les deux, ne t'inquiète pas. »

Lire aussi

« Les sirènes n'aiment pas les disputes », p. 116.
« Le mur de pierres magique », p. 123.
« Ophélie ne veut pas divorcer », p. 136.

Ophélie ne veut pas divorcer

Quand elle était petite, Ophélie voyait ses parents dans une pluie d'étoiles, comme toutes les petites fées.

Les rires résonnaient partout, et, quand papa la faisait tourner dans ses bras, elle se retrouvait en l'air, auréolée de poudre de fée, sur un petit nuage rose guimauve.

Mais, depuis quelques mois, le monde avait perdu de sa magie. Une tempête avait soufflé et la poudre de fée s'était dissipée. Qui donc leur avait jeté un mauvais sort? Ses parents se disputaient sans cesse. Et c'étaient des cris, des soupirs, des hurlements, et parfois, encore pire, un gros silence tout gris plein de reproches et de haine.

"C'est bien la peine d'être une fée, pour supporter cela, pensait Ophélie. J'aurais mieux fait de naître sorcière, pour m'habituer à ce malheur."

Depuis quelques mois, elle avait l'impression de vivre dans un monde de sorciers, de chapeaux pointus, de coups tordus. Même la poudre de fée était devenue noire. Même sa maman avait une tête de sorcière, elle qui avait été la plus jolie des fées. Allait-il lui pousser une verrue et un menton crochu ? Quant à son papa, si souriant, il vociférait, comme s'il jetait un mauvais sort, en pointant du doigt sa femme. Et c'était une volée d'insultes : "Du balai, vieille sorcière !", "Vieux crapaud baveux !" Et encore : "Arrête de me mener à la baguette, bobonne !"

Eux qui avaient respecté les règles du pays des fées, ils détournaient maintenant la magie, pour se faire des choses terribles l'un à l'autre : chauves-souris glissées sous l'oreiller, soupe de poireaux pourris, chats noirs hurlant à la pleine lune, sans compter les mots horribles qui collaient au plafond et dans le cœur, comme des toiles d'araignée. De la vraie magie noire.

Et puis un jour, Ophélie surprit une discussion entre ses parents. Ce soir-là, ils étaient très calmes, mais les mots étaient très durs, plus durs que d'habitude.

– Tu veux divorcer ? Eh bien, divorçons.
– Nous ne devons plus vivre ensemble.
– Séparons-nous.

Dispute, divorce, séparation ? Son cœur s'était mis à trembler. Au pays des fées, était-ce possible ?

"Les baguettes magiques, pensait Ophélie, c'est fait pour assembler les choses, et les gens, et pas pour les séparer !"

À la bibliothèque, elle feuilleta le vieux grimoire des magiciennes et apprit par cœur toutes
les formules magiques destinées à recoller les
couples :
   * Cueillir trois primevères de fin d'été,
   * Faire infuser une tisane de roses pendant
trente jours,
   * Recoudre deux ailes de papillon blanc en
forme de cœur,
   * Confectionner de la "colle Superglu" à base
de poudre de fée et de bave de puceron. Bien
touiller ensemble.

Ophélie consacra tout son temps à effectuer ses
tours de magie, au point de ne plus du tout travailler à l'école. Et, comme au pays des fées, on
croit beaucoup aux pensées magiques, elle ne dor-
mit plus la nuit.
   "Si je pense aux jours heureux, se disait-elle,
alors, ils reviendront."

Et elle rêvait, Ophélie, aux moments où son
papa l'emportait haut dans ses bras pour faire
l'avion, et où la poudre de fée n'était pas encore
noire comme du charbon. Et elle rêvait aux jours
où ses parents se faisaient encore plein de bisous
dans le cou.
   C'est pendant un de ces rêves heureux qu'une
fée apparut, dans un tourbillon. Ophélie se frotta
les yeux. Jamais elle n'avait vu cette dame au
sourire si gentil, au regard si doux.

– Bonjour, Ophélie. Je suis ta fée-marraine.

– Une fée-marraine ?

– Bien sûr, répondit la dame. Tous les enfants ont une fée-marraine qui veille sur eux. Je ne suis pas de ta famille, je ne suis pas non plus une copine, mais je suis là pour t'aider. Tu peux me raconter ce qui ne va pas, car je sais garder tous les secrets.

Ophélie parla longuement de ses soucis, et de la poudre de fée, qui de rose était devenue noire.

– Aide-moi, marraine-fée. Je suis sûre qu'il existe un tour pour recoller mes parents et pour que le monde retrouve sa magie !

Mais la marraine-fée agita tristement la tête.

– Il est temps que tu l'apprennes, le monde n'est pas fait que de magie. Il y a un peu de rose, un peu de gris. Il y a beaucoup de bonheur, de rires, mais parfois aussi des disputes et des séparations. Et même nous, les fées, n'y pouvons rien.

Ophélie se sentit terriblement triste.

– Tu ne peux pas m'aider alors...

– Bien sûr que si ! Je vais t'aider à être plus heureuse.

Et la marraine-fée sortit une baguette magique étincelante.

– Grâce à cet objet, tes déplacements seront facilités. Tu pourras te rendre chez ton papa, puis chez ta maman... Et à nouveau chez ton papa, en un éclair ! Et surtout, ce dont je peux t'assurer, c'est que l'amour que tes parents te portent restera à jamais intact. Quand ils ne

vivront plus ensemble, ils cesseront de se traiter
de vieux crapauds baveux, ils arrêteront de se
glisser des chauves-souris sous l'oreiller, et peut-
être recommenceront-ils à se respecter ? Et toi,
ils t'aimeront toujours plus que tout.

La petite fée se sentit légère comme la rosée et
soudain formidablement soulagée. Ainsi, il était
inutile d'expérimenter encore des tours et encore
des tours pour revenir à la vie d'avant ! Elle abandonna toute idée de recollage, point de croix,
confection de colle et autres tours de magie pour
rabibocher ses parents. Comme ça faisait du bien
de savoir qu'il était inutile de s'épuiser à essayer
de changer les choses.

Elle laissa ses parents se séparer et s'en fit
une raison. Quand elle se sentait trop triste, elle
appelait sa marraine-fée à la rescousse.
– Je ne suis pas une maman, je ne suis pas ta
copine, mais tu peux me parler comme tu le veux,
répétait toujours la marraine-fée. Je te protège et
je sais garder un secret.
Grâce à cette gentille marraine et à l'amour
de ses parents, la petite fée grandit, et grandit
fort bien, dans ce monde qui n'était pas que
magique, mais qui était heureux tout de même.

"Au pays des fées, pensait Ophélie, on se dit que
tout est rose, magique et harmonieux. Mais ça
n'est pas tout à fait juste. Le monde est parfois
rose, parfois gris. Autant le savoir…"

Lire aussi

« Les deux maisons ou une histoire de couleur », p. 128.

Papa ours est parti

C e matin-là, quand les trois oursons polissons
s'éveillèrent de leur nuit brune, ils voulurent,
comme tous les jours, faire des roulades, caval-
cades et autres cascades, papouilles, papotages et
tout le pataquès, sur le dos de papa ours.

C'était leur grand jeu à tous : entendre papa
"faussement rouspéter" et gronder, en ronflant à
moitié, de sa grosse voix d'ours :

– Attendez un peu que je vous attrape, les oursons polissons ! On n'a que le week-end pour dormir, nous, les gros ours.

Et papa ours faisait mine de leur donner une
chiquenaude, une gifle et un gros coup de papatte.
Les oursons polissons grognaient à gorge déployée,
ils se roulaient sur le dos de rire, et ils se cha-
touillaient les vertèbres.

Mais ce matin-là, quand les trois oursons
s'éveillèrent, ils trouvèrent le lit vide et maman
déjà debout, regardant tristement par la fenêtre,
comme dans l'histoire de Boucle d'or.

Mais ça n'était pas un conte de fées.

– Votre papa est parti, dit maman ours en reniflant.

Et elle s'en fut illico préparer les crêpes au miel.

– Ah? pensèrent les oursons. Il a dû partir chercher le miel et le journal. Et quelques herbes pour le repas. Et faire les courses de la semaine.

Et... ils l'attendirent toute la journée... Quand le soir étendit son manteau d'étoiles, ils comprirent que papa ours ne rentrerait pas cette nuit-là. Était-il parti hiberner ailleurs? En Sibérie? Là où le miel est plus fleuri? Les oursons avaient perdu leur polissonnerie, à force de se poser des questions. Peut-être avait-il rencontré une "Boucle d'or" sur son chemin?

C'est ainsi, chez les ours, qu'on parle des papas qui s'en vont, pour suivre un autre chemin, la Grande Ourse ou une autre.

– Certains partent pour un peu plus de fantaisie, d'autres pour prendre l'air, un bon bol d'air pendant un mois ou deux. Mais personne, jamais, n'est parti à cause d'un ou de deux, ou même de trois oursons polissons, leur répondit aussitôt maman ours.

Même si elle avait envie de dire du mal de papa ours, elle n'en fit rien.

– Il vous aime beaucoup, vous lui manquez terriblement, je le sais, leur dit-elle en les regardant avec ses yeux bruns bordés de rose.

Les jours passaient et passaient, sans repasser.

La vie n'était vraiment plus comme avant dans la tanière. Il n'y avait plus de grosse voix qui vous réveille le matin, ni de grosses pattes qui vous prennent par la main pour aller à l'école. Un papa, quand ça manque, ça manque terriblement. Les poils de barbe mal coupés, les grandes mains carrées, la grosse voix qui gronde, le petit bedon de papa ours, qui s'agitait quand il rigolait, son odeur de tabac, sa manière de bâiller, très fort, en faisant trembler les murs de la tanière, et même les grosses colères et les grosses fâcheries.

Mais les trois oursons auraient tout donné pour recevoir une bonne vieille fessée. Avec les mamans, la vie est pleine de douceur, de tendresse, mais il y manque sans doute un peu de force et de surprise. Personne n'osait le dire, mais tout le monde le pensait. Il arriva un moment où personne ne dit plus rien. Ni même et surtout le mot "papa". Car il suffisait de prononcer un mot et même une seule syllabe en "pa", pour que, aussitôt, le bord des yeux de maman ours se mette à rosir dangereusement.

Alors, bien sûr, on arrêta de parler de "pas", de "papa", de "grand-papa". Ces jours-ci, on ne dit plus grand-chose. On ne disait plus "papillon", ni "papounet", ni "patouille", ni "papatte", ni "patate", ni "papouilles", ni "pataquès". Ni "paradoxe", ni "paragraphe", encore moins "passé" : quand on y pense, qu'est-ce qu'il y en a, des mots qui commencent par "pa" ! C'était toute une partie du dictionnaire, qu'on ne prononçait plus dans la tanière.

À force d'attendre, d'attendre, le visage de papa ours se brouilla dans les yeux des oursons polissons. Dans leurs rêves, il se transformait en Peter Pan, en Roi Lion, en beaucoup d'autres personnages. Mais la tête de papa ours qui gronde s'effaçait peu à peu.

Un jour, pourtant, à force d'attendre, une lettre arriva dans la boîte aux lettres des oursons polissons. C'était bien, bien longtemps après cette aventure, tellement longtemps qu'un autre papa ours était venu vivre à la maison, que les oursons avaient retrouvé leur polissonnerie légendaire, et que maman ours n'avait plus jamais le bord des paupières roses.

– Les oursons ! Venez vite ! Une lettre de votre papa ! cria maman ours, qui savait bien l'attachement des trois oursons pour leur père.

"Mes trois oursons chéris, écrivait papa ours. Vous me manquez terriblement. Je viendrai vous voir samedi, j'espère que vous me pardonnerez. Je viens simplement pour vous voir, pour vous faire des patouilles, des papouilles, des patates frites au paprika et tout le pataquès.

Attendez-moi, je serai là samedi matin."

Tu aurais vu la joie des trois oursons polissons ! Car eux, ils savaient que, même si papa ours n'allait plus habiter dans la tanière, l'amour entre un papa et ses oursons polissons, ça dure toute la vie : toute une vie de papouilles, patouilles, papillons à attraper, passé à rattraper, papotages et tout le pataquès !

CÔTÉ PARENTS

Le manque du père

Rappelons les chiffres : un couple sur trois explose – un sur deux à Paris. La plupart du temps, la garde échoit encore à la mère... Ce qui ne signifie pas pour autant que les papas sont *persona non grata*. Au contraire. On connaît aujourd'hui leur importance dans l'éducation – d'où le « déblocage » du congé paternité de quinze jours.

Ce que l'on sait :

1/ *In utero*, le fœtus entend la voix du père et sent son odeur musquée.

2/ À la naissance, les papas ont des jeux plus dynamiques, plus physiques avec le bébé – et ce dès après la naissance. Les spécialistes ont constaté que le père porte le bébé à bout de bras, en le tenant visage vers l'extérieur – comme une ouverture au monde –, alors que la maman, dès les premiers instants, le câline tout contre elle, visage tourné contre son sein.

3/ Sur le plan symbolique, ils permettent une ouverture à la société, au monde, à l'univers. Une initiation au langage, à la loi, aux limites.

Quand le père n'est pas là, l'enfant « éponge » tout ce qui se trouve dans la tête de sa mère : un vrai miroir ! Quand le père est là, l'énergie, les sentiments circulent :

l'agressivité, l'affectivité, la peur, le bonheur... C'est beaucoup plus sain.

D'après la psychanalyste Christiane Olivier, si elles n'ont pas été «paternées» dans l'enfance, les femmes ne cesseront de rêver au prince charmant. Elles vont dévorer des romans à l'eau de rose, faire des régimes, et «fabriquer du féminin» pour tenter de plaire à un père qui ne les a jamais regardées...

Compenser son absence

Si papa est parti, il faut essayer de compenser son absence par une figure paternelle (grand-père, parrain, etc.). On peut aussi rappeler son souvenir en évoquant des scènes de jeux, en feuilletant des albums-photos, en lui rappelant même le jour de sa naissance où papa était là, et la première fois où il l'a pris dans ses bras.

Au contraire, quelle que soit sa disposition d'esprit, on évitera bien évidemment de critiquer son père.

Les phrases clés

- «Ton papa t'aime énormément. Je suis sûre que tu lui manques beaucoup.»
- «Tu sais, parfois, on veut recommencer une histoire d'amour dans une autre maison, et on est déchiré entre l'envie d'aimer une autre femme et l'envie de revoir ses enfants.»

J'attends un nouveau papa

C e matin, maman est arrivée dans la chambre des enfants avec son air mystérieux des grands jours.

– J'ai une grande nouvelle à vous annoncer, mes petits chéris.

– Quoi! a hurlé Fred. On va avoir un nouveau bébé? C'est pas vrai... Dites-moi que je rêve.

– Un bébé? Moi je suis contente, a répondu Julie, qui avait six ans. Je le veux dans ma chambre!

– Mais non! Maman a ri doucement. On ne va pas avoir un nouveau bébé... Mais un nouveau papa!

"Gloups", a pensé Fred.

"Aïe, aïe, aïe", a pensé Julie.

Et tous les deux sont devenus blancs comme des cachets d'aspirine, la bouche ouverte d'étonnement.

Les bébés, on sait comment on les fait et comment on les trouve. Mais les papas?

– Tu l'as trouvé où? a demandé Fred. Au

square, sur Internet? sur la plage? au musée? dans le RER?

— Pas dans une pochette-surprise, en tout cas! a répondu maman, avec un pauvre sourire, car elle ne savait pas quoi dire.

— Ça n'est pas drôle du tout, ce que tu racontes, a rétorqué Julie, toujours prête à être désagréable avec son frère.

— Et ça n'est pas drôle du tout d'avoir un nouveau papa! a rétorqué Fred. Regarde, dans toutes les histoires, ça tourne toujours mal avec les beaux-parents. Cendrillon était traitée comme une bonne par sa belle-mère, Blanche-Neige s'est fait carrément empoisonner par la méchante sorcière. Et Harry Potter a été cadenassé à double tour dans un placard par son horrible père adoptif.

Julie s'est mise à pleurer:

— Je voulais un nouveau gentil bébé! Pas un nouveau méchant papa qui nous enferme dans le noir!

— Et puis, nous avons déjà un ancien gentil papa... Nous n'en avons pas besoin d'un deuxième! Il va nous encombrer.

— Moi je l'embrasserai jamais, et je serai si insupportable avec lui qu'il ne voudra jamais remettre les pieds à la maison.

Cette fois, maman est devenue blanche comme un cachet d'aspirine.

— Je me suis mal expliquée, mes petits chéris. Je vais avoir un nouveau mari, mais vous aurez toujours votre papa. Mon nouveau mari viendra habiter à la maison, il vivra avec nous, voilà tout. Il sera... un nouvel ami pour vous, il faudra aussi l'écouter, mais, bien sûr, il ne sera pas, VOTRE PAPA!

Et maman a ri:

– Les beaux-parents méchants n'existent que dans les contes!

Pendant quelques jours, Julie réfléchit à la meilleure manière d'écarter le nouveau papa, de l'atomiser, de le zigouiller, de le pulvériser. Elle mit au point plusieurs stratagèmes, réfléchit à un "piège à papas" (on glisse une maman à l'autre bout de la pièce, et les grilles se referment sur lui). Elle pensa à jouer à l'insupportable gamine, celle qui ne dit jamais merci, tire la langue, et prononce "crotte" et même pire. Elle pensa aussi à bâillonner sa maman, dans le placard du fond, et à donner une lettre au nouveau papa. Sur cette lettre serait écrit: "Mon cher ami, je ne souhaite pas vous revoir. Jamais-jamais. Signé: maman." Elle pensa encore à inviter le nouveau papa, et à lui présenter quelqu'un d'autre: la baby-sitter, la maman de Maud... N'importe qui, pourvu que ça ne soit pas maman.

Toutes les nuits, Julie rêvait au nouveau papa. Une nuit, il ressemblait à Schrek, l'ogre tout vert et dégoûtant, qui prend des bains de boue et se cure le nez. Le surlendemain, c'était un monsieur très sévère et très gris, qui agitait un fouet sous son nez et hurlait: "Travaille! Encore! Travaille!"

Quand le fameux samedi arriva et que la porte s'ouvrit, Julie vit que le nouveau papa n'était ni vert, ni gris, mais brun, avec de drôles de petites lunettes.

— Je m'appelle Pierre, sourit-il en leur tendant une main toute tremblante.

Pierre avait apporté sa petite mallette noire, sa mallette de magie. Il fit voler une carte en l'air, multiplia des cubes de mousse dans la main de Julie, transforma des ballons en petits chiens, et apprit le tour des cordes à Fred. Julie, avec un peu de honte, pensa à tous les stratagèmes imaginés pour le faire disparaître.

"On ne réduit pas en cendres aussi facilement un grand magicien. Le piège à papas n'aurait jamais marché", réfléchit-elle.

Quand il vit leurs yeux éberlués, Pierre cessa de trembler.

— Je suis content... Qu'est-ce que je suis content..., dit-il.

J'ai de nouveaux amis.

À la fin de l'après-midi, Julie approcha de sa maman.

— Il est gentil..., dit-elle.

— Il est sympa..., dit Fred avec une petite moue. Il ne ressemble pas à la sorcière de Blanche-Neige.

— Ni à la belle-mère de Cendrillon...

— Ni au père de Harry Potter !

— C'est plutôt Merlin l'Enchanteur, d'ailleurs,

rétorqua Julie. Bon... Ça ira pour cette fois. Il peut revenir. Mais promets-moi une chose...

– Oui ? fit maman.

Et Julie agita son petit index sous le nez de sa mère.

– Tu n'en ramèneras pas un autre à la maison la semaine prochaine. Ni le mois prochain, ni l'année prochaine. Pas question !

– Bien sûr que non ! s'exclama maman.

– Et puis, je l'appellerai jamais papa. Jamais-jamais, répéta Julie avec son petit visage fermé.

– Pas question ! répondit maman, qui se précipita sur Julie pour l'embrasser.

Mais Julie détourna son visage.

– Pas ce soir, pas de bisou.

(Car il faut bien tout de même montrer à maman que parfois, on existe, et on a le droit de dire non !)

– Tant pis pour le bisou, dit maman. Qui souffla un baiser sur sa main, avec un si joli sourire...

Le lendemain, à l'école, devant Alice, Julie prend son air mystérieux des grands jours.

– Moi, j'ai beaucoup de chance... Je vais avoir un deuxième papa. Il est très gentil, très beau et très riche. Et surtout (elle baisse la voix) c'est un grand magicien !

Julie sait qu'Alice a toujours le même papa, tout grand et tout mince, qui fait du vélo avec elle le samedi matin. Julie envie terriblement Alice, parce que ses parents s'aiment toujours.

Alors, ce matin, bien sûr, elle a envie de la rendre un tout petit peu jalouse.

– Mon nouveau papa, il va transformer notre appartement en château. Un château plein de pierres précieuses. Et il va métamorphoser mon cartable en boîte remplie de pierres précieuses… Et peut-être que bientôt… (elle chuchote) j'aurai un nouveau petit frère. Il viendra dormir dans ma chambre, et on l'appellera le petit prince !

Alice n'en revient pas.

– Tu me présenteras ton nouveau papa, dis ?

– Peut-être… un jour, répond mystérieusement Julie. Pour mon anniversaire, il viendra donner un grand spectacle d'illusions.

Bientôt, toute l'école chuchote en regardant Julie. On murmure que la magie est entrée dans sa vie et qu'elle habite dans un château rempli de lumière…

CÔTÉ PARENTS

Le nouveau papa

Avec l'explosion des couples (un sur trois divorce en province, un sur deux à Paris), les recompositions familiales sont légion. À l'échelle de la société, c'est une pure routine… Pourtant, dans chaque famille, c'est un cataclysme.

Un nouvel homme entre dans votre vie ? Si la situation est sérieuse, ne tardez pas à l'annoncer aux enfants (avec leurs antennes, ils auront déjà sans doute compris). Forcément, il/elle va montrer son inquiétude, en vous mitraillant de questions : tu m'aimeras encore, même avec ton amoureux ? Et papa ? Pourquoi tu l'aimais ? Pourquoi tu ne l'aimes plus ? Ces questions sont normales, elles traduisent tout simplement la peur et l'inquiétude.

Si les choses ne se passent pas comme prévu, n'en concluez pas trop rapidement à une entente impossible. Vous êtes en phase d'adaptation, et il n'est pas si facile pour des enfants de s'habituer à une nouvelle situation. Laissez-lui quelques semaines, voire quelques mois, avant de vous installer avec le nouveau fiancé...

En revanche, ne le laissez pas dicter ses choix et jouer au petit tyran (il est si facile de vous culpabiliser...). C'est vous qui décidez, c'est votre vie.

Si le « nouveau papa », après quelques semaines, vient dormir à la maison – a fortiori s'il vient s'installer –, réinstituez certaines règles : il faut frapper avant d'entrer dans la chambre, etc.

Il est important que l'on montre son bonheur et sa tendresse pour son compagnon. Mais inutile d'en faire trop : en vous voyant ensemble, les enfants penseront avec nostalgie à leur papa...

Les phrases clés

- « Tu sais, il est fréquent que l'on rencontre quelqu'un d'autre. Ça ne signifie pas du tout que l'on n'aime plus sa famille. »

- « Tu seras toujours ma priorité absolue. C'est toi qui compteras toujours avant tout. Mais tu n'as pas à intervenir dans ma vie : ça ne regarde que moi. »
- « Rien n'a changé entre toi et moi. »

Le corps, les complexes,
les différences

La révolte du petit reflet
de Lola

L e meilleur ami de Lola ne s'appelait ni Pierre, ni Alban, ni Clément.

Il était à la fois muet et trop bavard, à la fois gentil et vachard. C'était... le miroir! Car Lola passait le plus clair de son temps à se contempler. Ça n'est pas qu'elle se trouvait jolie, oh non. Si on le lui avait demandé, elle aurait répondu qu'elle ne se trouvait ni jolie ni moche, mais elle jouait à se regarder et à s'examiner. Parfois, elle se souriait. Parfois, elle fronçait le nez et s'adressait même des grimaces de sorcière pleine de verrues.

Le miroir était parfois son ami, et parfois son ennemi. Il lui arrivait de se trouver trop grosse, avec son petit bidon qui débordait de son jean, et ses bonnes grosses joues, surtout le jour où, en cours de gym, le grand Nicolas lui avait dit:

– Hé, la grosse, tu devrais te mettre au régime!

Et parfois elle se trouvait jolie, surtout quand on lui disait:

– Avec ces beaux yeux-là, tu vas en faire, des conquêtes!

Était-elle jolie, était-elle moche? En fait, elle n'en savait rien. Elle regardait son nez, le jugeait épaté, et ses genoux, un peu en dedans. Elle se retournait.

– Suis-je plus jolie de dos ou de face?

Rien ne lui échappait. Elle savait par cœur que son plus beau profil était le droit. Que, avec cette jupe ou ce pantalon, on voyait moins son bidon, mais plus ses mollets ronds. Et elle s'interrogeait:

– Si je pince mon nez toutes les nuits, avec une pince à linge, peut-être sera-t-il plus fin?

Pendant ses examens approfondis devant le miroir, elle entendait, de loin, la voix de maman:

– Que fais-tu, Lola? As-tu fini tes devoirs?

Et elle soupirait:

– Arrête donc de te contempler toute la sainte journée!

Un jour, alors que Lola tournait, souriait, maugréait, faisait des mines, relevait ses cheveux d'une main, pinçait son nez de l'autre, voilà que soudain, incroyable… Elle ne vit plus rien dans le miroir! Rien du tout! Elle écarquilla les yeux, regarda derrière elle, palpa ses bras, ses épaules, pour voir si elle existait toujours… Et soudain, elle entendit un énorme soupir!

Quand elle se retourna, devine qui elle vit, derrière elle... Son petit reflet, les mains sur les hanches, l'observait d'un air furax!

— J'en ai assez! cria le reflet. As-sez! Tu m'entends! Ça fait des mois que ça dure. Des mois que tu n'arrêtes pas de ME regarder dans le miroir.

Lola ouvrit ses yeux comme des soucoupes.

Elle était médusée, plus qu'étonnée. Que peut-on répondre à un bonhomme de reflet aussi impoli?

Le petit reflet continuait:

— Pour qui te prends-tu, à la fin? Tu n'es jamais contente... Tu crois que c'est gentil? Je fais tout ce que je peux pour toi!

— Mais... ça n'est pas contre toi, répondit Lola. C'est que, parfois, je ne me trouve pas... Pas très... Pas très à mon goût, voilà!

Le petit reflet pointa un doigt accusateur.

— C'est ce que TOI, tu penses! Songes-tu seulement aux autres? Tu te fiches comme de ton premier sourire de ce qu'ils pensent, eux! Tu m'emprisonnes, avec ton regard, tu me juges... Je ne suis jamais assez joli pour toi! De quoi je me mêle, à la fin? pestait le reflet, visiblement en colère.

— Pardon, pardon, murmurait Lola.

— Je voulais rester à ma place, mais aujourd'hui, trop c'est trop. Ça fait trois quarts d'heure que tu m'examines. Alors je suis sorti de mes gonds.

Et il continuait à bougonner :

– C'est toujours comme ça, avec les filles. Au début, quand elles sont petites, tout se passe bien, elles font confiance. Et puis, quand elles grandissent, voilà qu'elles doutent de nous. Elles se trouvent moins jolies, trop dodues, avec un nez en patate, et patati, et patata !

– C'est que... Je voudrais tant... me voir comme les autres me voient, chuchota Lola, toute gênée.

Le petit reflet, brutalement calmé, sourit.

– Jamais tu ne pourras te voir comme les autres te voient ! Ton regard est dur, sévère, alors que, pour eux, tu es une fille jolie et sympa. Alors, arrête de te faire du mal, tu veux ? Tes yeux sont si sévères qu'ils te déforment totalement. Je suis sûr que tu me vois avec un énorme ventre, des oreilles décollées et un nez comme un concombre. Alors que c'est faux !

Lola hocha la tête en souriant. Il avait peut-être raison, ce satané reflet ! Sans doute était-elle beaucoup trop dure avec elle-même...

– Écoute, chuchota le petit reflet. Je vais rentrer maintenant dans le miroir.

Et il pointa son index vers la fillette.

– Mais, en attendant, laisse-moi te dire quelque chose.

Tu peux me regarder un peu, chaque matin. Pour te coiffer, t'habiller. Mais évite de passer des heures à me juger et à me dévisager sous toutes les coutures.

Et il rougit : Ça me gêne, à la fin...

Lola, médusée, retourna au salon.

– Ça va, ma chérie ?

– Oui, maman, murmura Lola, en pensant : "Il a raison, ce reflet... Il y a d'autres choses à faire, que se contempler toute la sainte journée."

La cuisine embaumait le bon chocolat chaud. Avait-elle rêvé ou non ? Difficile de le savoir. Mais tout ce qu'elle savait, c'est qu'elle allait s'offrir un bon gros goûter, et un bon livre, sans penser à rien d'autre, et surtout pas à elle-même.

Dès ce jour, Lola abandonna ses longues séances de contemplation, car elle avait compris que le petit reflet du miroir ne lui appartenait pas totalement. De temps en temps, bien sûr, il lui arrivait de retourner devant le miroir, surtout quand elle venait d'acheter une jupe ou un pantalon tout neufs, mais elle le faisait en cinq minutes, car elle avait toujours peur soudain de voir sortir un petit reflet furibard.

Lola se sentait beaucoup plus jolie, elle n'avait plus le nez collé sur son nombril, elle faisait confiance à son copain le reflet !

"Décidément, pensa-t-elle un matin en jetant un bref coup d'œil dans son miroir, on vit beaucoup mieux avec soi, quand on se regarde de loin."

Et elle se fit un clin d'œil dans le miroir.

– N'est-ce pas, cher petit reflet... ?

Lire aussi

Côté parents : « Complexes et différences », p. 181.
Côté enfants : « La petite fée qui voulait devenir la plus belle femme du monde », p. 170.
« La fée Clochette qui voulait devenir la fée Plumette », p. 284.
Et sur les complexes et différences : « Nono le Martien a un cosmo-complexe » et « Le singe Bobo qui n'était pas si bête », p. 164 et p. 176.

Nono Le Martien
a un cosmo-complexe

L e matin, sur Mars, c'est l'effervescence! Et il y en a des choses à faire avant de partir à l'école! Huit oreilles à récurer, quatre paires d'yeux à décrotter, dix-huit ongles à savonner et deux antennes à brosser. Les antennes? Ah, les antennes... C'était le drame de Nono, car il en avait quatre au lieu de deux, et ça le rendait sacrément malheureux, au point d'en faire un énorme cosmo-complexe. Une paire d'antennes en plus sur la tête, qui ne faisait rien que lui créer des ennuis.

Dans la cosmo-home si douillette, traînait une délicieuse odeur de grenouille rôtie (son plat préféré). Comme il aurait aimé rester là au lieu de partir affronter les autres à l'école. Il baissait ses huit yeux par terre, serrait les dents d'un air triste.

– Allez, Cosmo-Nonouchet, dit sa maman. Attrape ton cartable supersonique: la fusée nous attend.

Et en attachant tendrement son écharpe, elle lui murmura:

– Et t'inquiète pas... Ils sont bêtes !

"Ils sont bêtes... Mais puissants, mais méchants", pensa Nono.

Il entra dans la cosmo-fusée et attacha sa ceinture, le cœur lourd. Déjà, des myriades de regards le z'yeutaient en gloussant. Un ricanement, c'est supportable. Mais des centaines de ricanements de synthèse, ça vous perce les tympans (surtout quand vous en avez huit !). Nono sentait ses tentacules se recroqueviller, ses épaules tomber, ses oreilles bourdonner. Il ne savait plus quoi faire de ses trente-six doigts. Quand on est gêné, sur Terre, on n'a que deux mains à cacher derrière son dos. Sur Mars, on en a huit !

Ses antennes l'obsédaient, il ne pensait qu'à ça ! Quand on l'appelait au tableau, quand on lui demandait de réciter la vitesse du son, Nono oubliait tout. Il ne pensait qu'à ELLES, celles qu'il n'avait jamais demandées, mais qui étaient venues le jour de sa naissance. Bref, Nono faisait un complexe cosmique, intergalactique, universel. Et, bien sûr, tout le monde le sentait. Plus on a de cosmo-complexes, et plus les autres le savent. Et se moquent de vous.

"Non seulement je dois supporter ma différence, pensait Nono, mais tout le monde est méchant avec moi. C'est trop injuste."

Tous les jours, il devait affronter les pires quolibets : "Hé ! Nono ! Il y a des promos sur les passoires, ce mois-ci. Tu devrais en profiter pour t'en faire un chapeau!" "Tu captes quoi, avec ton antenne? Radio-Univers?" Hinhin! Niarc niarc! C'était bête et méchant, mais ça lui collait une cosmo-honte. Immense, universelle, intergalactique. Nono se mit à faire des cauchemars terribles. Peuplés d'yeux cruels, de ricanements de synthèse, d'antennes gesticulantes, de niarc, de bip-bip, de berk et de glurps.

Alors, devant son cosmo-miroir, il essaya différentes techniques pour camoufler son complexe: il porta une casquette, il entortilla ses antennes les unes avec les autres – ce qui lui valut d'être traité de "Martienne".

Il se demandait s'il ne pouvait pas disparaître dans l'espace, en un petit coup de fusée, loin des blurp, berk et autres niarc niarc. Sur Terre, Saturne, Vénus, Jupiter: il y avait bien un endroit, dans l'univers, qui pouvait abriter sa différence?

– Oh oh, répondit maman Nono. Ça m'étonnerait. Sur certaines planètes, on se moque même des tailles et des couleurs de peau différentes.

Faute d'avoir trouvé une solution universelle, Nono se recroquevilla sur lui-même. À défaut de faire disparaître ses antennes, il plia son cosmo-cœur en quatre, en six, en huit, comme un petit carré de papier qui se plie à l'infini, et il retint son souffle, pour que personne ne l'entende. À force de retenir sa respiration, il se mit à souffrir de crises d'étouffement. C'est le comble, quand on habite en plein cœur de l'univers.

– C'est du cosmo-asthme? interrogea la maman de Nono.

– Non, c'est un problème intergalactique et psychologique et universel, dit le médecin martien d'un air pompeux.

Ce qui signifiait que le complexe de Nono était sans fin et sans limite.

Nono se sentait emprisonné dans une cosmoprison, sans barreaux, mais avec des antennes. Et il se coucha dans son petit lit, pour bien montrer à l'univers entier qu'il était enfermé dans une tristesse intersidérale. Quand les petits Martiens s'aperçurent de l'absence de Nono, ils s'en étonnèrent et s'en attristèrent. Parce que, au fond, Nono, on l'aimait bien comme cela.

– Ah bon? fit sévèrement la maîtresse. Vous l'aimez bien? Eh bien, foi de mes antennes, je n'avais pas compris cela. Nono doit avoir le cœur lourd comme une pierre, à l'heure qu'il est. Vous avez été si durs avec lui.

Les enfants étaient tous très étonnés. Car sur Mars, on ne comprend pas toujours les petites délicatesses du cœur. Et on peut même faire du mal aux autres sans s'en apercevoir.

– Bien sûr, qu'on l'aime, Nono! On voulait juste rire un peu...

– Les rives de synthèse abîment le cœur des petits Martiens, répondit la maîtresse.

Les petits Martiens décidèrent de rendre une petite visite à Nono, dans sa petite maison envahie de tristesse. Nono était là, dans son lit. Il se cacha la tête sous l'oreiller à la vue de ses ennemis. Les petits Martiens avaient les antennes bien basses, tu peux me croire.

– Tu sais, Nono, on voulait juste rigoler.

– On s'est pas rendu compte, renchérit un autre, les huit bras ballants.

Nono se leva sur les huit coudes, les yeux brillants, en n'en croyant pas ses oreilles. Il avait du rose aux joues, tant et si bien que, avec le vert, ça lui faisait un joli teint marron-rose.

– Tu sais, Nono, avoua Lulu. Moi aussi, je ne suis pas comme les autres. La nuit, je marche dans la maison pendant des heures en faisant "bip, bip", et personne ne peut m'arrêter.

– Moi aussi, je suis différent, chuchota Jojo en retirant une de ses cosmo-baskets clignotantes. J'ai un orteil de moins, j'suis né comme ça.

Riri éleva sa minuscule voix de fausset :

– Je ne vous l'ai encore jamais dit, mais la nuit, de temps en temps, je fais un tout petit cosmo-pipi au lit.

– Finalement, on est tous très différents les uns des autres, conclut Manu, qui avait toujours été un peu philosophe. C'est pas parce qu'on est tous verts et qu'on vient de Mars qu'on est faits sur le même modèle.

Et d'une seule et unique voix de synthèse, ils disent:

– Ça, c'est sûr… On a tous un truc qui cloche!

À entendre ainsi ses copains, Nono reprit son souffle. Au fond, il était comme tout le monde, puisque tout le monde était différent! Dans l'univers entier, de galaxie en galaxie, jamais on ne verra deux êtres semblables. Personne n'a la même couleur de cheveux, ni la même couleur de peau, ni même le même nombre d'antennes. Depuis ce jour, Nono vit heureux avec ses quatre antennes. Et, quand il sent monter les ricanements de synthèse et les moqueries, il lance:

– Et chez toi… tu es sûr qu'il n'y a pas quelque chose qui cloche? Quelque chose de différent?

Lire aussi

Côté parents : « Complexes et différences », p. 181.
Côté enfants : « La révolte du petit reflet de Lola » et « La petite fée qui voulait devenir la plus belle femme du monde », p. 158 et p. 170.

La petite fée qui voulait devenir la plus belle femme du monde

Il était une fois une fée qui était comme toutes les fées, c'est-à-dire ni plus belle ni plus laide qu'une autre. Mais cette petite fée avait des rêves de grandeur. Pour tout te dire, elle se prenait pour une princesse! Des fées qui se prennent pour des princesses se rendent assez malheureuses. Car rien n'est jamais assez joli à leurs yeux. Surtout elles!

Un "moche" jour, un jour où tout vous semble très laid, à commencer par soi-même, la petite fée Isa examina méticuleusement son reflet dans le miroir. Elle attrapa sa graisse entre le pouce et l'index et elle pensa: "Trois kilos à perdre, ma vieille." Puis, un défaut en entraînant un autre, elle observa son nez, qu'elle trouva en pied de marmite, ses dents, légèrement de travers à cause de l'usage de la tétine, ses cuisses, un peu rondes. Et elle prit sa grosse voix, comme si elle s'adressait à quelqu'un d'autre:

– C'est comme ça que tu espères séduire un beau prince, ma fille?

Elle décida alors de procéder à quelques modifications esthétiques sur sa propre personne. Pour ce faire, elle se rendit à la bibliothèque des fées et emprunta le manuel intitulé "Les Plus Belles Filles du monde, comment le devenir, comment le rester, comment choisir ton modèle".

Elle feuilleta aussitôt le chapitre des plus beaux modèles. "Cendrillon : modèle très recherché. Grande et mince, cheveux blonds, petit nez, très belle robe de bal en prime." "Blanche-Neige : jolie brune au teint de porcelaine. Mince, grands yeux noirs, bouche rouge. Régime anti-pommes conseillé." "Barbie : taille de guêpe, dents bien alignées, yeux pervenche, longue crinière blonde. Numéro un des ventes dans le monde entier. Physique parfait. On vend une Barbie toutes les trois secondes."

"Une poupée qui plaît à tout le monde, c'est tout à fait ce qu'il me faut, songea Isa. Enfin, je serai la plus belle !"

À la maison, hop, elle attrapa sa baguette magique, et hop, un coup de baguette magique pour le nez, qui devint minus et mignon, hop, un coup de baguette magique sur le ventre, qui devint archi-plat, hop, un autre coup de baguette sur les jambes, puis sur les cheveux, qui touchèrent bientôt le sol, hop, un sourire fixe sur le visage, avec des dents blanches qui semblaient n'avoir jamais mordillé la tétine. La petite fée dansa devant son miroir.

– Parfait... Parfait! Maintenant, ne bougeons plus, et attendons le prince charmant.

Et elle rentra dans sa maison de fées, et n'en bougea pas.

"On ne sait jamais, pensait-elle. Si le charme se défaisait..."

Quelque temps après, un beau prince passait dans la région, en quête d'une belle princesse, comme dans tous les contes. Bien sûr, comme le monde est petit, il s'arrêta forcément devant la maison de la petite fée.

"Génial, pensa la petite fée. Il va tomber raide amoureux."

Mais le prince charmant, au lieu de tomber amoureux, fronça les sourcils.

– Tiens, tiens... Je vous ai déjà vue quelque part... Ah oui! J'y suis! Vous êtes la poupée Barbie qui existe en quelques millions d'exemplaires. On vous voit partout: dans tous les magazines, dans tous les magasins. Allez, au revoir, Barbie. Moi, j'ai une princesse à trouver, pas une poupée en plastique.

Surprise, Isa sentit ses yeux s'emplir de larmes, tout en conservant son sourire de Barbie. Et elle pensa: "Ça alors, quel malotru, ce prince! Avec toute la peine que je me suis donnée pour devenir la plus belle femme du monde!" La fée était très, très vexée. Elle était si vexée qu'elle se regarda à nouveau dans le miroir... Et soudain, bizarrement, elle eut une immense nostalgie de son visage d'avant : son petit nez en trompette, ses grands yeux noisette, et sa bouche, avec les dents pas régulières, parce qu'elle avait pris longtemps sa tétine (pas comme Barbie, qui n'avait jamais pris ni pouce ni tétine vu l'alignement parfait de ses dents).

Elle reprit sa baguette et défit les charmes les uns après les autres. Et hop, le nez redevint en pied de marmite, et hop, le petit ventre s'arrondit, et les cuisses débordèrent un peu sous la robe, et hop, les dents reprirent leur forme habituelle, c'est-à-dire pas régulière du tout. Des attributs de Barbie, elle ne conserva que la belle chevelure jusqu'aux pieds, car les longs cheveux avaient toujours fait rêver les fées.

Et, comme elle était tout de même archi-vexée et qu'il ne faut jamais vexer une fée qui a beaucoup travaillé, elle attrapa sa baguette et transforma le prince charmant en mannequin de plastique, avec des muscles aux bras et un sourire bête sur le visage. Elle rentra dans sa maison et reprit ses activités quotidiennes en sifflotant.

Quelques jours plus tard, un prince, qui passait par là, s'arrêta devant sa maison, séduit par le chant de la petite fée, et surtout parce que son cheval était tout vieux et poussiéreux et fatigué. Il la regarda, et pensa que cette petite fée-là était vraiment, vraiment différente des autres. Et en plus, qu'est-ce qu'elle était drôle avec son petit nez en pied de marmite, ses dents un peu de traviole et son esprit vif comme l'éclair. Le petit prince tomba, j'imagine, follement amoureux. Il lui proposa de l'emmener sur son cheval bringuebalant. Alors la petite fée sortit sa baguette... Et transforma le vieux cheval en fougueux destrier.

— Ça sera mieux pour la route.

Et ils se mirent à rire tous les deux, se marièrent et eurent beaucoup d'enfants, avec un nez en pied de marmite et des dents pas régulières du tout.

CÔTÉ PARENTS

Pour les parents, la différence est un atout

Arrive un âge, à la pré-adolescence, où l'on rêve d'être belle – c'est-à-dire calquée sur un modèle de star, comme Britney Spears, Madonna, etc. D'où l'attrait pour la mode, dès l'âge de 10-11 ans, chez les petites filles : une manière de camoufler son corps, ses différences derrière des marques, des couleurs, des uniformes... Tout ce qui vous fait ressembler à tout le monde. Les métamorphoses de la pré-adolescence sont parfois si lourdes à accepter.

Difficile d'accepter une forme particulière de nez, des oreilles, un ventre un peu rond... La moindre petite différence résonne comme un complexe.

Et pourtant, nous, les adultes, savons pertinemment que c'est la différence de chacun d'entre nous qui fait tout le sel et l'intérêt, pour ne pas dire le charme... Comme le souli-gnait une institutrice de maternelle : « Si toutes les fleurs étaient de la même couleur, vous imaginez comme le monde serait triste ! »

Lire aussi

Sur l'acceptation de la différence : « Le singe Bobo qui n'était pas si bête », p. 176.
Sur les complexes : « Nono a un cosmo-complexe », p. 164.
Sur le pouvoir de la mode : « Les Martiennes très coquettes », p. 334.

Le singe Bobo
qui n'était pas si bête

L es Bonobos étaient de grands singes espiègles au visage intelligent et aux yeux brillants. D'ailleurs, à force d'entendre dire qu'ils étaient malins comme des singes, les Bonobos se prenaient tous pour des ingénieurs surdoués. Tous, sauf Bobo. Bobo était un peu plus petit que les autres, il baissait la tête en marchant et il ne réussissait pas grand-chose à l'école des singes. Peut-être parce qu'il était souvent dans la lune ? Ses rêveries étaient pleines de visages ricanants et grimaçants, qui l'observaient d'un air mauvais.

Si on se moquait si souvent de lui, c'est parce que Bobo ne savait pas répondre aux questions aussi simples que : "Quel est le mode de déplacement le plus rapide dans la forêt ?" Ou bien : "Combien font deux et deux bananes ?"

Pour te dire la vérité, à force d'entendre dire qu'il était bête, et qu'il ne savait rien, Bobo était devenu incapable en tout. C'est souvent comme cela, d'ailleurs. Il lisait dans les yeux des autres : "T'es bête, t'es bête! Montre-nous comme t'es bête!" Alors, il obéissait sagement. Et il devenait bête. S'il avait lu dans les yeux des singes un peu d'admiration, s'il y avait lu: "Oh, comme tu as l'air fort!", il aurait puisé un peu de confiance en lui dans ces yeux-là. Et ç'aurait été tout le contraire, et voilà tout.

Voilà ce qui se passait dans la tête de Bobo: au moment où quelqu'un lui posait une question, Bobo lisait dans les yeux des autres la moquerie, les singeries, et sa propre bêtise, tout cela l'inondait totalement, des pieds à la tête, comme une douche glacée.

En lui, il sentait une grosse montée de panique, un tremblement essentiel. Et une petite voix stridente, venue de nulle part, criait à son oreille: "T'es nul! Tu sais rien! T'es nul! Tu sais rien!" Tout se brouillait, et alors, c'était le grand vide intersidéral, qui parfois le faisait dégringoler du cocotier.

Quand il parvenait à s'accrocher, devant le regard du Maître "poseur de questions", il baissait les yeux, il baissait la queue, ne répondait rien. Et alors, devant le silence de ses réponses, il fallait entendre le déferlement de rires des Bonobos tout entiers réunis: "Ha, ha, ha! Ouaf, ouaf, ouaf!" Une armée de rires terribles, stridents, pointus, qui viennent vous percer les tympans et le cœur.

Et Bobo fuyait, de liane en liane. Son refuge, c'était tout en haut du plus vieux bananier de la savane. Ce bananier-là avait, disait-on, au moins cent dix ans. Il était si vieux, si sec, qu'il ne donnait plus une seule banane. Même ses feuilles, jaunies, abîmées, craquaient comme du papyrus. Personne ne s'intéressait plus au vieux bananier. Sauf Bobo. C'est pourquoi, quand le vieux bananier entendait Bobo arriver, il se gonflait d'orgueil. Car le vieux bananier connaissait le secret du petit singe.

Quand il arrivait tout en haut du vieux bananier, Bobo retrouvait en effet ses pinceaux, ses couleurs, ses feuilles de bananier, son univers de petit peintre. Et Bobo peignait, peignait. Car Bobo avait trouvé là un moyen de faire taire cette petite voix stridente, qui résonnait à ses oreilles: "T'arrives pas! T'es nul! T'es archi-nul!" Quand il dessinait, il n'entendait plus rien. Rien que le silence admiratif du vieux bananier et le vent qui, s'engouffrant dans les feuilles jaunies et craquelées du vieil arbre, chuchotait: "Beau, c'est beau!" C'était beau, mais c'était triste. Ses toiles s'appelaient: "Jour de colère", "Typhon dévastateur", "Caca de brousse", "Angoisse dans la savane", "La multiplication des poux", "Théorie de la banane pourrie". Tous ces tableaux existaient déjà dans la tête de Bobo avant même qu'il ne pense à les dessiner. Et, quand il peignait, il savait exactement où il voulait arriver et exactement à quel moment il aurait terminé son tableau. Ce qui est sans doute la qualité des grands artistes!

Pendant qu'il peignait, Bobo respirait mieux;

sa poitrine s'ouvrait. Et comme il comprenait la tristesse du monde, et la vieillesse du vieux bananier! Il avait même l'impression qu'il aurait pu voler avec les oiseaux, tant il comprenait le fonctionnement de leurs ailes. Comme cela était bon, de disparaître dans la nature! Mais quand Bobo redescendait, les cris stridents des autres singes, tous les malins, lui lacéraient à nouveau les tympans. Et en deux secondes, il redevenait Bobo le "bêta".

Bien sûr, Bobo n'osait pas montrer ses œuvres aux autres. Ils se seraient moqués encore plus, ils auraient ricané, et cette fois-ci, c'était certain, pensait Bobo, il en serait mort de honte.

Un jour, comme il se produisait souvent à chaque changement de saison, le vent, qui était aussi malin qu'un singe, se mit à faire des siennes. Il s'engouffra dans le vieux bananier et fit tomber, une à une, toutes les toiles de Bobo.

Bobo, qui était à l'école en train de se faire chahuter, vit ses tableaux tomber, un à un, du vieux bananier... "Angoisse de la banane pourrie", "Tristesse dans la savane"... Bobo crut qu'il allait mourir. Mourir de honte. Il attendit, les yeux fermés, les sarcasmes des autres. Mais rien ne venait. Quand il rouvrit les yeux, il vit un spectacle incroyable: tous les singes, pendus par la queue, contemplaient ses tableaux sans dire un mot. Et, dans leurs yeux, il y avait de la tristesse, ou de la rage, ou des soupirs. Tout ce que Bobo avait dessiné, et qui se reflétait dans les yeux des Bonobos.

– Est-ce toi qui as peint tout cela ? demanda le Maître en hochant la tête.

– Oui, répondit Bobo, qui se sentit à nouveau respirer bien fort. (Car il était très fier, et il comptait bien, ce jour-là, ne donner sa fierté à personne.)

Bobo se sentait si heureux, qu'il grimpa aussitôt dans son vieux bananier pour peindre "Respiration", "Jour de bonheur", "Senteur de banane fraîche".

Ses tableaux étaient encore plus beaux qu'avant ! Certainement parce que les autres lui avaient fait comprendre que c'était beau. Et que, cette beauté-là, il l'avait lue dans les yeux des autres, et elle l'avait inondé – comme une douche tiède d'été... "Plus on nous dit qu'on réussit, et plus on réussit, finalement", pensa Bobo, qui était loin d'être bêta.

Aujourd'hui, Bobo est devenu le petit singe le plus puissant de la savane. Il réalise des portraits sur commande, et on vient de très, très loin, pour suivre ses cours de peinture. Jamais Bobo ne se moque de personne. Car il sait très bien que chacun des petits singes a une qualité en lui. Certains sont très doués à l'école, d'autres sont des as en football, certains sont faits pour décrocher des lianes et d'autres pour devenir de puissants vendeurs de bananes.

Le plus fier de tous, c'est le vieux bananier. Lui que tout le monde boudait parce qu'il ne donnait plus une seule banane, voilà qu'il s'est mis à produire les plus beaux trésors du monde ! "Vous voyez, je suis vieux, on a cru que j'étais inutile... Un peu comme Bobo. Mais j'ai bien d'autres trésors en moi..."

CÔTÉ PARENTS
Complexes et différences

Le constat

Les enfants n'ont jamais été tendres les uns avec les autres ! Dans la cour de récréation, les quolibets pleuvent dès qu'un enfant est « différent ». Plus petit, plus gros, les oreilles décollées, un défaut de prononciation ? Attention les yeux. La moindre différence est épinglée !

Même les noms de famille sont susceptibles de provoquer la moquerie, dans une société qui aspire à la conformité totale.

Pourquoi cette cruauté ?

L'explication des psys : tout enfant se sent de toute manière très vulnérable, plongé dans un monde de grands qui le dominent, qui lui dictent leurs lois, qui l'obligent à un devoir d'obéissance. Donc, quand il voit un de ses copains plus petit, plus maigre, encore plus vulnérable que lui, il en rajoute. C'est une façon de se rassurer et de penser de lui : « Finalement, je ne suis pas si mal loti. Je suis fort ! » On comprend bien dès lors comment fonctionne le phénomène de bouc émissaire.

Quant aux parents, baignés dans un univers de compétition dans l'entreprise et dans la société en général, ils pensent : « Je veux que mon enfant ait tous les atouts en main pour réussir ! » C'est pourquoi ils ne supportent pas non plus les « particularités ». Au lieu de les exploiter, ils cherchent à rendre l'enfant conforme à ce que la société attend : bon en maths, rapide, etc. Le pire des complexes concerne les difficultés d'apprentissage et l'échec scolaire.

L'enfant déficient a conscience de son problème, mais ses parents sont dans le déni le plus total. Ils veulent tant que leur enfant réussisse, qu'ils ne veulent même pas entendre parler d'études spécifiques, de cycles courts, etc.

Ce qu'il faudrait faire

Au lieu de courir après un schéma de conformité totale, il faudrait souligner la particularité de l'enfant.

Dolto disait : « Tout enfant est bon en quelque chose. » S'il ne réussit pas très bien à l'école, peut-être a-t-il un talent caché en violon, modelage, construction de maquettes, etc. Le mieux est de flatter totalement les « bons points » de l'enfant, de manière à renforcer sa confiance en lui.

Devant les complexes et les différences, le pire est la politique de l'autruche. Il ne faut pas hésiter à parler. Les enfants, avant l'adolescence, ne parleront jamais de leurs complexes à leurs parents – ils ont peur de les blesser.

Comment leur en parler

En adoptant avec eux un discours scientifique.

Il est inutile de dire à l'enfant : « Tu verras, plus tard, tu grandiras et tu nous dépasseras tous ! » Ou bien : « Mais non, tu n'as pas les oreilles décollées, et de toute façon, je t'aime comme ça. » Ça ne sert qu'à le maintenir dans le flou et l'angoisse.

Trop petit ? « Nous allons voir le pédiatre, qui nous dira si tes os peuvent encore grandir... » *Idem* pour les oreilles décollées. Inutile de nier et de prétendre : « Mais non, tes oreilles ne sont pas décollées et, de toute façon, je t'aime comme cela. » Il vaut mieux, si on le sent complexé, lui parler des solutions qui existent. Ce discours les apaise et leur permet d'échapper à l'angoisse.

Il faut leur faire comprendre que leur particularité est un atout – et non une faiblesse ! L'enfant avec une double culture (immigré ou adopté) est plus fort que les autres, parce qu'il sait, lui, où se trouve le Vietnam, le Maroc ou la Tunisie. Quand on se moque de lui, il peut répondre : « C'est vrai, je ne suis pas né ici. Mais toi, tu sais où se trouve le Vietnam ? »

Les phrases clés

- « Regarde Harry Potter. Il est tout petit et tout maigre. Mais il a transformé sa faiblesse en force ! C'est le plus grand magicien de tous les temps. »

Lire aussi

« Nono le Martien a un cosmo-complexe », p. 164.
« La petite histoire de Didi », p. 97.
« La petite fée qui voulait devenir la plus belle femme du monde », p. 170.

Les autres :
les copains, l'amour,
la société

La brouille de Lora et Léna

L ora était une souris grise avec un nœud rose dans les cheveux, et Léna une souris rose avec un nœud gris sur la tête. Le jour de la rentrée en cours préparatoire, dans la grande cour de la grande école, elles croisèrent leurs regards, leurs petits nœuds, et se sourirent de leurs petites dents pointues.

– Je m'appelle Lora.

– Moi, c'est Léna.

– Tu ne trouves pas qu'on se ressemble? demanda Lora, qui avait toujours rêvé d'avoir une sœur jumelle.

– Je ne sais pas, mais soyons copines, répondit Léna.

C'est ainsi que débuta leur amitié.

Elles s'assirent l'une à côté de l'autre et ne se quittèrent plus. Elles n'en finissaient plus de se raconter des histoires et de chuchoter en voyant les petits ratons courir après elles. Elles s'étaient même échangé leurs petits nœuds: rose, gris, gris, rose.

– Comme ça, on est vraiment des sœurs, gloussa Lora, les yeux brillants. C'est si doux, d'avoir une amie !

À deux, elles avaient l'impression d'être plus fortes, de faire bloc contre les cris, les rires, de ceux qui se connaissaient déjà depuis longtemps. Elles, qui étaient nouvelles, elles se sentaient moins perdues...

À deux, tout est plus amusant. Même les cours de gymnastique, qu'elles détestaient toutes les deux, si menues et si légères !

Quand elles quittaient l'école des Souris, Lora raccompagnait Léna chez elle, puis Léna raccompagnait Lora... Et le manège durait comme cela jusqu'à la nuit tombante.

Un jour, Léna s'aperçut qu'un petit raton de la classe de CE1 lui faisait les yeux doux.

– Regarde, chuchota-t-elle avec sa petite main rose sur la bouche. Je crois bien que j'ai un amoureux !

– Il est ridicule ! gloussa Lora. Il t'observe avec des yeux de merlan frit. Pour un souriceau, c'est le comble !

Mais Léna cessa de rire. L'œil dur, la bouche pincée, elle dit à Lora :

– Tu es jalouse, c'est tout ce que tu es.

Lora se sentit glacée jusqu'au cœur. C'était la première fois qu'elles n'étaient pas d'accord.

C'était la première fois que Léna lui parlait ainsi, d'une voix dure d'étrangère.

Cet après-midi-là, après l'école, personne ne raccompagna personne. Jusqu'à la nuit tombante, Lora grignota des M & M's devant la télévision. Mais le glaçon dans son cœur ne fondait pas.

Le lendemain, Lora voulut s'excuser. Elle trottina à pas menus dans la cour jusqu'à Léna. Mais Léna avait détourné le regard. Et elle partit de l'autre côté. Plus Lora s'approchait, plus Léna s'éloignait. Lora n'en finissait plus de lui faire des cadeaux : des croûtes de fromage, des crackers au fromage, des bretzels au fromage. Mais Léna n'en voulait pas. Elle lui écrivit une lettre, elle lui donna même un nouveau petit nœud rose, mais Léna pinçait les narines et regardait ailleurs. Plus Lora s'approchait, plus Léna s'éloignait.

Le cinquième jour, quand Lora s'approcha, Léna se mit à glousser avec cette chipie de Lili. Son cœur se serra : elle se souvint de ces autres jours où c'était elle, Lora, qui riait avec Léna de cette chipie de Lili.

Ça y est, tout était fini. Ses mains étaient froides, son cœur était glacé. Même les arbres, dans la cour, étaient noirs et hostiles. Lora grelottait à la maison. Maman disait :

– Ne lui montre pas trop que tu tiens à elle, plus tu t'approcheras, plus elle s'éloignera. Ça m'est arrivé, un jour, avec un amoureux. Plus je lui disais que je l'aimais, plus il me riait au nez. Avec les copines, c'est un peu pareil.

– C'est idiot! cria Lora, en colère. Je ne peux pas lui dire que je l'aime?

– Tu n'as pas le droit d'être son esclave, répondit maman. C'est comme cela : reste gaie, n'en fais pas tout un fromage, et tout s'arrangera.

Alors, Lora rentra définitivement dans son trou de souris. Ses moustaches et son nœud rose tombèrent de tristesse ; à l'école, elle s'ennuyait terriblement, surtout quand elle voyait Léna et Lili rigoler ensemble. Elle avait l'impression de ne plus exister, elle qui n'avait vécu que dans les yeux de Léna. Le pire, c'était en cours de gymnastique : elle se sentait seule, fragile, elle avait le vertige. Et devant le cheval-d'arçons, elle avait l'impression qu'elle allait se casser en mille morceaux.

Un jour, alors que le maître apprenait la tactique pour détaler le plus vite possible devant un chaton, Lora vit une paire d'yeux s'approcher d'elle. C'était Carole-la-Dodue, la petite souris aux fesses rondes, dont tout le monde se moquait dans la classe.

– Ça n'a pas l'air d'aller, dit-elle en posant sa main dodue toute chaude sur la main glacée de

Lora. Moi non plus, je n'aime pas les cours de gym, souffla-t-elle à l'oreille de sa nouvelle amie.

— Moi, c'est mon cauchemar, sourit Lora.

Ainsi débuta leur amitié. Et les arbres de l'école se remirent à avoir des feuilles. Il faisait à nouveau chaud et doux.

Quelques jours plus tard, à la sortie de la classe, Léna attendait Lora.

— Tu viens à la maison?

Et elle glissa la main dans la sienne.

— Tu sais, chuchota-t-elle, Lili, je l'aime bien. Mais c'est toi, ma meilleure copine.

Une grande vague de chaleur envahit Lora, ses yeux piquèrent doucement. Léna, elle l'adorait plus que tout, et elle ne pouvait même pas dire pourquoi.

Mais elle essaya de rester calme. Elle repensait à la phrase de maman: "Ne lui montre pas trop que tu l'aimes."

— Attends une minute, dit Lora. Je vais te présenter Carole, ma nouvelle copine.

— Salut, Carole, dit Léna en voyant Carole-la-Dodue.

Carole-la-Dodue dit:

— Vous venez chez moi? J'ai de bonnes croûtes de fromage pour le goûter.

Et les trois petites souris repartirent, main dans la main. Lora pensait: "Ma meilleure copine, ça sera toujours Léna, et je ne sais pas pourquoi.

Mais ce que je sais, c'est qu'il est normal de se disputer de temps en temps, et même de ne plus se parler. Et c'est pas la peine d'en faire tout un fromage."

CÔTÉ PARENTS
L'amitié chez les enfants

À partir de 6 ans, date de l'entrée au CP, commence le temps des copains. Après s'être focalisé sur sa famille et ses frères et sœurs, l'enfant s'ouvre vers l'extérieur : c'est la grande période de socialisation. Leurs amitiés peuvent nous sembler excessives, surtout quand vient s'y ajouter de l'admiration (pour le caïd, le meilleur de la classe, le surdoué en foot, etc.).

Vers 8-9 ans, l'amitié devient chose sérieuse... Donc beaucoup plus rare et exclusive ! C'est l'époque où l'enfant délaisse les copinages de groupe, pour avoir souvent une meilleure copine, un meilleur copain, qui sera son confident, son alter ego. Bien sûr, dans ce cas, on peut se sentir très vulnérable et dépendant de l'autre. D'autant plus que les copinages sont fluctuants et que les enfants en rajoutent. C'est l'époque des « j'te cause plus », « t'es plus mon copain ». L'occasion d'expérimenter un peu de son pouvoir sur l'autre...

Comment réagir ?

S'il n'a pas de copains...

Contrairement aux idées reçues, les copains ne se trouvent pas si facilement que ça ! Et les cours de récré sont souvent remplies de petites « bandes », dans lesquelles le « petit nouveau » aura peine à s'intégrer.

Il faut leur apprendre à relativiser les amitiés, à n'en pas trop souffrir. Ne le surprotégez pas, ne le couvez pas à outrance. Il doit se sentir bien avec les enfants de son âge. Donnez-lui confiance en lui : il développera son amour-propre... Ce qui l'aidera à se faire des copains.

Il veut tout le temps inviter son ami ? C'est plutôt bon signe (il est très sociable et bien intégré), mais cela témoigne peut-être aussi d'une crainte de la solitude.

Une chose est sûre : ça n'est pas toujours possible de rester « scotché » à son copain. On pose quelques limites : on n'invite pas de copains à dormir en semaine, seulement le week-end.

Les phrases clés

- « On ne doit pas aimer quelqu'un au point de s'oublier soi-même. Même si on adore un copain, on ne doit jamais être son esclave, ou exécuter ses mille volontés. »
- « On peut aimer plusieurs personnes en même temps. Une maman aime plusieurs enfants. Son copain ou sa copine peut aussi apprécier d'autres copains... »
- « On ne peut pas tout le temps voir son copain. Il y a un temps pour être avec ses parents, un temps pour les amis, un temps pour rester seul. »

Bibi le géant cherche un ami

Il arriva un jour où Bibi, le petit géant, s'aperçut qu'il avait grandi. Il ne savait plus quoi faire de ses grands bras, de ses grandes mains, de ses grands pieds. La maison devenait trop petite pour lui. Ses immenses pieds débordaient de son petit lit, et même sa maman était devenue trop petite !

"Je me sens comme dans une minuscule prison", songea Bibi en regardant ses puzzles géants, qu'il avait tant aimés, son jeu d'échecs haut de trois mètres, son dragon en maquette, sa collection gigantesque de géants de jardin, les énormes livres de comptines de bébé que sa maman lui fredonnait de sa très grosse voix de géante, "La grosse bête qui monte, qui monte, qui monte", "Paquebot sur l'eau, la rivière, la rivière", et tant d'autres.

– Quand tu sauras lire, tu verras comme tu t'amuseras, dit sa maman, qui était en train de dévorer un roman fleuve de 35 000 pages. Mais pour l'instant, je pense que tu as besoin d'un copain.

— Un copain, qu'est-ce que c'est ?

Maman réfléchit.

— Quelqu'un avec qui tu t'amuses. Quelqu'un que tu voudrais voir tout le temps. Tu n'as pas assez de toute la journée pour t'amuser avec lui.

Et elle réfléchit.

— On reconnaît un vrai copain à une certaine qualité de l'air. L'air est léger, plein de rires, et on a des millions de choses à se dire.

Et elle fixa un point, dans le lointain.

— C'était comme moi, avec ma grande, grande copine Gertrude...

Bibi, que cette histoire de "copain" intriguait, se rendit dans la forêt, où son papa était en train d'abattre des sapins à la douzaine pour se calmer les nerfs. Ils s'assirent tous les deux sur un tronc de chêne millénaire.

— Ça prend du temps de trouver un copain, dit papa, et parfois, plus tu le cherches, moins tu le trouves. Moins tu le cherches, plus tu le trouves. D'ailleurs (et il leva sa hache d'un air rêveur), moi, quand j'ai rencontré mon copain Arthur...

Mais Bibi le laissa à ses souvenirs.

Il héla son grand-père, qui était en train de lire "Nouvelles fraîches et sanglantes", son journal préféré.

– C'est quoi, un copain, gros-papy ? interrogea Bibi.

Gros-papy leva ses gros yeux du journal.

– Quand tu as un copain, tu n'as pas envie de le croquer. Et il n'a pas envie de te manger, dit gros-papy en salivant.

Et il soupira d'un énorme soupir.

– J'avais bien un copain canari, dit-il. Et puis, un jour, je l'ai trouvé plus dodu que d'habitude. Ah là là. Je l'ai regretté longtemps, ce canari.

Bibi laissa gros-papy à ses souvenirs tristes et à sa moustache tombante, car il avait vraiment faim de copains. Il quitta la douce maison, sa douce petite chambre de bébé géant, pour s'en aller sur la vaste route où, très certainement, tout le monde se battrait pour être ami avec lui.

Sur le chemin, il rencontra Émilie, la petite taupe, qui sortait de son trou pour aller au marché. Bibi essaya de se faire tout petit.

– Salut, dit Bibi. J'ai six ans, et je cherche un copain.

La taupe ajusta ses lunettes et éclata de rire.

– Tu me prends pour une imbécile ? Je vois bien que tu es un géant. Dans cinq minutes, tu vas m'attraper pour me croquer. Les géants mangent n'importe quoi, et surtout les petits mammifères dodus. Franchement, ça ne pourrait pas marcher. Salut.

Et Bibi pensa à ce que lui avait dit son grand-père, et s'en fut.

Après quelques centaines de mètres, il rencontra un petit garçon très sérieux, qui jouait tout seul à un jeu d'échecs électronique. Le cœur de Bibi sauta dans sa poitrine. C'était sûr : il avait trouvé son copain !

– Salut, dit Bibi. Je cherche un copain, et je sais aussi jouer aux échecs.

Le petit garçon soupira.

– Moi, je préfère jouer aux échecs contre mon ordinateur, car je suis très fort, et sans doute beaucoup plus que toi. Mais j'accepte de me balader avec toi, car c'est la première fois que je rencontre un géant.

Il éteignit son ordinateur de poche et partit avec Bibi. C'était bizarre. L'air était lourd, ils n'avaient rien à se dire, et Bibi se creusait la tête pour savoir quoi raconter.

– Il fait lourd, hein ? dit Bibi au petit garçon qui soupirait bruyamment.

Il pensa à ce que lui avait dit sa maman : quelqu'un avec qui on a envie de passer toute la journée, et il en conclut qu'ils ne pouvaient pas être copains. Quand la promenade fut terminée, ils furent soulagés de se quitter.

Bibi marcha encore longtemps. Et soudain, miracle, il aperçut une équipe de géants, comme lui, qui jouaient au basket.

"Ça alors! pensa-t-il. Plein de copains!"

Et il se posta là, en plein milieu du terrain, en attendant qu'on lui dise de venir. Mais personne ne lui proposa de jouer. Il pensa que, tout géant qu'il était, personne ne l'avait remarqué. Alors, il mit ses grosses mains en porte-voix et hurla :

– Je peux jouer avec vous? Je cherche des copains!

– On n'est pas là pour les bonnes œuvres, répondit le capitaine. On t'appellera quand on aura besoin de toi.

Et Bibi pensa à ce que lui avait dit son père : plus tu le cherches, moins tu le trouves. Et il s'en fut.

Il marcha encore un peu et rencontra une souris rose. Cette fois, il ne fit pas de quartier. Il la dévora à cause de la frustration et de la tristesse.

"C'est pas comme ça que j'y arriverai, pensa-t-il. Papa a raison : un copain, c'est difficile à trouver. C'est trop difficile."

Il renifla, puis pleura franchement, surtout quand il pensa à sa douce petite chambre, aux petites comptines comme "La grosse bête qui monte, qui monte", et aux gigantesques mains de sa maman. Avec le souvenir, les larmes commencèrent à former une grosse flaque d'eau salée.

– Qu'est-ce que t'as? demanda une toute petite

voix. Je ne savais pas que les géants pouvaient pleurer.

Bibi leva les yeux et vit une toute petite fille avec des tresses, qui s'amusait à sauter dans la flaque.

– J'ai un rhube, répondit Bibi. Un rhube de printemps.

– Je ne savais pas que les géants pouvaient être enrhumés, dit la petite fille. Veux-tu rester seul ? Ou veux-tu te promener ?

– J'aimerais me promener, répondit Bibi. Ou plutôt jouer. Tu connais les échecs ? les comptines ? les collections de géants de jardin ? les maquettes ?

La petite fille hocha sa toute petite tête.

– Non, je connais les fleurs et le jardinage.

Bibi soupira.

– Ça ne peut pas marcher. Je ne connais rien aux fleurs.

– C'est pas grave ! dit la toute petite fille. On pourra se promener, et je te montrerai !

Et ils commencèrent à marcher. L'air était léger, plein de rires, et ils avaient des milliers de choses à se dire !

– C'est bizarre, dit Bibi. On s'entend plutôt bien. Pourtant, franchement, tu ne me ressembles pas. Tu n'es pas une géante, ni même un petit garçon. Tu n'aimes pas les échecs. Et je suis sûr que tu n'as même pas six ans.

– Non ! rigola la petite fille. J'ai sept ans et demi, et je déteste les échecs. Ça me donne des boutons partout.

Ils rigolèrent, et Bibi pensa aux paroles de son papa : parfois, plus tu le cherches, moins tu le trouves. Et il n'avait pas cherché cette petite fille.

Et il pensa à son gros-papy : "Il ne faut pas avoir envie de le manger." Mais il n'avait pas du tout envie de manger cette petite fille-avec-des-tresses. Pas du tout ! Et il pensa à ce que lui avait dit sa maman la géante, derrière son roman fleuve : "Quelqu'un avec qui tu t'amuses, et que tu voudrais voir tout le temps."

Et Bibi sourit.

– Ça y est, je l'ai vraiment trouvé, mon copain. Et le plus drôle, c'est que c'est une copine !

CÔTÉ PARENTS

Pas si facile
de se faire des copains

On a toujours l'impression que les enfants changent d'amis comme de chemise ! Et, quand on déménage, on n'hésite pas à dire à son enfant : « Ne t'inquiète pas... Tu vas vite te faire des copains. » Pas si facile, pourtant...

Ce qu'il vaut mieux faire… et ne pas faire

Éviter d'avoir l'image de la « mère totalitaire » : celle qui surveille tout, qui contrôle les amitiés, qui veut connaître les parents, etc. C'est inhibant pour les enfants. Laissons-les vivre leur vie !

Ne pas s'occuper de ses affaires, du style : « Tu devrais être copain avec le petit Dupont. Mme Dupont est vraiment très sympa. » Non. S'il préfère la petite fille-aux-tresses, ou le fils de Mme Durand, libre à lui. On n'a pas à intervenir.

Multiplier les contacts en dehors de l'école – inscriptions dans un cours de judo, etc.

Peut-être est-ce un symptôme... Manque-t-il de confiance en lui ? En ce cas, on évite plus que jamais la surprotection compatissante, du style : « Mon pauvre chéri... Tu n'as pas encore de copains. C'est dur, la vie... » Ce qui le conforterait dans son rôle de perdant – l'image qu'il a de lui en ce moment.

Organiser un petit goûter d'enfants à la maison ou une « sortie bowling ». Lui demander son avis sur les copains qu'il aimerait convier.

Discuter avec la maîtresse pour savoir si, toutefois, certains embryons d'amitié se nouent avec d'autres enfants.

Enfin, ne pas s'affoler : être renvoyé à sa propre solitude pendant quelque temps, même quand on est un enfant, n'est pas un drame. C'est pendant ces périodes de crise que l'on grandit, que l'on mûrit...

Les phrases clés

- On lui raconte sa propre expérience : « Tu sais, moi aussi, je me souviens m'être sentie très seule telle année, dans telle classe... »
- « Souvent, les copains arrivent à certains moments où on ne s'y attend pas du tout. »

- S'il est le petit nouveau dans une nouvelle école : « Au début, les inconnus nous semblent toujours beaucoup moins sympathiques que ceux que l'on a connus. C'est une illusion. Dès que l'on commence à discuter avec eux, ils se révèlent moins étrangers, plus proches. »

Un amour monstre

B obo, un ravissant monstre bleu rayé de vert, avec tentacules, verrues, cornes, yeux caca d'oie et tout ce qu'il faut pour faire un superbe monstre, sifflotait gaiement, les mains dans les poches. La journée était belle, la vie aussi, il se trouvait beau, et il s'apprêtait à acheter pour un euro de bonbons à la poudre de bouton d'or atomique, qui fait des "plouitch" sur la langue.

En faisant la queue à la boulangerie, il croisa Lulu, la fille de la maison, qui avait juste quinze ans. Comme elle était jolie, avec sa peau constellée de pastilles rouges, ses narines de vache, ses yeux jaunes globuleux!

Bobo en eut les oreilles frétillantes, les narines frémissantes, les tentacules tentaculaires. Lulu la monstresse était une sacrée belle fille! Aussitôt, un chatouillis saisit son corps en entier, de la racine du petit orteil à la pointe de la tentacule. Il en laissa tomber son cigarillo par terre et avala tout cru toute sa poudre atomique, ce qui augmenta encore l'explosion!

"Ça me chatouille, ça me grattouille, ça me fait

des guilis partout-partout, songeait Bobo, qui n'avait pas sa langue dans sa poche. Il faut absolument que je lui fasse un bisou, et des guilis partout-partout...!"

Par chance, Bobo avait aussi tapé dans l'œil de Lulu-la-Monstresse.

"Un sacré beau gars! pensa Lulu. Il a tout ce que j'aime : des étoiles bleues sur les bras, des tentacules, des verrues vert pomme, des yeux couleur caca d'oie."

Tu l'as compris, c'était ce que l'on appelle un coup de foudre monstrueusement monstrueux. Ce sont deux corps qui se reconnaissent et qui s'aiment. Quand Bobo offrit un bouquet de violettes à Lulu, Lulu demanda tout de même à Bobo s'il n'en voulait pas à ses bonbons plutôt qu'à elle.

– Pas du tout! Je t'aime beaucoup plus que la poudre atomique! s'exclama Bobo, un rien vexé par la question de sa belle.

Suite à quoi Bobo sauta sur Lulu, Lulu sur Bobo, et alors, tout se mélangea : les étoiles devinrent rouges, les pastilles bleues, les rayures bleues, les tentacules vertes, les verrues multicolores, Bobo Lulu, Lulu Bobo, Bubo Lolu et Bubu Lolo, le chewing-gum à la fraise, et le bouton d'or à la vanille. Et ce fut un somptueux feu d'artifice. Le zizi de l'un (Bobo) entra dans le gouzi de l'autre (Lulu), ce qui leur procura de merveilleux guilis. Et, vas-y que je te chatouille, vas-y que je te grattouille! Jusqu'à ce que les chatouillements cessent, ce qu'ils jugèrent monstrueusement bon.

C'est toujours ce qui se passe, quand on fait l'amour, et pas seulement chez les monstres ! Chez les grands aussi. Bobo appelait ça de l'"amour à zizi", et Lulu de l'"amour à gouzi". Les bisous passent du corps de l'un au corps de l'autre, et, comme la nature est très bien faite, la petite graine passe aussi du corps de l'un au corps de l'autre, parmi le flot de bisous ! En fait, c'est une graine microscopique, bien plus petite qu'une graine de radis ou de cerise. Elle est grosse comme une tête d'épingle et, dedans, il y a tout ce qu'il faut pour faire un bébé.

Ce qui est, disons-le tout cru, totalement magique.

Plus ils faisaient des guilis et des chatouilles, et plus ils avaient envie d'en faire.

– L'amour, c'est magique, dit Bobo, qui soupira : J't'ai dans la peau, my love, en allumant un cigarillo.

– J'ai les tentacules en émoi, répondit Lulu, qui n'avait pas sa langue dans sa poche.

Après quelques mois de ce régime, de collé-serré, serré-collé, guilis et chatouillis, bisous et petite graine, Lulu attendit un petit monstre dans son ventre. (Ce qui lui procura encore d'autres chatouilles, mais pas du même genre, autant te le dire, car les petits monstres remuent beaucoup dans le ventre de leur mère.)

Lulu et Bobo étaient encore plus heureux, monstrueusement. Bobo dansait la gigue en hurlant :

– Je vais avoir un petit monstre d'amour ! Un monstre d'amour !

Et Lulu caressait son gros ventre d'un air attendri.

Quand la petite graine eut suffisamment poussé, et que le petit monstre naquit, on l'appela Bolu. C'était un adorable petit rayé, avec des étoiles bleues dans les yeux, des pastilles rouges, des yeux globuleux caca d'oie, le portrait craché de ses deux parents. Ce qui est logique, puisqu'il avait été formé avec un petit peu du corps des deux.

– Nous l'appellerons Atomic ! susurra Lula la boulangère, en souvenir de tes chewing-gums préférés, et du jour de notre rencontre.

– C'est notre bébé d'amour, je l'aime monstrueusement, dit Bobo.

C'était bien sûr un autre genre d'amour, un amour si tendre, si délicat. Rien à voir avec les chatouilles, les guilis et les zizis des grands. Il y avait d'un côté l'amour "à zizi", et de l'autre l'amour des enfants. L'un est réservé aux grands et l'autre à toute la famille. Et, bien évidemment, ça n'a rien à voir. Pour ça, tu peux me croire.

CÔTÉ PARENTS
La sexualité

Comment on fait les bébés

« Dis, maman/papa, comment on les fait, les bébés ? »

Généralement, c'est vers 3-4 ans – au moment où le bébé se transforme en garçon ou fille sexué(e) – que se manifestent les prémices de la curiosité sexuelle. Ça correspond au désir d'en savoir plus sur son origine.

Première règle : surtout ne pas faire l'autruche. Même si le moment est mal choisi (il est 21 h 15, on est épuisé, on ne rêve que de sa couette), il vaut mieux répondre « un peu », rapidement, en précisant qu'on en reparlera le lendemain. Si vous vous en sortez par une pirouette, il sentira votre gêne... Et risque de poser l'équation : sexe = tabou.

À partir de 4-5 ans, s'il n'a jamais abordé le sujet, ça ne signifie pas qu'il ne s'y intéresse pas. Il vaut mieux, là encore, lui en parler spontanément, en saisissant une occasion au vol (une voisine enceinte, une visite de maternité, un couple qui s'embrasse à la télévision).

Les écueils

On évite :

– les explications de contes de fées : choux, roses et cigognes, ça ne dure qu'un moment, les amourettes à bisous aussi. Il faut bien qu'il comprenne qu'il ne suffit pas de s'embrasser pour faire un bébé ;

– la technicité mécaniste et purement anatomique, du style : « le bidule est entré dans le machin », sans faire passer d'émotion ou de sentiment ;

– de parler de soi et de son couple. Il ne s'agit pas de lui vanter les prouesses sexuelles (même s'il a 8-9 ans).

On préfère :

– être précis et relier la sexualité au sentiment amoureux ;

– que le père explique à son fils, et la mère à sa fille... Mais si l'un des deux se sent terriblement gêné, il est préférable qu'il joue franc-jeu : « Va en parler avec ton père, je ne suis pas très à l'aise avec ces questions. » Cela vaut certes mieux que d'exprimer une terrible gêne devant l'enfant ;

– à partir de 8 ans, à l'âge de raison, on peut commencer à préciser que l'on peut faire l'amour sans forcément faire un bébé. Parce que c'est très agréable d'être entre grands, de se faire des câlins, etc.

Comment va-t-il réagir ?

Il va peut-être regarder ailleurs, siffloter ou se rendre à l'autre bout de la pièce pour ranger ses affaires. On ne s'inquiète pas : c'est sa manière à lui de réagir, et d'exprimer une éventuelle gêne. Soyez sûr qu'il écoute attentivement !

Les phrases clés

● « Il y a les amours des enfants et les amours des grands. »

- « Il y a plusieurs manières d'être amoureux. Quand on est petit, on ne fait que s'embrasser, se tenir par la main. Bien sûr, on ne peut ni faire l'amour, ni faire des enfants. »
- « Plus tard (vers 13-14 ans), arrive un moment où le corps change beaucoup. C'est à ce moment-là que l'on peut avoir des désirs de grands. »

Alice la fourmi
est une grande amoureuse

U ne fourmilière ressemble un peu à une
école : il faut marcher droit, le cœur sportif,
la tête en avant, les pattes solides, sans trop se
faire remarquer.

Sous le chêne millénaire, dans la fourmilière
328, allée 422, chemin numéro 5, une petite
fourmi du nom d'Alice se sentait toute chose. Il y
a quelques jours sur sa route, elle avait croisé le
regard d'un petit fourmillon, beau comme un soldat, le sourire ravageur et le torse bombé. Elle en
avait laissé tomber son petit grain de blé, et était
repartie en sens inverse, sous les regards surpris
de ses camarades. Comment pouvait-on marcher
ainsi à l'envers ?

Depuis ce jour, Alice avait un drôle de pincement à son minuscule cœur. Elle le revit à d'autres
moments, toujours soldat, toujours ravageur, toujours bombé. Et elle lui faisait de drôles de sourires
à antennes, comme font les fourmis amoureuses.
Et puis, un jour... Elle vit notre fourmillon au bras

d'une belle, d'une grande fourmi : une reine. Son cœur lui sembla dégringoler dans ses chaussettes (façon de parler pour une fourmi).

Jour après jour, Alice devenait plus noire de tristesse. Elle avait creusé un petit trou où elle se terrait jusqu'à ne plus entendre que le battement de son propre cœur, et sa petite respiration triste. C'était la position antisismique adoptée par les fourmis en cas de tremblement de terre, quand un pied humain menace de les piétiner. D'ailleurs, en elle, c'est ce qu'elle ressentait : un gros tremblement, un malheur.

Et elle réfléchissait : comment se faire remarquer au milieu de millions de fourmis ? Elle n'était ni plus belle ni plus intelligente qu'une autre, peut-être même plus petite et plus timide. Alors, que valait-elle devant une reine ? Un quart de cacahuète, un huitième de brin d'herbe, un fragment de pétale de coquelicot ?

Mais les fourmis ne tombent jamais totalement dans le trou de la tristesse. Alice refit surface, un jour. Elle recommença à arpenter les couloirs de la fourmilière, avec des grains de blé, des brins d'herbe, des fragments de coquelicots. Car elle était très courageuse.

Un autre jour, la petite fourmi, qui avait un cœur gros comme ça, croisa à nouveau le regard d'un petit soldat. Elle continua à marcher la tête haute, comme on lui avait appris à le faire dans le monde des fourmis, en se disant: "À d'autres, les histoires de cœur! Je ne vais pas recommencer à m'enterrer dans mon abri antisismique. Pour les chagrins d'amour, merci. J'ai déjà donné." Mais ce jour-là, c'est lui qui laissa tomber son grain de blé et repartit en sens inverse, en souriant de toutes ses antennes. La petite fourmi en eut un peu de rose aux joues. Elle lui demanda:

– Comment tu t'appelles, toi? Moi, c'est Alice. Et si on se promenait ensemble?

Lire aussi

« Le petit vampire amoureux », p. 261.
Sur l'amour physique : « Un amour monstre », p. 202.

Les mots roses et les mots gris

Un jour, on ne sut trop pourquoi cela arriva brutalement, les mots roses disparurent de la planète. Les mots roses? Ce sont les mots gentils, "Merci", "Après toi", "Je t'en prie", "Tu comptes tellement pour moi". Des mots si sucrés qu'ils sont comme des fils de barbe à papa dans le cœur.

Était-ce l'œuvre du Magicien Gris qui n'aimait que le salé, le piquant, l'amer? Non... C'étaient les hommes qui préféraient, va savoir pourquoi, les mots piquants, amers, salés!

À cette époque, sur la Terre, il y avait des boutiques de mots roses et de mots gris. Les marchands de mots roses vendaient des "Je t'aime", "Je pense à toi", "Merci beaucoup", "S'il te plaît", "Après toi, je t'en prie"... Pour les marchands de mots gris, c'était plutôt "Crotte de bique", "Face de rat crevé", "Pue-du-bec"...

Au début, on acheta beaucoup plus de mots roses que de mots gris. Les marchands de mots roses faisaient des affaires, et la Terre embaumait une délicieuse odeur de barbe à papa. Les marchands de mots gris se morfondaient, car on ne venait chez eux qu'une ou deux fois par an, pour les grandes brouilles.

Pourtant, un jour, curieusement, les hommes se mirent à acheter des mots gris. Il y avait la crise de l'emploi, la grève des cœurs. Les patrons achetaient beaucoup de "Allez vous faire voir ailleurs, vous êtes viré, mon vieux", "Merci pour ce que vous avez fait, mais prenez la porte". Il y avait les guerres entre les familles, les divorces, les couples qui ne s'entendaient plus. La jalousie entre frères, les bouderies… On achetait des "Je ne t'aime plus", des "C'est fini". Dans les magasins de mots roses, il y avait des invendus de "Merci", de "S'il te plaît", "Je t'en prie", "Je t'aime"…

– Au diable les mots doux, disaient les hommes. Ils coûtent cher et ne rapportent rien.

Les marchands de mots roses, désolés, ne savaient plus où les entreposer.

Les boutiques roses fermèrent les unes après les autres : "Tout doit disparaître", "Fermé pour cause de deuil", "Soldes en gros", "Quinze mots roses pour le prix d'un". Mais, même à prix modique, ils n'intéressaient plus personne. Les boutiques de mots gris, elles, prospéraient. Car, c'est bien connu, les vilains mots sont contagieux. Lances-en un dans une cour de récréation, tu en recevras dix ! On créa même des boutiques spécialisées en gros mots, rires gras, insultes noires. Et les marchands gris travaillaient jour et nuit pour dénicher les perles rares, les mots les plus horribles et les plus méchants! "Hippopotame aux dents noires", "Tu pues la morue", etc.

Craignant d'être à sec, ce qui arrive en temps de guerre, les gens se mirent à faire des conserves de mots gris. On les congela par douzaines, on les empila dans les placards de la cuisine, dans les armoires, sous les lits.

Et, hop, à la moindre brouille, au plus petit ricanement, à la moindre querelle, on allait puiser dans son stock: "La ferme!", "Ta tête en accordéon", "Caille déplumée", "Relent de maquereau", "Haleine d'oignon", "Sinistre crétin", et j'en passe!

Les anniversaires se déroulaient dans les pires insultes. On chantonnait: "Mauvais an-ni-ver-saire, mauvais an-ni-ver-saire" en lançant une bombe de gros mots au milieu de la fête. Chez les grands, pour fêter la nouvelle année, on trinquait avec du jus de chaussettes noires en ricanant:

– Mon vieux, je te souhaite une année pourrie… Et surtout, une très mauvaise santé!

Et, quand on ouvrait les cadeaux, c'était un concert de gémissements:

– Mais comme c'est moche! Comment as-tu trouvé une idée aussi nulle? C'est vraiment le cadeau que je redoutais le plus.

Avant l'école, les enfants se ruaient dans les magasins gris pour remplir leurs poches de gros mots, en prévision de la cour de récréation. Avant les vacances, on venait aussi, chez les grands, remplir ses bagages de mots gris, ricanements imbéciles, que l'on jetait par la portière sur l'autoroute, entre les sandwiches et le café, pendant les embouteillages : "Hé ! face de rat ! T'as eu ton permis dans une pochette-surprise ?"

Sur Terre, l'atmosphère était glaciale. Le Soleil, qui craint l'impolitesse et les volées de bois vert, refusait désormais de sortir. Il se souvenait d'autres temps, où on l'accueillait à bras ouverts :

— Oh ! Il fait beau ! Comme ça fait du bien ! Merci, mon bon Soleil... Oh, mon Dieu, j'adore le Soleil.

Au lieu de quoi il entendait, aujourd'hui :

— Fait chaud... Fait trop chaud... Ah là là, keskifait cho.

Alors, les nuages envahirent le ciel, et la Terre sombra dans une période glaciaire. Tout le monde eut froid : on refusa désormais de se déshabiller, on ne faisait plus de câlins, on ne faisait plus de bébés. Comme la Terre était triste, sans fleurs ni mots roses !

Pourtant, quelque part, un petit garçon ne voulait pas se résoudre aux mots gris. Peut-être parce que, dans sa poche, subsistait un petit mot rose à moitié gelé. "Moi, disait Pierre, je ne veux pas de ce monde où plus personne ne chante ; où on ne dit ni bonjour, ni merci, où il fait froid, toujours froid. Je vais revoir le Soleil."

Le petit garçon marcha longtemps, escalada des collines gelées, des petites et des hautes montagnes, des volcans éteints. Enfin, après des mois et des mois, fourbu, gelé, épuisé, il arriva tout près des nuages.

– Toc, toc, fit-il, je cherche le Soleil.

– Oh oh, dit le nuage en chef, qui avait pris possession du ciel gris. Voyez-vous ça… Une saleté de petit bonhomme ridicule qui cherche môssieur le Soleil? Mais le Soleil n'y est plus pour personne! Depuis que les mots gris ont pris le pouvoir, c'est nous, les nimbus et cumulus, qui sommes les chefs.

Il bomba le torse et lui ferma la porte au nez.

Le petit garçon s'assit, tout étourdi. Comment se défendre? Il n'avait pas emporté l'ombre d'un mot gris dans sa poche. Alors, il se mit à pleurer. Le nuage le regarda, surpris: il n'avait vu personne pleurer depuis longtemps! Dans cet univers glacial, tous les yeux étaient gelés, les cœurs étaient froids.

– Arrête immédiatement! gémit le nuage. Sinon, je vais faire tomber une averse! (Car les nuages ont très facilement la larme à l'œil.)

Finalement, chamboulé de l'intérieur, il décida de l'aider.

– Tiens, lui dit-il. La petite crotte jaune, là-bas, c'est le Soleil.

Pierre ouvrit les yeux et vit, en effet, une boule de billard perdue dans l'étendue bleue : c'était le Soleil qui était en train de disparaître, à force de mauvais traitements.

À bout de forces, le petit garçon se rendit encore vers la petite boule jaune.

— Bonjour, dit-il au Soleil. Je suis venu te chercher. Tout est devenu gris, sur la Terre. Nous avons froid, nous avons mal. Nous ne rions plus jamais, nous ne disons plus jamais de mots gentils. Il faut que tu reviennes.

Le Soleil leva un minuscule œil.

— Il n'est pas question que je revienne. Les impolitesses et les incivilités, ça me tue. Bonsoir, je retourne me coucher.

— Non ! supplia le petit garçon. On gèle, sur Terre, sans toi ! Nos maisons sont froides et nos cœurs gelés. Reviens, je t'en prie.

Et le petit garçon sortit de sa poche son petit mot rose tout gelé : "On t'aime."

— Mmm, mmm, fit le Soleil, qui en eut un peu de rose aux joues. Tu dis cela pour me flatter, n'est-ce pas ?

— Non, soupira le petit garçon.

— Évidemment, dit le Soleil en haussant une épaule. Évidemment ! Comment vivre dans un monde tout noir, où chacun hurle, vocifère ? Où personne ne dit "merci", "s'il te plaît", "c'est très bon", etc ? Ça fait froid partout dans le cœur. Je me souviens d'une époque… où il y avait des mots roses partout, de la lumière partout dans les cœurs. En tenant la porte, on se disait "merci", et pas "crotte de bique". Ah, c'était le bon temps.

Et le Soleil et le petit garçon se mirent à soupirer ensemble, en pensant à la "période rose".

– Il faut que tu reviennes, insista Pierre.

– Je suis d'accord pour un essai, bougonna le Soleil. Mais jette d'abord ces mots roses sur la terre. Ainsi, mon retour sera plus agréable.

Le Soleil donna au petit garçon tout un stock de mots roses : "Je t'en prie", "C'est vraiment gentil", "S'il te plaît", "Je t'aime très fort", "Mon amour adoré", "Amour de ma vie", "Après toi", etc. Le petit garçon les glissa dans ses poches, dans sa bouche, dans son chapeau, dans son écharpe, dans ses chaussettes, partout ! Autant qu'il pouvait en tenir.

Il revint sur Terre et les distribua au petit bonheur la chance.

Soudain, dans les embouteillages, on se remit à déplier des petits papiers roses : des "Après vous, je vous en prie", "Comme il fait beau, n'est-ce pas ?", "Allez-y, je ne suis pas pressé !"…

Dans les cours de récré, on entendit à nouveau des rires gentils, des "Toi, t'es mon meilleur copain", des "Bien sûr, tu peux jouer avec nous, avec plaisir !"… À la maison, les enfants recommencèrent à dire des mots roses : "Merci, maman", "S'il te plaît", "Excuse-moi, je n'y pensais pas"… Pendant les goûters d'anniversaire, on chantait gaiement, et on se remettait à formuler des vœux de bonheur et de santé pendant les réveillons de fin d'année.

Le Soleil recommença à briller et à se coucher dans son nuage rose tous les soirs. Et, je te le jure, les marchands de mots roses se remirent à faire fortune ! On créa même d'autres magasins spécialisés : en sourires, en soupirs de bien-être, en politesse, en courtoisie, en civilité... Ça fit un peu comme de la barbe à papa dans le cœur. Quant aux mots gris, devant tant de bonheur, ils détalèrent de toutes leurs pattes grises et velues. Et quand l'un d'eux venait pointer le bout de son nez, je te le garantis, il ne restait jamais très longtemps...

CÔTÉ PARENTS

La politesse et les bonnes manières

« Dis bonjour à la dame », « Tu n'as pas dit les mots magiques », « Évite d'être insolent »...

Les enfants oublient si souvent d'être polis... Est-ce par timidité qu'ils regardent ainsi leurs chaussures au lieu de dire bonjour ? Et pourtant, la politesse est le premier acte de civilité : essentiel pour marquer le respect dû à l'autre. En tenant la porte, en disant « merci », on montre à l'autre qu'il existe. Tout simplement.

C'est pourquoi il ne faut pas laisser tomber, mais toujours le reprendre...

Inutile d'employer la manière forte ou de l'obliger à être

poli. Mieux vaut agir par petites touches : « Je crois qu'on ne t'a pas vraiment entendu », « Tu n'as pas oublié quelque chose ? »...

On n'hésite pas à le féliciter s'il s'est bien conduit (on oublie trop souvent de le faire !).

Quant aux gros mots, c'est bien simple : on punit fermement s'ils sont prononcés devant un adulte. Il est inutile de les interdire, mais on en limite l'emploi, et on le réserve à certaines occasions bien précises : entre copains, dans sa chambre, etc. (Lire aussi « les manières scato » dans « Petite histoire du gros prince dégoûtant », p. 221).

Les phrases clés

- « Si tu fais toujours la tête, tu ne peux pas espérer qu'on te sourie. »
- « C'est important d'être poli pour se faire aimer. On n'a pas envie de faire plaisir à des enfants grossiers, qui ne disent jamais ni bonjour, ni au revoir, ni merci. »
- « Le sourire est contagieux. C'est en souriant à l'autre que tu verras l'autre te sourire. »
- Pour les gros mots : « Je ne suis pas ta copine. Tu réserveras ça à tes copains. »

Petite histoire
du gros prince dégoûtant

Il était une fois un prince pas charmant du tout. Il détestait les bonnes manières, les chambres bien rangées et les odeurs de propre. Il détestait aussi les gentillesses, les mots doux, la bonne humeur qui sent le frais.

Il n'était pas né comme cela, le Gros Dégoûtant. Tout était de la faute de la fée Prout-Prout qui, parce qu'elle était bien trop répugnante, n'avait pas été conviée le jour de son baptême. Horriblement vexée, la fée Prout-Prout était tout de même venue, puante, décoiffée, la verrue triomphante, et s'était approchée du berceau.

– Mon mignon sera le prince le plus dégoûtant qu'on ait jamais connu! Il mangera des mouches crevées, il aura les pieds sales, et les ongles noirs. C'est bien fait, na!

Elle avait lâché un gros rototo devant toute l'assemblée horrifiée. Tous les matins, le Gros Dégoûtant de prince se levait du pied gauche (et sale), se mouchait dans ses draps en secouant sa crinière pleine de poux, au lieu de la peigner délicatement. Puis, il prenait longuement un bon bain de boue parfumé à l'eau de poisson rance. Ensuite, au petit déjeuner, il exigeait un verre de lait qui a tourné, avalait goulûment une tartine de confiture de mouches crevées, et grignotait quelques croûtes de fromage qu'il laissait pourrir pendant quarante-cinq jours au soleil.

À table, il lapait sa soupe en faisant "chlourps-chlourps", les coudes collés sur la nappe brodée or, et il mastiquait, la bouche grande ouverte, de telle sorte que tout le monde pouvait voir l'infâme mixture tourner et retourner entre ses dents.

Personne ne voulait dîner avec lui, pas même sa maman ou son papa. C'était trop dégoûtant. Ne pense pas que le prince dégoûtant n'avait pas de copains ! Au contraire... Il en avait des millions ! Des colonnes de fourmis qui se régalaient de ses miettes, des mouches qui engraissaient grâce aux saletés, des cafards, araignées, pucerons, qui dansaient dans sa chambre, sous les applaudissements du prince dégoûtant.

Le gros prince dégoûtant ne respectait rien ni personne. L'automne, il sautait dans les flaques de boue pieds nus, en éclaboussant les autres. En pleine classe, il faisait "prout-prout" devant tout le monde, sans chercher à dire pardon, sans parler des gros rototos. Il volait les bonbons et les goûters des autres princes, rien que pour les jeter dans la cuvette des W.-C. (car il n'aimait que les bonbons de fourmis et de scorpions).

Et ensuite, il riait d'un rire gras. Bref, il ne respectait personne, ni ses jouets, ni les autres, il était si dégoûtant qu'il finit par ressembler à un gros crapaud baveux.

Le prince allait avoir six ans dans trois mois. Et l'on raconte partout qu'après six ans, on ne peut plus se défaire d'un méchant sort. C'est pourquoi la reine décida d'agir.

PREMIÈRE TENTATIVE

Elle enferma son prince dans un cachot pendant trois jours, d'où il ressortit encore plus sale qu'avant, et encore plus heureux, car les cachots sont pleins de moisissure.

DEUXIÈME TENTATIVE

Elle fit venir d'Angleterre des professeurs de maintien, qui essayèrent de lui apprendre les mots magiques : "On dit merci, quand on reçoit son dîner, et pas prout. On ne met pas les pieds SUR la table mais SOUS la table. On prend un bain tous les jours pour éloigner les microbes, on préfère la confiture de fraise à la confiture de mouches, et on préfère les copains princes aux cafards et crapauds." Mais, quand ils voyaient le prince dégoûtant grattouiller ses orteils sales, ils partaient en hurlant tant ils étaient dégoûtés.

Troisième tentative

La reine, désespérée, fit venir la fée Violette, qui avait toujours une idée derrière la tête et sentait bien évidemment très bon la violette.

— Vous savez bien que je ne peux contredire un sort de la fée Prout-Prout, soupira la fée en consultant son manuel de féerie. Mais j'ai une petite idée derrière la tête. On dit souvent que les vrais baisers d'amour peuvent rompre les charmes les plus horribles. Voyez l'histoire de la Belle et la Bête !

Et la fée Violette lança un petit sort au gros prince dégoûtant, lui ordonnant de tomber amoureux de la première princesse qu'il croiserait sur son chemin. Aussitôt dit, aussitôt fait : dès le lendemain, le gros prince dégoûtant rentra au château avec un petit pincement et de gros soupirs plein le cœur. Il avait rencontré à l'école une charmante princesse, qu'il avait poursuivie pour avoir un baiser... Mais elle était repartie en se bouchant le nez et en le traitant de "gros crapaud baveux !" Le gros prince dégoûtant était si triste, qu'il en oublia son lait rance et sa confiture de mouches crevées.

— Dès demain, dit-il en se curant le nez, je retourne à l'école des princes charmants.

Aussitôt dit, aussitôt fait. Notre Gros Dégoûtant cessa d'abord de manger de la confiture de mouches crevées avec les doigts, mais attrapa une cuiller en argent. Il apprit à demander en disant "s'il vous plaît" et non plus "donne vite !". Il apprit à remercier en disant "merci beaucoup, madame" et non plus "prout-prout". Au prix d'un énorme effort sur lui-même, il leva les coudes de la table et dégusta élégamment son consommé d'asperges, sans "chloups" ni "slurp", en silence.

Quand il rentra au château, la métamorphose était totale. Il détestait les relents de pourri et de rance, mais aussi les gros mots dégoûtants. Il échangea la confiture de mouches contre la marmelade de figue, et adorait l'odeur de propre. Il fit disparaître les mouches, fourmis et asticots d'un coup d'eau de Javel, et il embrassa sa maman sur les deux joues, avec un grand sourire.

– Bonjour, maman chérie… Comment allez-vous aujourd'hui ?

La reine en eut les larmes aux yeux. Car il est toujours émouvant de voir un gros crapaud pourri se transformer en prince charmant.

Il était devenu si charmant et il sentait si bon que, bien évidemment, la jolie princesse blonde aux narines délicates lui fit de grands yeux doux, bordés de longs cils de biche.

Il ne tarda pas à l'épouser, et ensemble ils eurent toute une tripotée de minuscules princes qui aimaient le bon lait frais et les confitures de cerise, qui disaient toujours "Merci, madame", "Bonjour, madame", mangeaient le dos droit et les pieds sous la table. Car la fée Prout-Prout, de son côté, était tombée aussi amoureuse du prince charmant ! Et... tu ne devineras jamais... Elle était partie, elle aussi, s'inscrire à l'école du Propre. De telle sorte qu'elle devint une délicieuse fée charmante, et que plus personne n'eut jamais rien à craindre d'elle...

CÔTÉ PARENTS

Hygiène, bonnes manières

Pour vivre en société, l'hygiène et les bonnes manières sont indispensables. On n'a pas envie d'être ami avec un garçon qui jure comme un charretier, ni d'inviter à déjeuner un enfant qui met ses pieds sur la table. En famille, c'est la même chose : ranger sa chambre une fois de temps en temps est indispensable, et c'est un signe de respect d'autrui. À partir de 6 ans, ils savent parfaitement le faire (à l'école maternelle, on enseigne aussi l'art du classement aux enfants !). On peut sans problème leur apprendre à mettre la main à la pâte pour les « travaux d'intérêt ménager » à la maison. Mais on les autorise à conserver un petit « coin fouillis » dans leur chambre... Car c'est indispensable.

À cet âge, il comprend parfaitement que l'hygiène est « le » moyen de lutter contre les maladies. Il faut lui expliquer que se laver les mains avant de passer à table permet d'éviter d'avaler les microbes !

Les mots scato : ils sont pour eux un moyen de transgresser l'interdit. D'où leur jubilation devant le pipicaca et autres gros mots.

Réagir avec doigté

On lui demande de réserver ses gros mots à certaines occasions : dans sa chambre, avec ses copains. Certainement pas en présence d'un adulte, ni à l'école... Encore moins à table. On se garde de le punir trop rudement ou de dire « c'est vilain, c'est sale », ce qui risquerait de provoquer chez lui, une fois devenu adulte, un syndrome de TOC (trouble obsessionnel compulsif) et d'obsession de la propreté. Le bon truc : lui offrir un cahier spécial « gros mots », voire « colères », dans lequel il pourra consigner ses états d'âme, répertorier ses gros mots et dessiner ses colères et chagrins.

On l'encourage aussi à développer son imagination et son vocabulaire, à la manière du capitaine Haddock. « Moule à gaufres » ou « Bachi-bouzouk », c'est autrement plus créatif !

Les phrases clés

- « Aimerais-tu aller chez un copain si sa chambre est pleine de fouillis et sent mauvais ? Pour vivre avec les autres, en société, il faut être propre. »
- « Je n'ai pas envie de voir... d'entendre ça. Je ne suis pas ta copine ! »
- « Tu peux faire ça avec tes copains, pas avec moi. »

Lire aussi

Côté parents : « Les mots roses et les mots gris », p. 212.
Côté enfants : « Petit lexique à l'usage des rustres et des impolis », ci-dessous.

Petit lexique
pour les rustres et les impolis

- ... : « Merci beaucoup. »
- ... : « Bonjour, madame, monsieur, mademoiselle. »
- ... : « S'il te plaît, s'il vous plaît. »
- **'lut** : « Au revoir. »
- **Donne :** « Pourrais-je avoir un dessert/une pêche/des frites, s'il te plaît, maman chérie ? »
- **Encore :** « Pourrais-je avoir encore des frites, des pâtes, du chocolat, s'il te plaît, maman ? »
- **On est samedi et t'as encore oublié !** (ton de reproche) (variante : **Fuit ! T'as encore oublié**) : « Pourrais-je avoir mon argent de poche, s'il te plaît ? »
- **Hmmouaif** (variante **ouaif**) : « Oui, merci. »
- **Hmmeuh :** « Non, merci. »
- **Miam miam :** « Oh, c'est un délice ! Avec plaisir. »
- **Berk ! Beeeerk ! :** « Non, merci. Je n'aime pas du tout cela, mais c'est très gentil d'avoir pensé à moi. »
- **Bof** (variantes : **mof, mouaiff**) : « Ça m'est tout à fait égal, merci bien », « Je crois que je n'aime pas trop, mais c'est très gentil à vous de me l'avoir proposé »...

- **Ça vaaaa, arrête, quoi !** (variante : **stop**, ou **stooooop !! J'en ai trop !!**) : « Merci bien, ça me suffit. »
- **'Fait chaud :** « Quel beau temps aujourd'hui ! » ou : « Le soleil brille, ça fait vraiment du bien. »
- **'Fait nul :** « Dommage qu'il pleuve aujourd'hui. »
- **J'm'ennuie, j'en peux plus ! :** « Pourrais-je regarder la télévision un petit quart d'heure, s'il te plaît ? »
- **Quoi ? Ça va pas non ? :** « Oh, quelle idée amusante ! Franchement, je n'y aurais pas pensé. Quand j'y réfléchis, ça me plaît beaucoup. »
- **Ouaaais, top ! :** « C'est une très bonne idée, merci beaucoup ! »

Tristesse, peur,
timidité

La petite princesse
dans son donjon

I l était une fois une petite princesse qui, un pas beau jour, s'était réveillée le cœur à l'envers. Sitôt levée, elle avait senti des larmes lui cha-touiller les paupières et un gros nuage gris peser sur son cœur. Le plus grave, c'était cette envie de rien du tout. Même pas de chocolat, même pas de bonbons, même pas de poupées. À quoi sert d'acheter des bonbons ? Ça donne des caries. À quoi cela sert-il de jouer ? Les poupées n'ont rien à nous dire. De toute façon, un jour, tout va dis-paraître. Le soleil, la mer, et moi aussi, peut-être...

Elle qui riait tant et tant, qui sautait un peu partout, elle restait terrée dans son coin, sous son gros nuage noir, qui décolorait tout. Les murs du château étaient tout noirs, le petit lac au cygne tout gris. Tout était vert, gris noir, vert-de-gris.

La princesse s'enferma dans le donjon le plus haut du royaume, au 4 556ᵉ étage, et elle commença à verser des litres, décilitres et hecto-litres de larmes terriblement tristes et salées. Les larmes d'une princesse sont sacrées : on ne peut pas les jeter dans les cabinets et tirer la chasse. Les valets épongeurs de larmes en remplirent des flacons et des flacons, et en jetèrent dans une petite mare d'eau salée au cœur du royaume, dans laquelle les cygnes ne venaient baguenauder que quand ils étaient tristes à mourir.

Quand la princesse s'arrêtait de pleurer, elle se mettait à soupirer. Alors, il fallait balayer tous ces soupirs avant qu'ils ne fassent des moutons gris dans les coins. Les balayeurs de soupirs travaillaient jour et nuit, sans soupirer une seconde. Ils fabriquaient des bocaux de soupirs, fermés par des couvercles hermétiques.

Il fallut aussi chasser les idées noires qui s'incrustaient dans les lames du parquet, récolter les secrets tout gris qui collaient au plafond, et partir à la chasse aux soucis.

– Que s'est-il donc passé? demandaient le roi et la reine. S'est-elle disputée à l'école des princesses avec une amie? un amoureux, un professeur? Est-ce de notre faute? Ou tout simplement a-t-elle du mal à grandir?

– Oui, c'est peut-être une manière de grandir, répondait tristement la reine.

Bientôt, les valets de pieds, de larmes, soucis et soupirs furent débordés, à tel point que l'on dut se rendre d'une pièce à l'autre en gondole. Ses larmes faisaient comme un miroir par terre, dans lequel la princesse contemplait son chagrin.

– Mon Dieu, comme je suis triste !

Ce qui aggravait encore sa tristesse. C'est comme ça : quand on a du chagrin, et que l'on pense qu'on est triste, on est encore plus triste !

Le roi et la reine tentèrent le tout pour le tout : les bonbons, les gâteaux, les jouets, les plus grands médecins, les funambules, les bouffons du roi. Tu ne peux pas savoir combien de clowns franchirent les portes du château. L'un d'entre eux, un peu plus doué que les autres, lui arracha un minuscule sourire. Après douze heures de spectacle, il en sortit un petit éclat de rire minuscule, que la reine fit monter en pendentif, autour de son cou, tant il était précieux.

Mais le royaume retomba aussitôt dans sa tristesse. On pensa que la petite princesse avait été envoûtée, alors on fit venir tous les magnétiseurs. On brandit de l'ail, on mangea de l'oignon cru, on but du vin et on hurla : "Pars, chagrin, je le veux ! Ouste, la tristesse !" Mais ça ne partait pas.

Un beau jour, cent ans plus tard (car le temps passe lentement quand on est triste), la petite princesse s'éveilla avec un cœur en plume, si léger qu'il n'avait même plus besoin de soupirs pour le faire palpiter. Un rayon de soleil passait par les rideaux épais, c'était le printemps, soudain. La petite princesse éclata de rire, à sentir ainsi le soleil. Valets de mains, de pieds et de larmes furent réveillés en sursaut. Sa dame de compagnie arriva, en gondole, car, la veille, la petite princesse avait encore beaucoup pleuré.

– Coucou! Coucou! dit la princesse en sautillant. Venez me coiffer, m'habiller, donnez-moi des couleurs. Je veux du rose! du rouge! du jaune!

Elle s'habilla et décida de se promener dans le royaume. Elle dégringola les 4 556 étages, car elle avait des ailes aux pieds.

Dehors, elle vit l'herbe verte, les massifs de roses qui se réveillèrent tant elles furent contentes de voir la princesse. De loin, de très loin, en plissant les yeux, la princesse aperçut deux tours jumelles et un lac tout gris. Et son cœur se serra. "Qu'est-ce que cela?" Le gardien du château indiqua la première tour.

– Ce sont tous les soupirs tristes que nous avons enfermés.

Et elle avisa l'autre tour et le petit lac.

– Et ça, qu'est-ce que c'est?

– Ce sont des idées noires blanchies à la chaux, et la mare de larmes que vous avez pleurées.

– Comme c'est beau! dit la princesse.

Quand ils se levèrent, ce matin-là, et qu'ils virent leur princesse si souriante, la reine poussa un énorme cri de joie. Car les mamans sont tristes quand leurs enfants sont tristes. Comme la princesse avait grandi, elle demanda qu'on lui construise une petite maison, rien que pour elle. C'était la première fois qu'elle exprimait un désir. Aussitôt, les valets récureurs de soupirs se mirent au travail. Avec quelques soupirs, on construisit un joli lit tout rose et gris; on prit quelques idées noires et roses dans la haute tour pour construire les murs, et quelques secrets pour faire les plafonds.

C'était une vraie maison de princesse, faite de joie et de tristesse, comme l'est la vie. Le roi et la reine avaient compris que leur petite avait grandi.

— Laissons-la grandir à son rythme, chuchota la reine.

C'est ainsi que la petite princesse continua à grandir, et grandir et grandir, sans que rien l'arrête. Parfois, bien sûr, elle avait encore un bout d'idée noire qui trottait dans sa tête comme une petite fourmi, et qui repartait comme elle était venue.

— C'est un secret de jeune fille, chuchotait la reine. Ça n'est pas grave, ma chérie. Là, là... c'est fini.

CÔTÉ PARENTS
Les enfants déprimés

D'après les spécialistes, les enfants seraient déprimés de plus en plus tôt – parfois même dès 6-7 ans, avec une prédominance chez les garçons.

La plupart du temps, il s'agit de signes dépressifs, et non pas d'une grave dépression. Ils peuvent survenir après un déménagement, la naissance d'un bébé dans la famille, un divorce, une mésentente conjugale...

Comment détecter une vraie dépression ?

L'enfant s'isole. Il se retranche dans sa chambre (comme dans un donjon), il refuse d'aller aux goûters d'anniversaire, il n'a plus envie de jouer, pas même envie de regarder la télévision. Cette incapacité de jouer est un symptôme très important. De même que les difficultés à établir des relations avec les enfants de son âge.

L'enfant est fatigué – on demande des vitamines –, il est épuisé, car il consacre une bonne partie de son énergie à « gérer » sa dépression.

Les tics : toux spasmodique, œil qui clignote, geste répété de la main, bégaiement ou manies.

Les phobies persistantes.

Les troubles du sommeil et de l'alimentation : perte d'appétit, boulimie...

Les résultats scolaires : ils peuvent chuter de manière significative.

Enfin, d'après les spécialistes, les dépressions d'enfants sont souvent liées à des causes héréditaires – bien plus qu'on ne l'imagine.

Comment gérer ?

Par une psychothérapie chez un/une psychologue spécialisé(e) pour les enfants. On évite les comportements « infantilisants » et surprotecteurs qui ne feraient qu'aggraver les symptômes. (L'enfant penserait : « Je suis un incapable, je suis un bébé, je suis un nul... »)

Dans les formes graves, il ne faut pas hésiter à accepter les médicaments du médecin, comme les antidépresseurs. Ça n'est pas parce qu'il y a touché qu'il deviendra dépendant.

En lui permettant de s'exprimer : par des dessins, cours de théâtre, sport, musique... Tout ce qui lui plaît (sans le forcer, évidemment).

Les phrases clés

- « Je serai toujours là pour t'écouter. Je ne te force pas à parler, mais si tu veux le faire, n'hésite pas. »
- « Tu sais, je crois que tu es triste et que ta tristesse est une maladie. Comme pour toutes les maladies, il y a des remèdes. Il y a des médecins avec qui tu peux discuter et qui pourront te soigner. »

Lulu le lutin
professeur de bonheur

C e jour-là, Martin se réveilla du pied très-très-très gauche, comme tous les matins d'ailleurs. Martin était toujours de sale humeur. Ça n'était pas faute d'avoir une maman souriante, un papa gentil, une belle maison et tout ce qu'il fallait pour être heureux.

– Bonjour, mon chéri! fit sa maman.

Le soleil pénétra à flots dans la chambre.

– Grrrr, fit Martin, en guise de bonjour.

– Il fait beau aujourd'hui, tu peux mettre ton bermuda, dit gentiment sa maman.

– J'aime pas quand il fait beau, grogna Martin. Quand i' fait beau, fait trop chaud!

Sa maman soupira. Pourquoi diable était-il si grognon?

Mais ce matin-là, quelque chose changea dans la vie de Martin. En retirant sa veste de pyjama, il sentit quelque chose dans la poche... Effrayé, il secoua sa veste.

– Aïe! Aïe! Ouille! fit une minuscule petite voix par terre.

Martin écarquilla les yeux... Devant lui s'agitait le plus minuscule lutin que la terre ait jamais produit. Un petit lutin qui frottait son minuscule pied gauche en grimaçant.

– Qu'est-ce que tu fais là ? demanda Martin.

– Tu n'es guère poli. Tu pourrais tout de même me demander si je ne me suis pas fait mal, non ? Je pense que je me suis cassé le pied gauche.

– Et alors ? fit Martin en croisant les bras.

Le petit lutin tendit sa minuscule main.

– Lulu le lutin, dit-il d'un ton auguste. Professeur de bonheur, pour vous servir.

– Un prof de bonheur ? Et puis quoi encore ? dit Martin en s'esclaffant méchamment. Pourquoi pas un prof de douceur, et de politesse ?

– Tu es tombé dans le mille ! fit Lulu de sa minuscule voix, parce que, vois-tu, je suis tout ça à la fois. J'enseigne la gentillesse, la politesse, les sourires, le désir de vivre. Maintenant, veux-tu bien me soigner la jambe et m'emmener à l'école, s'il te plaît ?

De mauvaise grâce, Martin alla chercher carton, allumette et fil de pêche pour confectionner une attelle. Ensuite, il glissa Lulu dans la poche de sa veste en se disant : "Sait-on jamais... Je m'ennuierai peut-être un peu moins que d'habitude !"

Sur le chemin de l'école, Lulu le lutin glissa sa petite tête hors de la poche.

– Martin! Veux-tu bien lever les yeux en l'air! Tu as le regard fixé par terre... Tu ne vois que les crottes de chien!

– Et alors? dit Martin d'un ton rogue. M'en fiche de ce qui se passe.

– Ça ne m'étonne pas que tu fasses la tête, enfermé en toi-même comme dans une prison! soupira le lutin du bonheur. Regarde autour de toi! Regarde cet étal de fruits! Regarde ces fraises! Ça me ferait une maison fabuleuse. Quand je serai riche, je m'achèterai une fraise comme celle-là, et j'en ferai ma résidence secondaire. Avec des petits rideaux blancs à pois roses.

"Il est complètement maboul", pensa Martin.

Mais le lutin n'en finissait plus de s'exclamer:

– Oh, regarde! Cette petite fille... Une vraie beauté!

Elle s'est échappée des "Mille et Une Nuits". Mets-lui un diadème, elle deviendra une vraie princesse.

Martin, pour la première fois, pensa que Lulu disait vrai. Quand on la regardait bien, avec des yeux de lutin, cette petite fille semblait sortie d'un conte.

– Oh, ça, c'est extraordinaire! dit encore Lulu.

– Quoi donc? demanda goulûment Martin en levant les yeux. Que vois-tu, Lulu?

– Eh bien, c'est M. Merlu, le poissonnier, fit Lulu de sa petite voix stridente. Il est sur son vélo, regarde! Il va aller pêcher des poissons.

– Où ça?

– Dans la Seine, dans la Loire, dans l'Océan… Qu'importe?

– C'est vrai, concéda Martin. Ça n'a pas grande importance de savoir où. Ce qui est drôle, c'est de l'imaginer en train de pêcher.

À l'école, Lulu n'en finissait plus de s'étonner. Le cours de calcul le fit sauter en l'air dans la poche.

– Oh là là! Tous ces chiffres! Toutes ces possibilités! Tous ces calculs, jusqu'à l'infini!

Le cours d'histoire le fit soupirer d'aise.

– Toutes ces histoires…, chuchotait-il de sa minuscule voix de lutin. Ces histoires de rois, d'empereurs…

Mais ce qu'il préféra, c'est le cours de géographie.

– Toutes ces mers! Ces océans! Toutes ces îles, tous ces endroits que l'on ne connaît pas, et que l'on peut imaginer, rien qu'en regardant une carte. Les cartes de géographie, c'est un rêve!

Tout ça était plus que vrai! Martin commença à penser que ce petit bonhomme était plein de vérité, et il se mit à écouter avec intérêt ce qui se passait à l'école.

– Où as-tu envie de partir, Martin?

– Moi, j'aimerais aller en Polynésie, répondit Martin. Parce que la mer est chaude et parce qu'il y a des poissons de toutes les couleurs.

Quand il repartit de l'école, à 16 h 30, le lutin dans sa petite poche, Martin leva les yeux tout haut. Il pensa que, finalement, la vie était pleine de rêves et pleine de couleurs.

— Tu vois, lui dit Lulu. Il faut simplement changer ce qu'on a dans la tête. Si on pense: "Je m'ennuie à l'école", on s'ennuiera pendant des années. Mais si on se dit: "On me raconte de jolies histoires, sur des pays lointains", c'est différent.

L'air sentait la framboise, et Lulu n'arrêtait plus de parler.

— Tu sais quoi? dit encore Lulu. Si j'avais une maman comme la tienne, je n'aurais qu'une envie: sentir sa joue contre la mienne, respirer son parfum... C'est si parfumé, si chaud, les mamans! Ça donne tant de bonheur, quand on y pense.

Et sa voix se fit plus grave:

— Moi, j'ai eu une maman, avant, bien avant... Et maintenant, je donnerais tout pour respirer son parfum. Mais c'est trop tard.

Martin comprit que la maman de Lulu et sa disparition étaient pour beaucoup dans l'histoire de Lulu le lutin et sa manière de vouloir être heureux à tout prix.

Ce soir-là, Martin embrassa bien fort sa maman et respira bien fort son parfum. Sa maman le serra encore plus fort.

— Je sens que tu vas beaucoup mieux, Martin, et j'en suis bien contente.

— C'est normal! rit Martin. J'ai un bon génie

avec moi... Un petit lutin qui m'apprend le bonheur.

Sa maman rit et lui dit bonne nuit.

Le lendemain, quand Martin ouvrit les yeux, il
glissa aussitôt sa main dans sa poche à la
recherche de Lulu. Rien du tout. Il secoua bien fort
la veste en espérant entendre grommeler le lutin,
comme la veille. Mais ce qui en tomba, ce fut un
minuscule carré de papier blanc, qu'il déplia.

"Mon pied gauche est réparé, avait écrit Lulu,
et je m'en vais. J'espère que le tien va mieux aussi.
Je te souhaite une très belle vie, pleine de petits
bonheurs."

Martin se retint pour ne pas pleurer. Finalement, il ne se sentait ni triste, ni en colère. Il se dit
simplement :

"Quelle chance j'ai eue de le rencontrer. C'est
le meilleur professeur de bonheur que j'aie
jamais eu."

C'est ainsi que sa vie changea du tout au tout.
Quand il devint grand, Martin épousa une princesse des "Mille et Une Nuits". Il voyagea loin,
longtemps. Il découvrit des contrées inconnues,
qu'il n'avait vues que sur des cartes de géographie,
comme la Polynésie. Et ça le remplissait toujours
d'un bonheur incroyable.

Parfois, devant une oasis, devant une dune de
sable, ou devant un banc de petits poissons multicolores qui s'enfuyaient vers le rêve, il pensait à
Lulu le lutin.

Mais en fait, il savait bien que, quelque part, dans sa fraise gigantesque ou dans le désert d'Arabie, Lulu le regardait de son regard avisé de philosophe et murmurait: "Bravo, Martin! Je suis fier de toi! Ton pied gauche se porte beaucoup mieux!"

CÔTÉ PARENTS

Être heureux, être malheureux

Il arrive que l'on soit triste pour une raison précise (dispute des parents, mauvaise note...). C'est un peu comme un mal de gorge : ça passe. Pourtant, certaines personnes sont toujours tristes, toujours «grognons», comme s'il leur arrivait les pires malheurs du monde. Rien n'est jamais assez beau pour elles, elles ne voient que la bouteille à moitié vide (et non pas la bouteille à moitié pleine), elles ne regardent pas les petits bonheurs de tous les jours (c'est le cas de Martin). Car il n'y a pas que les «gros bonheurs» et les grosses surprises (Noël, une fête chez les copains, son anniversaire...). Il y a des petits bonheurs du quotidien (sentir une odeur délicieuse de gâteau, regarder une cassette de Disney en famille, discuter avec sa maman...). Des bonheurs qui restent invisibles, si on n'ouvre pas les yeux.

C'est important d'avoir des désirs. Avoir envie de quelque chose, ça donne envie de vivre. Envie de partir en vacances, envie de réussir à l'école, d'aller au cours de judo... Ce sont ces multiples petites envies qui pimentent le quotidien. Et c'est un peu la leçon de Lulu le lutin.

Mais quand on a des désirs trop grands pour soi, donc irréalisables, on est malheureux.

Martin serait très malheureux s'il se disait : « Ce que je voudrais, c'est avoir 500 euros d'argent de poche, être comme mon copain, vivre au Moyen Âge... »

Les phrases clés

- « Si tu n'essaies pas d'être heureux, personne ne peut l'être à ta place. »
- « Sois optimiste – essaie de penser que la bouteille est toujours à moitié pleine, et non pas à moitié vide. »
- « Troque un malheur contre un bonheur. C'est un exercice tout simple. Par exemple, si tu déménages, au lieu de penser : "C'est terrible, je vais changer d'école, je ne connaîtrai plus personne", dis-toi : "C'est génial, je vais avoir beaucoup de nouveaux amis !" »

Lire aussi

« La petite princesse dans son donjon » (qui parle de la déprime), p. 232.

Rosita qui avait peur
de disparaître
dans une chasse d'eau

R osita, dont le prénom signifie "petite rose", se
sentait si petite, si minus, qu'elle avait peur
d'une chose: disparaître. Les enfants sont ainsi:
parfois ils se voient bien plus grands qu'ils ne
sont, et ils voudraient déjà porter la couronne du
roi. Mais parfois ils se sentent minus minuscules
comme un mouton de poussière dans un coin,
sous le lit. Peut-être est-ce parce qu'ils ne savent
pas vraiment, au fond, s'ils sont grands ou s'ils
sont petits. Et peut-être parce que c'est difficile à
savoir.

Rosita avait un peu honte de sa peur, mais la
honte ne chasse pas la peur, au contraire. Elle
n'en parlait pas, jamais, mais elle crevait de
trouille. Elle avait peur de disparaître dans une
averse, dans une tornade, quand le vent soufflait
un peu fort, elle avait terriblement peur de s'envo-
ler. Quand elle faisait pipi dans les toilettes, même
si elle avait déjà cinq ans, elle avait peur de tomber dans le trou des cabinets et de ne jamais
remonter. Elle avait peur de l'aspirateur, et même

du balai! Enfin, quand elle dormait, dans son petit lit, elle avait peur aussi de disparaître sous la couette, sous l'oreiller, et de ne plus revenir le lendemain matin. Sa peur gonflait, gonflait, de plus en plus, jusqu'à devenir aussi grosse qu'elle. Rosita se sentait microscopique devant les adultes aussi. Quand elle levait les yeux, elle voyait des grandes jambes, des paires de pantalons qui n'en finissaient pas, des pieds immenses comme des paquebots, et surtout des têtes qui se penchaient vers elle, avec des yeux qui la dévoraient et qui semblaient dire: "Mon Dieu... Comme cette enfant est petite!"

Arriva un jour où sa peur enfla, tant et si bien que Rosita refusa de sortir. Quand il pleuvait, elle se cachait dans sa chambre. Quand l'orage grondait, elle avait peur d'être transformée en cendres, et quand il faisait beau, peur d'être brûlée...

Ses parents étaient perplexes. Que faire, face à d'aussi grosses peurs? Ils lui avaient acheté un tout petit lit à barreaux, ce qui avait rassuré Rosita. Ils lui avaient donné un tout petit pot, où elle faisait ses tout petits besoins, sans recourir à la chasse d'eau. Ils lui lisaient des histoires de petits bébés, ils lui avaient offert un tout petit biberon, avec lequel elle ne risquait pas de s'étouffer. Mais tout cela n'arrangeait vraiment pas les

choses, bien au contraire. Car Rosita se sentait
ENCORE PLUS minus !

Un soir, ne sachant plus quoi faire, la maman
de Rosita lui prit la main doucement et décida de
lui raconter l'histoire des Minus Minuscules.

– Je vais te raconter l'histoire des petits
hommes qui ont peuplé la Terre, il y a maintenant
des millions et des milliards d'années. Les
hommes n'étaient pas plus gros que des fourmis.

Et devant les yeux éberlués de Rosita :

– Non, en fait, un tout petit peu plus gros. Peut-
être... comme des souris. Les hommes étaient si
petits qu'ils dormaient dans des coquilles de noix,
recouverts par un pétale de rose. Ils dînaient
d'une mûre bien mûre et d'une miette de pain, et
un quart de goutte d'eau suffisait à étancher leur
soif. Le problème, c'est qu'ils avaient peur de tout.
Un minuscule souffle de vent les transportait à
côté. Ils s'en servaient pour voyager, tu vois, dans
le sens du vent. Mais dès qu'il y avait une bour-
rasque, des familles entières étaient séparées, à
droite, à gauche.

– C'est terrible, murmura Rosita.

– Oui, mais ils se retrouvaient grâce à un
vent contraire. Et chacun se racontait ses péripé-
ties.

– Et les gouttes d'eau ? Les Minus devaient
disparaître, se noyer dans une goutte d'eau.

– Pas vraiment, dit maman. En fait, une ou
deux gouttes d'eau leur servaient à prendre une

petite douche. Mais la vie n'était pas très drôle. C'est pourquoi ils s'adressèrent aux dieux, qui étaient grands, immenses et puissants. "Nous ne pouvons pas rester ainsi, dirent les tout petits hommes. Il faut absolument nous rendre plus forts! Sinon nous allons disparaître au moindre coup de vent. Il nous faut... quinze, vingt, trente... Non, plus d'un mètre de haut." Les dieux délibérèrent en secret, ce qui signifie qu'ils se retrouvèrent, tous ensemble, autour d'une bonne tasse de thé et discutèrent. Car les dieux aimaient beaucoup, beaucoup les hommes.

À l'issue de la discussion, on trouva une solution: les Minus Minuscules allaient grandir, mais pas tout de suite. Les dieux sortirent de leur poche un petit talisman en argent. "En attendant que vous deveniez grands, dit le dieu de la protection (qui était le dieu de l'amour), voici un petit cœur magique qui va vous protéger pendant tout le temps où vous serez petits. Un jour, vous vous apercevrez que vous avez grandi. Et vous n'aurez plus peur de rien."

Les petits hommes conservèrent le gros cœur en argent bien précieusement, tout contre leur cœur. Ce cœur en argent n'était pas magique, les dieux le savaient bien, mais il était rempli de la confiance et de l'amour des dieux. Curieusement, depuis ce jour, les hommes, qui n'étaient pas plus grands qu'auparavant, vécurent heureux, sans aucune crainte de la pluie, du vent ou du bruit. Il leur suffisait de penser aux paroles du dieu de la protection, qui était un peu le papa de tous les hommes, pour se sentir en sécurité.

Quelques générations plus tard, les hommes se mirent à grandir tant et tant qu'ils n'eurent plus peur de rien.

– C'est ainsi que finit l'histoire des Minus Minuscules, dit maman. Aujourd'hui, même si nous avons grandi, à certaines périodes de notre vie, nous redevenons comme nos ancêtres, petits comme des souris. Mais il suffit de penser aux dieux, si rassurants, si protecteurs, pour ne plus craindre la foudre.

Et maman remit dans la main de Rosita un minuscule cœur en argent, attaché à une jolie chaîne. Et elle chuchota – car Rosita s'était endormie :

– Garde-le tout contre ton cœur, il t'aidera. Jusqu'au jour où tu auras grandi.

CÔTÉ PARENTS

Pourquoi les enfants se sentent-ils vulnérables ?

Tous les enfants ont un côté Petit Poucet, Mickey ou Bambi. Plongés dans un monde de grands, tenus d'obéir à longueur de journée et subissant la loi de la métamorphose, comment ne se sentiraient-ils pas tout petits et fragiles ?

Il y a des enfants plus peureux que d'autres, et plus timides... Ceux qui, à 4 ans, évitent le toboggan, détestent le ski, fuient les manèges en hauteur, etc., peut-être ont-ils manqué à un moment donné de la fameuse « sécurité affective », qui se construit dès les premiers moments et qui permet aux enfants de s'éloigner du giron maternel.

Comment lui donner confiance en lui ?

En évitant de lui seriner, à longueur de journée, la série de phrases-catastrophes : « Attention, tu vas... (tomber, te perdre, être en retard...). » On utilisera plutôt des formules conditionnelles : « Il vaudrait mieux que », ou « Fais attention à ne pas »... À moins que l'on ne préfère s'engager : « Je me demande si tu es capable », etc.

En évitant de tout faire à sa place.

En ne stigmatisant pas son comportement. Si on le traite de petit peureux, du genre : « Oh, celui-là, ça n'est pas le courage qui l'étouffe, etc. », on est sûr de le maintenir dans son identité de timide et ses réactions phobiques.

En le félicitant sans relâche : à 3 mois, quand il attrape son hochet, à 11, quand il joue avec ses cubes, à deux ans et demi, quand il s'habille tout seul. Quand il rapporte une bonne note à la maison...

En l'aidant sur le chemin de l'autonomie. On lui donne son numéro de téléphone, son adresse, on lui propose d'apprendre par cœur des numéros de téléphone, etc. On lui apprend à nager dès 5-6 ans. Bref, on fait tout son possible

pour l'aider à grandir et à se sentir fort et responsable dans
ce monde d'adultes.

Les phrases clés

- « Tu es capable de le faire, je le sais. »
- « Je te fais confiance. »

Harry le petit sorcier timide

H arry le sorcier était catastrophiquement timide. Il marchait les yeux collés au sol, les pieds en dedans, et il rosissait comme une fleur des champs quand on lui adressait la parole. Un peu ridicule pour un sorcier... Harry n'avait pas son pareil pour disparaître d'un coup de gomme magique, à certaines occasions. À l'école, quand le maître-sorcier l'appelait au tableau, il se transformait en morceau de craie ou en encrier, rien que pour passer inaperçu. Quand ses parents invitaient des amis à dîner, il se métamorphosait en sachet de thé, morceau de sucre ou petite cuillère en argent. Et ses parents, qui connaissaient ses tours, couraient dans l'appartement en interpellant la lampe du salon, le placard de la cuisine ou la brosse à dents:

– Harry, veux-tu bien venir ici!

Et ils s'adressaient ainsi aux invités:

– Harry est d'une timidité... Il est si timide qu'on ne sait plus quoi faire!

On ne savait pas à quand remontait la timidité du petit sorcier. Sans doute n'était-il pas né ainsi, car aucun enfant ne naît timide! Sans doute au départ était-il simplement réservé? Et puis, à force d'entendre des phrases comme: "Oh, regardez-le, il rougit comme une fleur des champs", ou encore: "Oh toi, quel timide tu fais!", eh bien, ça n'avait pas loupé: il était vraiment devenu timide. C'est mathématique.

Quand il se regardait dans son miroir, le matin, les phrases remontaient en lui, comme un écho: "Timide-timide-timide." Il n'entendait plus que cela...

Quelle importance! penses-tu. Ça n'est pas si grave d'être timide... Ça l'est moins que de voler. Oui, mais... À l'école des sorciers, la timidité est un grave défaut. Pour pratiquer la sorcellerie, il faut un minimum d'insolence. Il faut rire tout haut et pas sous cape, fixer les autres avec de grands yeux noirs qui ne cillent pas, dire "Abracadabra" d'une voix de stentor, tenir sa baguette sans trembloter, et surtout ne pas rougir comme un coquelicot!

À la maison, les parents de Harry ne savaient plus quoi faire, car, même au pays des sorciers, il est impossible de modifier sa personnalité d'un coup de baguette magique.

– Allons, mon fiston! disait sa maman. Prends exemple sur les autres! Harry Potter ne se serait jamais transformé en sachet de thé! Et Merlin l'Enchanteur ne rougissait pas pour un rien!

À l'école des sorciers, Harry était très réputé pour la qualité de ses "rédactions de magie", que le maître lisait tout haut devant toute la classe, pendant que Harry se transformait en fourmi.

Mais, dès qu'il s'agissait des travaux pratiques et des tours de sorcellerie, ça tournait à la catastrophe. Il tremblotait et ratait tout. En cours de déplacement d'objets, les pots de confiture, au lieu de voler d'un bureau à l'autre, s'écrasaient sur le carrelage, à cause de la tremblote. En cours de déguisements et coiffures, il métamorphosait régulièrement de superbes princesses en horribles mégères. Et un jour, il avait même transformé son maître-sorcier en perroquet ricanant, ce qui lui avait valu trois jours de renvoi. Plus il redoutait de rater, et plus Harry ratait! Ça aussi, c'est mathématique...

Son papa et sa maman avaient tout essayé pour venir à bout de sa timidité: les menaces ("On va t'envoyer en pension chez la fée Maléfice"), les douceurs et les promesses ("Quand tu ne rougiras plus, tu auras trois couples de corbeaux puants, mon chéri!"). En outre, ils lisaient tout ce qui existait sur la timidité.

Un jour, dans un très vieux grimoire déniché dans le grenier, le papa de Harry trouva une recette anti-rougeurs. C'est ainsi que, tous les matins, Harry but une potion à base de vitamines, de lait d'orang-outang, de jus de chaussettes de vieux loup carnivore, et de beaucoup d'autres ingrédients dont j'ignore le nom, car ils appartiennent au monde de la magie. Le résultat fut spectaculaire. Après en avoir bu un plein bol, Harry se rendait à l'école en se déhanchant et il tapait dans le dos de ses potes : "Salut, mon vieux, ça gaze ?" Malheureusement, la magie et les médicaments ont des limites. Trois heures après, il retombait dans son trou noir. Encore pire qu'avant. Car il pensait : "Mon Dieu... Qu'est-ce que j'ai pu faire, pendant que j'étais 'magique'... J'ai honte de moi !"

Un matin, peut-être parce qu'il avait grandi, parce qu'il était devenu sage, il refusa de boire la potion.

– Aujourd'hui, j'arrête, dit-il. Elle m'a bien aidé, car elle m'a montré comment on est quand on n'est plus timide. Maintenant, j'y arriverai tout seul.

Il s'observa (sans rougir) dans son miroir et pensa : "Je suis naturellement supervitaminé, malin comme un singe, rugissant comme un lion, et surtout, je ne suis plus du tout timide !"

Bien sûr, tout ne s'arrangea pas dès le lendemain, on ne devient pas un homme d'un coup de baguette magique. En revanche, il parvint à faire voler un joli pot de miel sans le faire tomber. Le surlendemain, il transforma une très horrible sorcière en jolie princesse parfumée, et, pour la fête des Mères, changea un collier de vipères desséchées en une rivière de diamants.

Ses parents jetèrent dans la rivière les recettes du vieux grimoire, les potions pseudo-magiques, et les paroles prononcées depuis des années.

Ils lui dirent :

– Bravo ! Comme tu réussis bien ! Comme nous sommes fiers de toi !

Et sa maman attacha à son cou la belle rivière de diamants en disant à tout le monde :

– Vous voyez ça ? C'est mon fils, Harry, qui l'a faite. Eh oui, il est doué, mon fiston ! Et l'autre Harry peut aller se rhabiller.

N'était-ce pas cela, la vraie potion magique ?

Quelque temps après, grâce à ces paroles, Harry devint très fort dans l'art des bijoux précieux. Je sais qu'aujourd'hui toutes les sorcières du quartier viennent lui commander des pendentifs-mygales incrustés de pierres empoisonnées.

C'est souvent comme ça, avec les anciens timides. Quand on a dépassé sa timidité, on devient le plus fort de tous. Malin comme un singe, rugissant comme un lion et, naturellement, supervitaminé !

CÔTÉ PARENTS
La timidité

Il rougit pour un rien, reste tout seul à la récré, ne lève jamais le doigt en classe ? Il est peut-être timide (comme 50 % des enfants). Comment gérer ?

On ne force pas spécialement sur les sports collectifs (football, volley, basket, etc.). Il est en collectivité toute la journée, ça suffit ! Inutile de l'inscrire au foot ou au théâtre sous prétexte que « ça lui fera du bien ». Au contraire ! Sa timidité en sera exacerbée. En revanche, on l'inscrit dans les ateliers où il excelle. Il est doué en judo, peinture, pyrogravure ? Même si ce sont des activités « en solo », on l'inscrit : ça permettra de doper sa confiance en lui.

On favorise le « copinage extra-scolaire ». Pas forcément avec la collectivité qu'il fréquente toute la journée. Une relation « intime » avec un ou deux copains va l'aider à affronter le monde extérieur. Souvent, les timides se regroupent entre eux. Le mieux : lui demander qui il apprécie et rencontrer la maman à la sortie de l'école.

On l'aide à lever le doigt en classe. En lui évitant d'aller au casse-pipe. Assurez-vous plutôt deux fois qu'une qu'il connaît parfaitement sa poésie le jour J. S'il est content de lui, ça l'incitera à participer davantage en classe. Une expérience positive en entraîne d'autres.

On ne lui évite pas ses phobies, mais on l'incite à composer avec sa peur. Exemple : on lui demande d'aller chercher le pain tout seul (et on l'accompagne jusqu'au seuil de la porte). Et on le motive : avec la monnaie, tu t'achèteras des bonbons. (Ça n'est pas bon pour les dents, mais ça peut aider !)

À partir de 5-6 ans, on lui enseigne les rudiments de la relaxation (respirer par le ventre, longuement, va l'aider à combattre sa peur).

Si la timidité s'aggrave (isolement, difficulté à créer du lien, petit visage malheureux), on peut consulter un psy. Une ou deux séances suffisent parfois pour dénouer le problème.

Les phrases clés

- On évite d'enfoncer le clou. Évitez de dire devant lui : « Mon enfant qui est timide », « Toi qui es si timide »... Rien de tel pour qu'il le reste.
- On le valorise à bon escient : « Toi qui dessines si bien », « Toi qui es un as en tarte aux pommes... », en « ciblant » sur ses réelles qualités et non pas sur des qualités imaginaires.

Lire aussi

« Rosita qui avait peur de disparaître dans une chasse d'eau », p. 247.
« Le petit vampire amoureux », p. 261.

Le petit vampire amoureux

Un soir de pleine lune, en sortant dans le noir comme tous les soirs, afin que personne ne le voie, le petit vampire rencontra une petite fille rose qui sortait d'un immeuble. C'était la nuit de Noël. La petite avait les yeux brillants de bonheur, comme tous les enfants ce soir-là. Elle avait enfilé sa plus jolie robe, rose et couverte de volants, et elle dansait sur le trottoir. Le petit vampire avait les dents pointues, le teint blafard et la mine triste, et il resta là, les yeux comme des soucoupes, à la regarder dans son bonheur.

Depuis qu'il l'avait vue, le petit vampire soupirait à fendre l'âme. Il voulait la revoir. Mais pas pour lui faire du mal. Juste pour un petit baiser dans le cou, un tout petit-petit. Mais que peut espérer un vampire gris à côté d'une petite fille rose ?

Le soir, il se rendait près de la maison de Rosie, c'était son nom, pour essayer de la revoir. Mais, souvent, il n'apercevait qu'une petite fille en train de se brosser les dents, de jolies petites dents blanches comme des perles de nacre, en train de se coiffer ou de passer un gant sur sa jolie peau rose de petite fille. Ou en train de dormir en souriant dans son joli lit tout rose. Et le vampire regardait ses dents longues, son teint gris, ses mains crochues, et il pensait : "Un peu de rose dans mon cœur tout gris, ça ferait du rose-de-gris, et ce serait drôlement joli." Il se cachait dans sa longue boîte noire, ce qui est une manière pour les vampires d'exprimer leur tristesse. Ses joues devinrent comme du papier mâché, ses yeux reflétèrent la noirceur de son cœur. Il avait punaisé sur sa boîte un écriteau : "Chagrin d'amour".

Sa maman lui dit :
– Ne t'inquiète pas, mon bichounou. On en a vu d'autres : le prince et la bergère, le berger et la princesse, le chat et la souris. Alors, pourquoi pas un vampire et une petite fille ?

– Ah là là, soupirait-il, quelle idée d'être amoureux ! Ce soir-là, j'aurais mieux fait de me casser une jambe ! Ça chiffonne tout en dedans, et on ne pense plus qu'à ça ! J'aimerais tellement rester avec elle, lui parler, tenir ses petites mains roses, l'entendre rire, lui donner de la lumière dans les yeux.

Il se cachait derrière les murs, restait tapi le long de son immeuble, la nuit, à regarder par la fenêtre juste pour apercevoir un coin de voile rose, un coin de sourire, un coin de ciel bleu.

Et le petit vampire rêvait, dans son coin de ciel noir. Un jour ils se marieraient, elle serait tout en blanc, la petite fille rose, avec des fleurs plein les cheveux. Il aurait un beau costume crème et des dents comme des perles. Mais il se réveillait et la vie était comme avant. Et, dans sa longue boîte, il broyait du noir, dans sa boîte de malheur.

Il essaya différentes tactiques. Un jour, il mit du rose sur ses joues, un autre jour, il camoufla ses doigts crochus dans des gants en agneau. Et il ferma sa bouche à double tour pour cacher ses deux longues canines. Un autre jour encore, il plaça un nez de clown sur son visage gris, et c'était triste à pleurer.

Un autre jour encore, le petit vampire s'approcha un peu plus de la fenêtre de Rosie. C'était terrible. Elle était en train de faire un cauchemar. Elle pleurait dans son sommeil, elle hurlait. Et lui se dit: "C'est le moment pour moi d'entrer en scène. De toute façon, je ne peux pas être pire que son cauchemar."

Le petit vampire arriva dans sa chambre, au moment où Rosie allait crier "Maman!". Elle ouvrit grands les yeux.

– Ça alors! dit-elle. Mais que fais-tu là? Comment es-tu arrivé dans ma chambre?

– Il ne faut pas avoir peur, dit le petit vampire en tremblant, car je ne suis pas méchant du tout. Je suis un très gentil vampire. Je suis là pour t'aider. Ne sors ni ta gousse d'ail ni ton crucifix.

La petite fille rit aux éclats. Elle riait, mais comme elle riait! Elle riait à en pleurer de rire.

– Il est tout à fait raté, ton déguisement! Tu n'es pas un vampire, tu es un petit garçon!

Le petit vampire était très étonné: elle ne hurlait pas, elle ne criait pas, elle riait, au contraire, et elle lui disait qu'il était comme les autres!

– Je te connais. Parfois, je te croise dans la rue, ou peut-être dans un de mes rêves, je t'ai déjà vu quelque part, dit la petite fille. Mais tu as tort de croire que tu es un vampire. Les vampires sont très moches et tout tristes. Ils n'ont pas les yeux brillants comme toi.

Le petit vampire sentit monter un peu de rose à ses joues, un peu de rose-de-gris. Pourtant, la petite fille grimaça en indiquant ses joues toutes grises comme du papier mâché, et approcha le petit garçon-vampire du miroir.

– Tu as besoin de bronzer un peu, mon cher, et de prendre quelques couleurs. C'est sans doute de rester enfermé chez toi, loin des autres. Viens demain, nous jouerons dans le jardin, sous le soleil.

Le petit garçon, à son grand étonnement, aperçut son reflet dans le miroir!

C'était bien la première fois.

— Je pensais, dit-il, que les vampires ne pouvaient pas se voir dans les miroirs.

— Parfois, répondit la petite fille, on croit qu'on est un vampire, tout moche-tout-laid-tout-gris, mais c'est juste une impression.

Et elle lui fit un bisou sur le nez.

Le lendemain, le petit garçon et la petite fille jouèrent ensemble dans le jardin. Le petit vampire attrapa une belle couleur de peau, des yeux tout brillants et pleins de lumière. Et ses dents, curieusement, se mirent à rétrécir, à rétrécir, à rétrécir... Comme des perles!

— Tu vois, je te l'avais bien dit, dit la petite fille en lui donnant la main. D'abord, j'ai toujours raison!

Et ils vivent ensemble.

Ainsi finit l'histoire du petit garçon qui se prenait pour un vilain vampire. À moins que ce ne soit un vrai vilain vampire qui se transforma en petit garçon, simplement parce qu'il aimait une jolie petite fille toute rose!

CÔTÉ PARENTS

Les histoires d'amour

Les amours enfantines sont loin d'être rares. Dès la maternelle, on voit des petits de 4-5 ans main dans la main parler de leur « fiancé(e) »... Plus tard, quand la période de « latence » débute, vers 6-7 ans (période où les pulsions sont en sommeil), l'enfant peut au contraire manifester une réaction de haine-amour envers les enfants du même sexe : « Je déteste les filles / Les filles sont super-bêtes », « Les garçons sont des idiots », etc. Cette réaction ne fait que camoufler une attirance naissante. De fait, d'après le psychosociologue Alberoni (spécialiste de l'amour), près de 77 % des enfants de CM1-CM2 auraient déjà « craqué » pour un enfant du même âge.

On a tort de ne pas prendre les affaires d'amour au sérieux : il peut même s'agir de coup de foudre (comme dans cette histoire).

Ces amitiés amoureuses sont parfois très salvatrices : comme l'indique la psychanalyste Christiane Olivier, deux petits timides, ensemble, peuvent se faire des bisous, se parler... pour mieux s'intégrer dans le groupe.

Il faut éviter à tout prix de se moquer, de ridiculiser, de prendre le ton goguenard que les adultes adoptent souvent devant ce genre de comportement.

Les enfants timorés

Pendant la période de latence (7-12 ans), les enfants rêvent d'être aimés, acceptés par leurs pairs. Parfois, ils se sentent misérables, tout laids, tout gris, tout petits, un peu comme les petits nains de Blanche-Neige...

Les enfants qui se sous-estiment ont un cruel sentiment d'insécurité : ils ont l'impression de ne pas être aimés de façon inconditionnelle. Ils manquent de confiance en eux. D'où leur comportement timoré face aux nouvelles situations (sport nouveau, ou... premier amour !).

Il importe de les gorger d'amour et de leur donner confiance en eux. Il faut éviter d'être à la fois surprotecteur ou trop exigeant. Car ils pourraient penser alors : « On ne m'aime que si je rapporte de bonnes notes à la maison. »

Il faut bien sûr éviter de tout faire à leur place. Ce serait pire : leur sentiment d'incapacité serait redoublé. On préfère l'assister du regard, l'applaudir, lui faire passer des « ondes de fierté ».

Les phrases clés

- « Allez, vas-y ! Tu vas y arriver... »
- « Je te fais confiance. »
- « Tu en es capable. » (Et non : « Mais regardez ce gros nigaud, là ! », « Tu rougis comme une fille », etc.)

Lire aussi

« Alice la fourmi est une grande amoureuse », p. 209.
Sur la sexualité : « Un amour monstre », p. 202.

Monsieur le prince Colère

Il était une fois un petit prince toujours très en colère. Il piquait de grosses, d'énormes crises. Il devenait rouge, vert, violet, tout froncé et tout plissé! Son premier cri, quand il naquit dans le royaume, fut un cri de colère. Énorme, monstrueux. En l'entendant, la reine soupira:

– Oh là là, celui-là, il ne va pas être commode. Un petit tyran en puissance!

Peut-être avait-il entendu cette phrase? Il faut se méfier de l'intelligence des petits princes.

Celui-ci ne perdait pas une occasion de laisser s'exprimer sa colère. Quand on lui servait des pâtes à la place des frites et des frites alors qu'il attendait des pâtes, quand on l'emmenait au cinéma alors qu'il voulait aller nager, quand on l'emmenait nager alors qu'il voulait pêcher, et quand on l'emmenait chasser alors qu'il voulait lire, on entendait un terrible "Noooooon!!!" d'un bout à l'autre du royaume, et même dans les villes voisines. C'était une tempête, un vrai cataclysme. Les marchands ambulants rentraient chez eux et se terraient sous leur lit, des bouchons dans les oreilles; les lapins, les renards et le gibier détalaient à des kilomètres à la ronde; les roses se recroquevillaient pour ne rien entendre de ces horribles cris. On notait aussi des explosions de vitres royales, et parfois même de tympans.

Il n'y avait pas d'autre solution, alors, pour préserver la nature et les hommes, que de le conduire tout en haut d'une immense tour, où il pouvait piquer ses colères, enfermé en lui-même, sans provoquer de dégâts. Après ses crises, le prince était si fatigué qu'il sombrait dans un profond coma qui durait deux jours. On le redescendait alors dans sa chambre, et il s'éveillait dans son lit en demandant d'une voix éraillée: "Mon Dieu, où suis-je? Que m'est-il arrivé?"

Par facilité, on avait appelé ce très bruyant petit bonhomme "Monsieur le prince Colère". De telle sorte que ses crises, qui avaient été passagères, se firent de plus en plus fréquentes. Il ne savait plus être autrement qu'en colère. Et comme on l'appelait monsieur Colère, il fallait bien qu'il fût digne de son nom! C'est ainsi que l'on construit les grandes destinées, en disant: "monsieur Timide", "madame la Capricieuse". On n'arrive plus à être autrement! C'est beaucoup plus facile que d'essayer d'être soi-même sans colère, sans caprice, sans excessive timidité, sans faire trop de bruit.

On avait tout essayé pour supprimer ces terribles crises : infusions de camomille, somnifères, bains de lait de chèvre... Mais les colères perduraient et continuaient à casser les oreilles des marchands ambulants, des renards et des belettes, des roses...

À tel point qu'un jour, une petite fée, qui se promenait dans le verger pour faire pousser les petites plantes avec un peu de poudre de fée, en eut les tympans quasi percés.

– Ah non, mais qui ose nous faire du mal comme ça !

Elle se boucha les oreilles et voleta jusqu'à l'importun.

Elle trouva un petit garçon tout rouge, tout vert, tout violet, tout plissé et tout froncé, enfermé dans une haute tour, comme en lui-même.

– Arrête ça ! C'est insupportable ! Sais-tu que tu te fais très mal, à l'intérieur ? rouspéta la petite fée. Tu es en train de te faire mal à ta propre vie.

Le petit prince se tut, étonné : c'était la première fois qu'on lui parlait de lui-même et de son bien-être.

– Je te propose un marché, dit la petite fée. Un jour, un seul jour, tu vas essayer de ne pas te mettre en colère.

Et elle fouilla dans sa petite poche invisible, d'où elle sortit un minuscule morceau de papier. Le petit prince Colère déplia le morceau de papier, sur lequel il lut: "Bon gratuit pour arrêter net la colère."

– C'est un bon magique, expliqua la petite fée. La prochaine fois que tu seras furieux, sors ce petit papier de ta poche, déplie-le (ça te prendra au moins six secondes), respire très profondément. Lis-le, et tu verras... La deuxième fois que tu seras furieux, tu le sortiras une seconde fois de ta poche, tu respireras à nouveau, et la colère sera plus facile à arrêter. Et puis, la troisième fois, parce que tu en auras pris l'habitude, tu n'auras même plus besoin de mon petit papier magique. Je parie que ta colère s'arrêtera toute seule, pour peu que tu le veuilles très fort et que tu respires un bon coup. Je ne te demande pas l'impossible, poursuivit la petite fée. Je te supplie seulement d'essayer et de me dire ensuite comment tu existes, sans les crises de colère.

Et la petite fée voleta dans les airs, et le petit prince sombra dans un profond sommeil, parce qu'il venait de piquer une crise très fatigante.

L'occasion de faire une autre colère se présenta sans tarder. C'était sa maman qui lui demandait, un jour, de rentrer à la maison car il faisait très très froid dehors. Quand le prince sentit la moutarde lui monter au nez, il se souvint des paroles de la fée. Il se demanda un instant s'il n'avait pas rêvé, mais vite, vite, il sortit le minuscule morceau de papier magique. Tout en le dépliant, il respira très, très profondément, et compta jusqu'à six. Et alors, miracle...

La crise passa comme cela, tout à l'intérieur et dans le silence. Et comme cela était doux de ne devenir ni rouge, ni vert, ni violet! Comme cela était doux de se laisser porter, sans se révolter, sans se durcir, sans se faire du mal. Et de se rendre compte que rien n'avait d'importance, au point de piquer une grosse colère. "Car c'est pour ça qu'on explose: parce qu'on a mis trop d'importance dans quelque chose", songea le petit prince.

Une deuxième fois, quelques jours plus tard, il essaya le deuxième "Bon contre la colère". Et ce fut la même sensation de douceur, de légèreté. Il ne sombrait même plus dans un profond sommeil plein de rêves et de cauchemars. Sa maman n'en revenait pas, et pensait: "Enfin... Enfin! Il est devenu grand..."

Au début, bizarrement, les crises lui manquèrent, car quand on prend une certaine habitude, il est difficile de s'en séparer. Mais après deux ou trois fois, il trouva cette vie bien douce, beaucoup moins fatigante... Et sa maman aussi!

Il fallut ensuite trouver un autre nom à monsieur le prince Colère. Comment allait-on l'appeler? Monsieur Doux? C'était un peu court. Monsieur Doudou? C'était ridicule. Monsieur Plus-fort-que-la-colère? Ça ressemblait à un nom de pur-sang, pas à un nom d'homme. Et pourquoi pas "monsieur", tout simplement ? Après tout, il avait tant grandi...

CÔTÉ PARENTS
Les colères

Elles perdurent parfois jusqu'à 5-6 ans. Pourquoi des colères ? Certains enfants sont très coléreux (car très têtus), d'autres non. Certains évoluent dans la surenchère permanente. Pour dégoupiller ces «bombes» qui éclatent n'importe où, dans la rue, au supermarché, etc., chaque maman a son truc : faire diversion, transformer la colère en fou rire – quand on y arrive –, voire sortir sur le trottoir pour laisser le petit se défouler tranquillement. Sans marquer ni colère, ni agacement soi-même – on vous le concède, c'est difficile.

Dans tous les cas on évite – comme dans cette histoire – de l'appeler «monsieur» ou «madame Colère». Ce qui ne ferait que coller une étiquette, stigmatiser un comportement... Et, finalement, multiplier les crises.

Les caprices « de supermarché »

Tous les parents connaissent la pression exercée par les «petits tyrans» au super ou à l'hypermarché du coin. Logique : abreuvés de pub, ils sont réceptifs à toutes les promesses des annonces.

Si on cède aux pulsions et aux envies de l'enfant, on

imprime une habitude, le réflexe : je le veux – je l'obtiens. Et on se garantit une superbe crise de colère la fois où on n'acceptera pas. En outre, en cédant immédiatement à son caprice, on fait passer son désir du rêve à la réalité la plus triviale. Finalement, les bonbons ne sont que des bonbons... Et le fait de les obtenir immédiatement, non seulement n'est pas très éducatif, mais est la plupart du temps décevant !

L'enfant qui demande un bonbon, écrit en substance Françoise Dolto, ne le fait que pour quêter amour, affection... Et rêve ! Au lieu de le lui acheter, voici ce que propose Dolto : on parle du goût du bonbon rêvé, de sa couleur, il peut le dessiner. L'enfant oublie qu'il voulait un bonbon... Mais il prend plaisir à parler ! Bel exemple de passage du réel à l'imaginaire, de la friandise sucrée à la gourmandise des mots.

Pour les éduquer au désir

On peut leur donner un petit « cahier des désirs », dans lequel ils écriront au jour le jour tous les jouets qui leur font envie – en prévision de Noël, de l'anniversaire, etc.

Aux plus grands, on recommandera constamment d'avoir l'œil sur la tirelire : « Tu ne veux pas attendre de t'offrir quelque chose de mieux ? », etc.

Les phrases clés

- « Quand on grandit, on se débarrasse de ses colères. »
- Avant de partir faire des courses avec lui : « Aujourd'hui, je n'achète rien. C'est inutile de me demander. C'est bien clair ? »
- « Si tu te mets en colère, tu vas encore te faire du mal,

c'est dommage. Tu vas pleurer, c'est à toi que tu fais du mal. »

- « Je n'ai pas prévu d'acheter ça. Je n'ai pas d'argent pour ce genre de choses. Il faut toujours réfléchir avant d'acheter quelque chose. »

Mina qui ne voulait
pas grandir

Au pays des fées, quand les bébés sont devenus grands, ils reçoivent de la part de
l'Académie des fées leur première baguette
magique. C'est un très grand jour pour ces petites
créatures, qui peuvent alors commencer à
apprendre les plus beaux tours de magie... À
condition de n'avoir plus ni tétine, ni doudou.

À cinq ans, Mina était une minuscule fée, pas
plus grande que ton petit doigt. Avec une moue
boudeuse et des gros caprices. Mina parlait encore
comme un bébé: elle disait "dada", pour cheval,
"féfée" pour fée, "baba" pour baguette, et "ze veux"
au lieu de "je voudrais"... Il lui arrivait aussi de
devenir toute rouge de colère, elle repliait ses ailes
d'un air boudeur, en refusant de faire quoi que ce
soit. Bref, elle était restée totalement bébé-fée!
  — C'est normal, c'est une enfant, disait le roi
son papa, qui avait toujours été très indulgent
avec Mina, au point de rire, parfois, de ses petites
bouderies et de ses petits défauts de prononciation.

Mais ce qui ennuyait le plus la reine-fée, c'était de voir Mina avec sa tétine. Mina continuait à la prendre la nuit, bien sûr, mais aussi le soir, et quand elle se disait fatiguée, et aussi pour dire au revoir à ses parents, et pour dire bonjour à sa nounou-fée, et pour partir à l'école des fées. Et puis, bientôt, aussi, pour aller à table. Et pour prendre son bain. Bref, tous les prétextes étaient bons pour tétouiller cette satanée totoche !

Mina aimait tant sa tétine, qu'elle l'astiquait avec un petit chiffon tous les matins, comme les grandes fées font avec leur baguette. Au fond, elle agissait avec sa tétine comme Aladin avec sa lampe merveilleuse, comme d'autres font avec la poule aux œufs d'or, comme si c'était un vrai trésor.

La maman de Mina, voyant le jour de ses cinq ans arriver, lut dans les grands livres des fées tout ce qu'elle pouvait faire pour supprimer la tétine : le tour de "Saperlipopette, et hop, ouste, la tétinette !", le tour dit de la "marraine de Cendrillon", qui consistait à changer la tétine en gigantesque citrouille. Le tour de la totoche volante, de la tétine empoisonnée, ou la recette de la tétine à la moutarde.

Mais rien n'y faisait. Mina avait toujours sa tétine, et, comme elle disait "dada", "féfée" et "dodo", on se demandait si cet objet de plastique ne l'empêchait pas de parler comme une grande fée de cinq ans.

Un beau matin de printemps, trois ou quatre jours plus tard, un courrier arriva à la maison de Mina, porté par une petite colombe rose. C'était une jolie lettre enluminée de poudre de fée. Mina baissa la tête et fronça les sourcils et tapa du pied. Elle savait trop bien ce qui l'attendait : on allait lui demander de devenir grande et de jeter sa tétine. De son côté, sa maman applaudit :

— Ma chérie ! C'est aujourd'hui le grand jour ! C'est ta lettre de l'Académie des fées !

La maman de Mina avait des larmes dans les yeux, car il est toujours émouvant de voir grandir sa petite fille-fée. De joie, elle embrassa la colombe rose messagère… qui se transforma aussitôt en jolie fée Clochette. Quant à la lettre rose, elle se métamorphosa en baguette magique.

— Bonjour, Mina, fit la fée Clochette. Sais-tu que, aujourd'hui, je viens pour t'apporter ta baguette magique ?

— Mmoui, grogna Mina.

— Et tu connais les règles de l'Académie des fées, n'est-ce pas ?

Mina grogna encore "mmoui".

— Si tu acceptes la baguette magique, tu dois jeter ta tétine. Pas de baguette magique pour les bébés-fées à tétine !

— Je préfère garder ma tétine, déclara Mina d'un ton boudeur.

— Oh, est-ce possible ! Ça alors ! C'est bien la première fois que j'entends ça ! sourit la marraine-fée. Je suis certaine que, si tu demandes aux petites filles du pays des hommes de choisir entre une baguette magique et une tétine, elles n'hésiteraient pas une seconde... Elles penseraient: "Une tétine n'est même pas magique. Alors qu'avec une baguette... Je peux obtenir des tas de choses!" Voilà ce que pense-raient les petites filles.

Mina tapa du pied avec mauvaise humeur.

– Qu'est-ce que je ferais avec ma baguette?

– Des choses formidables!

Et d'un coup de baguette magique, la fée Clochette fit apparaître devant elle le "Grand Livre des Grandes Œuvres des fées", où étaient répertoriés tous leurs actes les plus magiques:

* Donner des bébés à des papas et des mamans qui n'arrivent pas à en fabriquer.

* Distribuer de gentils sorts à la naissance des nouvelles fées: être intelligente, belle, avoir de très beaux yeux, avoir beaucoup d'esprit...

* Combattre les vilains sorts des fées jalouses, qui n'ont pas été conviées au baptême.

* Transformer une citrouille en carrosse, dans l'objectif de rendre justice à une pauvre orpheline.

* Transformer des souriceaux en cochers.

* Faire régner la justice sur terre.

* Recueillir une petite fille qui doit dormir pendant cent ans.

La fée messagère ferma le "Grand Livre des Grandes Œuvres", les yeux brillants.

– Alors, qu'en penses-tu? Veux-tu conserver ta tétine de bébé-fée, ou obtenir une superbe baguette magique?

Mina avoua que, finalement, elle préférait la baguette magique à la tétine. Sa maman, très fière, la serra contre son cœur en lui disant:

– Tu es une grande, maintenant! Comme nous allons nous amuser, toutes les deux, avec nos tours de magie!

C'est ainsi que Mina reçut, de l'Académie des fées, une superbe baguette rose et blanc qu'elle contempla, les yeux brillants.

Depuis ce jour, tu peux me croire, pas une seule seconde elle n'a regretté sa tétine. Car elle s'est aperçue que le plus difficile était de décider une bonne fois pour toutes de la jeter... et de grandir vraiment!

– Allez, mademoiselle Mina! dit la marraine-fée. Au travail! Il ne suffit pas de décider d'être une grande fille pour le devenir. Tu vas apprendre des choses passionnantes dans notre monde.

Et, d'un coup de baguette magique, elle lui ouvrit le "Grand Livre des fées", celui qui permet à toutes les petites filles de devenir des grandes fées de légende.

CÔTÉ PARENTS

Le pouce ou la tétine, dernière résistance avant la grande enfance

Dur-dur de se séparer de sa tétine ou de son doudou... Quand les parents la donnent au nourrisson, simplement pour calmer son besoin de succion, ils ne s'imaginent pas que, trois, quatre ans après et même plus, il risque d'être toujours « accro » à sa tétine.

Pourquoi cette passion ?

Il a besoin de se rassurer, de se sentir encore enfant. Pendant certaines périodes où il est poussé vers la grande enfance (entrée en CP, naissance d'un petit frère, etc.), il peut avoir envie de régresser de cette manière. On voit certains grands de 6 ou 7 ans qui, à peine rentrés de la grande école, se ruent avec joie sur leur doudou ou leur « totoche ».

Comment le faire décrocher ?

On limite la présence de la « totoche ». Interdit avant de passer à table, interdit dans le bain. Bien évidemment, rigoureusement interdit de parler la tétine dans la bouche. L'objectif étant bien sûr d'en limiter l'emploi à la nuit.

On lui donne une petite boîte spéciale (ou une grande

poche, à côté de son lit) : c'est la « poche de la tétine », où, à peine levé, il la glissera pour l'oublier pendant la journée.

On évite d'en acheter un stock à la pharmacie... Et d'en racheter. Au contraire, on profite d'un oubli pour la rayer de la liste. Et on supporte une première nuit un peu difficile.

Éventuellement, on peut aussi promettre un beau cadeau à celui qui aura eu le courage de s'en passer pendant cinq ou six jours. On choisit dans ce cas un « cadeau de grand » (petite encyclopédie, cédérom lié à la connaissance, etc.), qui marque bien le passage de la petite... à la grande enfance.

Les phrases clés

- « Quand on a la tétine dans la bouche, c'est comme un bouchon. Ça empêche tous les mots de sortir, et on n'arrive plus à parler. »
- « C'est bon pour les bébés qui ne peuvent pas dire autre chose. Toi, tu as la maîtrise des mots. Si tu es joyeux, triste, tu peux le dire. »
- « Être grand, c'est renoncer à certaines choses. Aux couches, par exemple, ou à la tétine... »

La fée Clochette qui voulait devenir la fée Plumette

I l arrive un jour où les petites fées grandissent. Ce jour-là, l'heure est venue pour elles de tenir la baguette magique et la poudre de fée, et d'entrer dans le monde des femmes-fées… La plupart des petites fées, pense-t-on, sont très contentes. Qui ne le serait pas ? Mais ça n'est pas toujours le cas. Parfois, elles n'ont pas du tout envie de grandir…

La petite fée Clochette venait de fêter ses dix ans. En se regardant dans le miroir magique, elle vit qu'elle avait changé. Sa robe toute blanche bridait aux emmanchures, elle avait quelques boutons sur le nez, un peu de gras sur le ventre.

– Tu parles d'une fée ! grimaça-t-elle.

Car elle avait en tête l'image de la fée Clochette, qui voletait de branche en branche.

– Ça n'est pas avec ça que je vais voler gracieusement.

Elle se sentait lourde comme un gros sac.

Elle appela sa marraine-fée d'un air désolé et, devant le miroir, elle lui indiqua ses petits seins, ses fesses, et toutes les parties de son corps qui avaient enflé.

– Ça, c'est sûr! c'est encore un coup de Carabosse! gémit la petite fée.

Tu sais que les marraines-fées sont un tantinet étourdies. Celle-là l'était encore plus.

– Oh, comme je suis bête! rit-elle en tapotant son front avec sa baguette. J'ai oublié de te dire que tu allais grandir, devenir une femme-fée, avoir une jolie poitrine, des fesses, et tout le reste. Ça n'a rien à voir avec de la magie noire, ni avec Carabosse, bien au contraire. L'heure est venue pour toi de pouvoir utiliser ta baguette magique.

– Mais c'est horrible! C'est catastrophique! C'est abracadabrantesque! s'exclama Clochette, qui aimait les grands mots. Je veux rester une petite fée, avec de toutes petites ailes. Une fée Plumette, en somme.

La marraine-fée éclata de rire.

– C'est pourtant un cadeau, la baguette magique. Imagine tout ce que tu pourras faire avec! Tu vas entrer dans un conte de fées!

Devant cette catastrophe, Clochette prit sa tête dans ses mains.

– Mais dix ans, c'est trop petit!

La marraine-fée s'assit dans un nuage de poudre, toute perplexe et toute songeuse.

– C'est vrai, dix ans, c'est tout petit… Je ne t'ai pas vue grandir… Mais ça dépend des petites fées. Certaines deviennent grandes à douze, treize ans. D'autres à quinze, et d'autres à dix! Pour toi, le moment est venu…

Et elle fronça les sourcils.

– Les contes n'en parlent jamais! Mais on oublie de dire qu'un jour, toutes les petites fées Clochette se transforment en femmes-fées. Avec un ventre, des seins, des cuisses… Un corps de femme! Tu vois, les bonnes fées de Peau d'Âne, et celle de Cendrillon, et celles de la Belle au Bois dormant, ce sont toutes des femmes! Comme moi! dit gaiement la marraine.

Voilà la petite fée seule avec elle-même, et son nouveau corps encombrant. C'était bien la première fois, d'ailleurs, qu'elle voyait son corps. Elle n'y avait jamais prêté attention! Quand, par hasard, elle croisait son reflet dans le miroir magique, elle sursautait. Des creux, des bosses… "Creux-et-bosses, Carabosse. Creux-et-bosses, Carabosse", marmonnait-elle. Et toutes ses copines qui étaient si minces, avec une robe toute droite, sans seins, ni fesses. Toute cette croissance ressemblait à une petite catastrophe.

"Il faut arrêter ça, pensa-t-elle. Tant pis pour la baguette magique, je ne veux pas grandir. Je veux devenir une moins-que-rien, aussi légère qu'une plume."

Clochette supprima d'abord les gâteaux, du jour au lendemain. Fini les éclairs, les babas. Puis les bonbons, les chewing-gums, les roudoudous. Ainsi, pensait-elle, ses seins n'auraient aucune chance de pousser. Et puis, elle arrêta les pâtes, le pain, les pommes de terre... Ainsi, pensait-elle, c'en était fini de ses fesses. Ensuite, elle élimina la viande, les poissons, les œufs. Elle ne faisait pas exprès, son esprit comptait à sa place: une demi-côtelette d'agneau, 160 calories, quelle horreur. Un grain de riz: 0,5 calorie! Au début, bien sûr, elle eut faim. Mais un beau jour, son estomac s'était rétréci, elle n'eut plus du tout faim. Un vrai coup de magie! Plus elle se privait, plus elle devenait Plumette, plus elle était heureuse, plus elle se sentait forte. Et elle put à nouveau enfiler sa petite robe de fée Clochette. Un jour, elle se mit à sucer des glaçons en riant: "Zéro calorie! Zéro gramme de graisse! Génial!"

C'est ainsi qu'elle perdit cinq kilos, puis six, puis sept, puis dix. C'était énorme, sa maigreur. Elle n'avait plus aucune force, mais elle était contente d'être redevenue une petite fille, de peser trois fois rien, le poids de deux cacahuètes et demie, d'un quart de plume d'aile de moineau, et d'avoir joué un bien bon tour à ce corps qui l'avait trahie.

Quand elle s'aperçut de ce changement, la marraine-fée étouffa un cri.

— Je ne pourrai pas te donner ta baguette

magique. C'est impossible! Comme c'est dommage!

Comment expliquer à Clochette que la baguette magique était un don du ciel? Qu'avec cela, elle pourrait enfin devenir une grande fée, transformer des Cendrillons en princesses de bal, des crapauds en beaux princes, protéger des Belles au Bois dormant pendant cent ans et plus?

Et même donner des enfants aux parents qui ne pouvaient pas en avoir?

Comment lui expliquer qu'on ne peut rien contre le fait de grandir, et que c'est tant mieux? Que vivre, c'est grandir, et puis vieillir? Et que c'est ça, la vie?

Bien sûr, on ne vit pas dans un monde magique. Clochette ne se remit pas à manger du jour au lendemain. Mais, petit à petit, elle recommença. Du glaçon au verre de lait, du yaourt à la purée, de la purée à la côtelette, comme un bébé qui réapprendrait à manger. Ce jour-là, sa marraine-fée l'attendait les yeux brillants, avec une baguette magique gravée à son nom, et de la poudre de fée...

– C'est maintenant que tout commence, chuchota-t-elle. Tu es devenue grande. Et tu vas en faire, des belles choses! Bienvenue dans notre monde...

C'est ainsi que Clochette entra dans un monde magique. Celui des femmes-fées. Plus tard, quand elle devint une maman-fée, elle raconta qu'elle avait, elle aussi, eu un peu de mal à grandir… Mais que, du jour où elle avait eu la baguette magique, franchement, elle n'avait pas eu à le regretter. Pas une seule seconde!

CÔTÉ PARENTS

Les restrictions alimentaires

En France, 5 à 13 % des adolescents (surtout des filles) s'infligent des privations alimentaires – jusqu'à l'anorexie. Le mal fait des ravages. Et de plus en plus tôt.

Parmi les responsables, l'environnement social : top-models très maigres défilant sur les podiums, apologie de la féminité maîtrisée, anorexie considérée comme une sorte d'« art de vivre »…

Les petites filles, réceptives aux phénomènes de mode de plus en plus tôt (vers 8 ans), sont forcément perméables à cet « anti-modèle ». Les médecins le constatent : il n'est pas rare, dès 8 ans, de voir des petites Lolitas préoccupées par leur poids. Sans parler de celles qui demandent une dispense de natation ou de gymnastique… parce qu'elles ont honte de se déshabiller devant tout le monde. Le critère de la norme, en matière de « rondeurs », a dangereusement baissé.

Souvent, l'anorexique est une petite chenille affolée par les métamorphoses du papillon. Elle refuse les premiers indices de sa féminité, tâchant de maîtriser le plus possible ces transformations intérieures qu'elle subit à la pré-adolescence.

Et puis, très vite, on entre dans une spirale infernale qu'elle ne contrôle plus, un cercle vicieux... D'autant plus que les anorexiques connaissent souvent une certaine euphorie à se priver ainsi.

Dépistage précoce

Bien sûr, on doit éviter de se focaliser sur leur corps, même quand elles sont petites filles. On évite de dire et répéter qu'elle a « un petit bidon », qu'elle est « gras-souillette ».

On lui inculque dès le départ les principes du « bien manger » : légumes verts, laitage, etc. On l'empêche de pratiquer le *couch potatoes* comme les petits Américains, de grignoter toute la journée. Si elle ne grossit pas trop, elle n'aura pas trop envie de maigrir.

On essaie au maximum de lui transmettre le plaisir de la table – et celui d'être réunis tous ensemble.

On interdit les régimes à l'adolescence (*a fortiori* pendant la pré-adolescence) s'ils ne sont pas encadrés et suivis par une diététicienne ou un nutritionniste.

On s'inquiète devant une petite fille qui commence à calculer le moindre grain de riz, la moindre calorie.

Les phrases clés

- « Si tu ne manges rien, tu vas perdre tes forces. Tu ne pourras plus rien faire. »
- « Grandir, c'est devenir libre et responsable. C'est, un peu plus, faire ce que l'on veut de sa vie. Mais pour cela, il faut prendre des forces. »

● « Les mannequins sont des portemanteaux. Elles ne sont belles que quand elles défilent sur les podiums, pour les défilés de mode ou sur les photos. Quand on les voit face à soi, on est surpris. Comme elles sont maigres ! »

Maltraitance
et abus sexuels

Laura et le gros rat Dégoût

C omme tous les matins, Laura ouvrit son placard pour y chercher une robe. Horreur! En bas, devine ce qu'elle trouva... Un gros rat d'égout, qui souriait de toutes ses dents. Laura voulut hurler, appeler ses parents, mais le gros rat la prévint, en collant un pistolet sur sa tempe:

– Si tu cries, je te mords. Si tu me dénonces, je te flingue.

Alors, Laura ferma la bouche à double tour, ainsi que son placard, et tout le reste en elle.

Elle aurait bien voulu cadenasser totalement son armoire, et l'oublier, mais, tous les matins et tous les soirs, le gros rat d'égout tapait fort contre la porte avec sa tête, jusqu'à ce qu'elle ouvre.

Tous les jours, quand elle ouvrait la porte pour s'habiller ou se déshabiller pour la nuit, le gros rat était là. Laura s'exécutait en tremblant et en n'osant rien dire. Pourquoi? Peut-être parce que le gros rat d'égout n'était pas un enfant, et que les grandes personnes, fussent-elles d'égout, on leur obéit, n'est-ce pas? C'était ce que Laura avait dans la tête.

Un soir, le gros rat lui dit, avec des yeux terribles:

— Je veux être ton doudou. Donne-moi un bisou pour le soir, sinon gare à tes fesses.

Alors, Laura pleura, mais lui fit un bisou, ce qu'elle trouva particulièrement atroce. Mais elle ne savait plus très bien ce qui était affreux et ce qui était agréable, puisque, comme on l'a dit, elle avait tout fermé, cadenassé et bloqué en elle. Évidemment, le gros rat était content; il lui dit en fumant son cigare:

— Tous les soirs, tu me donneras mon bisou, ma belle. Je le veux, je l'exige.

Le gros rat d'égout exigeait des choses abracadabrantes.

— Tiens, disait-il, lave mes chaussettes puantes et fais-les sécher. Je veux que tu me donnes toutes tes poupées. Je m'ennuie dans mon placard.

Un jour, le gros rat lui dit:

— Apporte-moi un bonbon. Apporte-moi ton gâteau de riz et tes frites.

Et Laura les lui donna. Elle lui donna aussi ses verres de lait, son goûter de quatre heures, son dîner et tout ce qu'elle mangeait, matin, midi et soir.

Un autre jour, il lui demanda son sommeil, et puis aussi ses jolis rêves roses : quand on est un gros rat d'égout, on n'a guère que d'horribles cauchemars. Il lui refila ses cauchemars tout gris et elle lui donna ses rêves tout roses.

Les parents de Laura commencèrent à s'inquiéter. Car ils la virent maigrir, et puis perdre le sommeil, sans savoir que Laura donnait tout au gros rat gris d'égout (Laura l'appelait "le rat Dégoût").

Un jour, Laura était vraiment devenue toute maigre, à force de ne rien manger et de donner des bisous au gros rat. Elle sut que, si elle ne parlait pas, quelque chose de grave pouvait arriver. Elle dit donc à sa maman :

– Maman, j'ai une histoire à te raconter. C'est l'histoire du gros rat Dégoût.

Et elle lui raconta toute l'histoire. La maman fut horrifiée et pleura toutes les larmes que Laura avait retenues depuis qu'elle avait décidé de se caparaçonner et de se cadenasser. À toutes les deux, ça leur fit beaucoup de bien.

Le soir même, quand elle ouvrit la porte de l'armoire, Laura vit que le gros rat d'égout avait disparu, en ne laissant que sa paire de chaussettes, celle-là même que Laura avait lavée. Elles étaient si petites, ces chaussettes, que Laura fronça les sourcils.

– Comment cela! Le rat Dégoût avait de si petits pieds... Finalement, il était minuscule!

Et elle qui avait cru qu'il était si grand, qu'elle ne pouvait rien contre lui... Et en plus, il avait suffi qu'elle en parle à maman pour qu'il détale de son armoire, sans demander son reste! C'était vraiment un sale petit rat Dégoût qui ne lui faisait plus peur du tout à présent.

– Tu vois, Laura, lui dit sa maman. Si quelqu'un te demande quelque chose, il faut toujours t'interroger au fond de toi pour savoir si tu veux le faire. Et si vraiment, quelque part en toi, tu sens que l'on te force, qu'on fait du mal à ton corps, tu ne dois pas obéir, du moins avant d'en avoir parlé à quelqu'un d'autre. Même si c'est un Martien, un rat d'égout, un crocodile... Même si c'est une grande personne.

Elle lui dit encore:

– Si demain, tu vois quelque chose dans ton placard, s'il te plaît, dis-le à une grande personne. Que ce soit moi, papa, ta marraine, ta maîtresse..., peu importe! Et si quelqu'un vient te menacer dans la rue, précipite-toi vers une autre grande personne, dans un magasin, n'importe où. Aucun enfant ne doit jamais se laisser faire par un rat d'égout. C'est compris, ma chérie?

– Compris. Promis, répondit Laura, que cette promesse tranquillisa vraiment.

Le soir même, Laura récupéra son gâteau de riz, ses bonbons, son vrai doudou, son poulet, ses frites. Et sa bonne mine. Malheureusement, pendant quelque temps encore, elle souffrit de vieux cauchemars tout gris, pleins de rats d'égout, de souris et de menaces. Car le gros rat Dégoût lui avait sans doute volé un peu de ses rêves tout roses. Il lui fallut attendre encore quelque temps pour les voir revenir.

Lire aussi

« Le gros secret d'Aglaé », p. 299.
« Comment cuisiner un lapin », p. 317.

Le gros secret d'Aglaé

C'était une petite souris du nom d'Aglaé. Elle avait des joues roses, une petite robe rose et des chaussures roses. Aglaé, disait-on, était pleine de charme, avec son petit cou fin et ses yeux de biche. On lui disait: "Comme tu es gentille-jolie-toute douce." Et encore: "Plus tard, tu feras des ravages!" Et, devant sa maman, on agitait l'index: "Attention à votre petite souris de fille! Elle va en briser, des cœurs!" Et Aglaé baissait les yeux, sans comprendre trop ce qui était dit devant elle. Briser des cœurs? Elle que l'on disait "gentille-toute douce"? Les grandes personnes avaient décidément des idées curieuses. Parfois, elle jugeait un peu gênants ces yeux brillants sur elle, ces bisous dans le cou, ces caresses sur ses bras, et ces questions indiscrètes: "Tu as bien un fiancé, toi, à l'école?"

Aglaé tournait sur elle-même dans son jupon rose et elle minaudait.

— Plus tard, disait-elle, je serai danseuse étoile.

Ou star de cinéma. Ou chanteuse d'opéra. En tout cas la plus jolie du monde!

— Tu as bien le temps d'y penser, répondait maman. Tu as six ans.

Et aux autres, elle disait:

— Laissez-la vivre. Elle n'a que six ans.

Mais on ne laissa pas Aglaé vivre sa vie. Un jour, dans un sombre trou de souris, on attrapa Aglaé pour la couvrir de baisers. Et on lui dit: "Tu es gentille-jolie-toute douce." C'étaient les mêmes mots, mais ça n'était pas les mêmes gestes. Aglaé sut faire la différence. Elle sut bien faire la différence entre les genoux du monsieur et les genoux des autres adultes. Entre les caresses qu'il lui fit, cette fois, sur ses petites fesses et tout son corps de souris rose. C'était bizarre, ce mélange entre les câlins des petits et ceux des grands. Les mots étaient les mêmes, mais ils n'étaient pas dits de la même façon: on les lui chuchotait à l'oreille, comme à une dame. C'était bizarre, ce mélange entre l'horreur et le plaisir que tout ça lui inspirait. Pourtant, elle ne dit pas non. On ne dit pas non à un monsieur avec une cravate. On ne dit pas non quand on est "gentille-jolie-toute douce". Et qu'on risque de briser des cœurs. Quand elle rentra à la maison, elle avait la tête à l'envers, et le corps à l'envers. Elle s'enferma dans son trou de souris et se replia sur elle-même, en pensant à ce que le monsieur lui avait dit:

— C'est notre secret. Si tu parles, ta maman va mourir. Je te le jure.

Et c'est ainsi, ce soir-là, dans le petit trou de souris, que le secret naquit au fond de sa gorge. C'était au début une toute petite bulle de rien du tout, qu'il ne fallait surtout pas laisser échapper. Il fallait fermer, cadenasser, pour qu'il n'arrive rien à maman.

Ce jour-là, Aglaé cessa de parler. Elle avait peur que le secret ne s'échappe malgré elle et ne brise le cœur de sa maman. Le soir, elle exigea que l'on ferme la porte de sa petite chambre rose à double tour, au cas où elle parlerait dans son sommeil. Mais elle demanda aussi une veilleuse, pour n'être pas seule avec le secret.

Elle qui était sautillante et gaie et rose, elle se figea, livide. "On ne sait jamais, pensait-elle. Si je bouge, le secret va bouger aussi et la petite bulle va exploser." Alors, elle se replia sur elle-même, les bras entourant ses genoux, la tête sur la poitrine, le secret bien à l'abri.

Le secret, dans sa gorge, continua à grossir. Il envahit toute la gorge, jusqu'à étouffer les rires et les soupirs.

En classe, elle ne répondait pas. À la récréation, elle cessa de rire. Et un jour, quand Aline, sa copine, raconta en riant, qu'elle avait vu son papa et sa maman se faire des câlins au fond de leur lit, elle s'enfuit à l'autre bout de la cour, la main sur les oreilles roses, le cœur battant.

Aglaé perdit l'habitude de parler. Elle seule savait qui était la responsable : c'était la grosse boule qui n'en finissait plus de grossir en elle.

– Tout de même, disait sa maman. Il faut que tu manges, il faut que tu parles, sinon tu vas mourir.

Aglaé la regardait, effarée. Elle pensait : "Mais si je parle, c'est toi qui vas mourir, maman, c'est le monsieur qui me l'a dit."

Quand le docteur arriva pour l'examiner, Aglaé se plia un peu plus sur elle-même, la tête sur la poitrine, la douleur muette.

– Non, non, non, fit-elle.

Et c'est tout ce qu'elle dit.

Les gros secrets sont contagieux, et la maman d'Aglaé cessa aussi de sourire, à force de s'inquiéter.

– Tu vas me faire mourir de tristesse, disait-elle. À force de ne pas parler.

Et Aglaé repensait aux paroles du monsieur : "Si tu parles, ta maman mourra." Qui donc avait raison, chez les grands ?

Un jour, Aglaé apprit que le monsieur, du sombre trou de souris était parti en prison. Dans un trou encore plus profond. Ce jour-là, le secret décida de sortir, et la bulle éclata.

Les mots sortirent, comme ils le purent, c'est-à-dire tous en même temps, dans le désordre et dans les cris. Il fallut les mettre dans l'ordre : sujet, verbe, complément. "On a joué avec moi", "On m'a manqué de respect", "On a touché à mon corps, à mes fesses de petite fille", "On a fait des choses sur moi que je ne voulais pas", "Il m'a dit que tu mourrais". Et c'était au tour de sa maman d'être muette devant cette terrible révélation.

— Il ne faut jamais accepter un secret qui ne vient pas de toi ! Il ne faut jamais croire un grand qui touche à ton corps, certaines grandes personnes sont méchantes avec les enfants et leur font croire des choses incroyables. Si on te fait des caresses gênantes, il faut le dire à une autre grande personne... Tout de suite ! Que ce soit moi, papa, ta marraine ou même une copine. Sinon, ça enfle en toi, ça grossit. Comme une grosse boule de tristesse.

Avec le temps, Aglaé se remit à peindre, à jouer, à dessiner, à manger, à parler dans l'ordre : sujet, verbe, complément. Son corps et son esprit avaient retrouvé leur souplesse de gymnaste. Elle se sentait si légère sans cet horrible secret ! Plus tard, la petite souris rose eut à nouveau des secrets de jeune fille. Et c'est ça, les vrais secrets. Ceux que l'on se fabrique soi-même, non pas ceux que l'on vous oblige à avoir.

CÔTÉ PARENTS

Prévenir les abus sexuels

Les abus sexuels ne sont pas de plus en plus fréquents, contrairement à ce que les médias pourraient nous faire croire, mais on en parle de plus en plus.

La moyenne d'âge des enfants «agressés» est de 10 ans environ, et les cas de maltraitance d'enfant à enfant augmentent.

Comment lui en parler ?

Entre 2 et 4 ans : uniquement en cas de problème dans son univers proche. On précise : «Tu risques de ne pas comprendre très bien pour l'instant, mais c'est très important pour moi de te le dire.» C'est une manière de ne pas «enterrer» l'affaire.

À partir de 4-5 ans, on fait passer le message tous les six mois environ. On profite d'une lecture (le Petit Chaperon rouge harcelé par le loup, le Petit Poucet... ou «Le gros secret d'Aglaé»!) pour tâter le terrain : «Si un adulte te disait que tu es joli(e), et s'il voulait t'embrasser, qu'est-ce que tu répondrais ?»

À partir de 6 ans, et quand l'enfant s'apprête à partir loin des parents, en colonie par exemple, on le met en garde : «Personne, en dehors de papa, maman, du médecin et de l'infirmière, n'a le droit de te regarder tout nu, de rentrer dans les douches, etc. »

On le prévient : « Tous les adultes ne sont pas gentils. Certains sont même "fous" (il est important de prononcer le mot) : ils ne respectent pas l'enfant, ils le prennent sur leurs genoux, le caressent. » On évoque également la loi : « Si un policier le voyait, on le mettrait en prison. »

On le respecte au quotidien

On développe et on respecte son sens de la pudeur (qui se développe vers 5-6 ans). On frappe à la porte de la salle de bains quand il prend sa douche, on tire le rideau...

On respecte son corps : il n'a pas envie de faire des bisous ? On ne lui en vole pas en se disant : « Il ne m'aime plus, il n'a pas le droit. » Si, il a le droit de refuser.

En phase œdipienne (vers 4-6 ans), une petite fille peut se montrer particulièrement extravertie. Elle soulève sa jupe ? On ne sourit pas, mais on réagit fermement, on ne doit pas accepter cela. « Cela ne se fait pas. »

On passe un contrat avec l'enfant : personne n'a le droit de venir le chercher à l'école sans que papa-maman soient prévenus. En cas d'imprévu, on prend le temps d'avertir la directrice... qui avertira elle-même les parents.

On lui donne des repères précis : « Si tu te sens menacé dans la rue, tu te précipites chez Mme Michu la boulangère, chez l'épicier... »

Les phrases clés

- « Ton corps t'appartient, tu as toujours le droit de dire non. »
- « C'est toi le chef ! »

- « Les secrets ne valent que si c'est toi qui les choisis. Si un adulte t'impose un secret, et même s'il te menace, tu dois parler. »
- « Tu es totalement maître de ton corps. C'est toi le chef ! Si tu n'as pas envie que l'on te caresse, ou que l'on te fasse un bisou, libre à toi de dire non. »

Hubert Petitloup
et les supercostauds

Petitloup était, disait-on, bien élevé, l'œil clair et les dents bien limées, signe de politesse chez les bébés loups. D'ailleurs, on les voit de loin, ces petits loups policés. Ils contemplent le bout de leurs chaussures, ils rougissent derrière leur pelage, ils disent "merci", "s'il vous plaît", et regardent les autres d'un air "en dedans". Quand on ne les connaît pas, on pourrait les imaginer timides. Mais ils sont simplement réservés.

Un jour, le papa de Petitloup décida de changer de travail. Petitloup déménagea, changea de tanière, et aussi d'école. Ses parents lui promirent:

– Tu verras, tu te feras vite des copains. Tous les enfants loups se font vite des copains, car ils vivent en bandes.

"Ça, c'est bien une idée d'adulte!" pensait Petitloup, qui savait bien qu'à huit ans, on ne se fait pas si facilement des copains d'école.

Le premier jour, sous le préau de l'école, il pleuvait. Petitloup se sentit un peu seul, avec ses yeux "en dedans", et malgré son polo et son cartable Superloulou. C'est bien connu: chez les enfants loups, on aime bien les grandes marques qui vous font oublier que vous n'êtes pas, précisément, Superloulou. Donc, voilà notre petit loup sous le préau assourdissant, perdu au milieu des cris de surprise, de joie, de rage. En un simple coup d'œil, on pouvait facilement s'apercevoir que tous les petits loups étaient au moins deux par deux, trois par trois, ou en bande. Aucun n'était seul. Sauf lui.

Soudain, il remarqua, dans le fond de la cour, trois supercostauds qui se dirigeaient vers lui en mâchouillant un chewing-gum.

– Salut, mon pote. T'as un cartable Superloulou, dis-moi.

– Bonjour, oui, c'est un Superloulou, répondit dans l'ordre Petitloup.

L'un des trois supercostauds siffla:

– C'est un vrai Superloulou. Ça se voit à la bande fluo rouge. Parce que tu sais qu'il y en a des faux. Des Superloulou faux et nuls.

– Oui, des faux, je sais, répondit fièrement Petitloup en levant le nez.

– Dis donc, mon pote, tes parents ils en ont, du fric, fit le plus gros des supercostauds.

Petitloup émit un petit rire, mais ne répondit pas, car il n'en savait fichtrement rien. À deux reprises, il avait demandé à sa maman s'ils étaient plutôt riches ou plutôt pauvres. Et sa maman lui avait répondu: "Plutôt riches, mais pas très riches", en ajoutant: "Ça ne regarde pas un petit loup bien élevé." Petitloup avait donc cessé de poser la question, estimant que les affaires d'argent avaient l'air diablement compliquées, chez les grands.

Il fixa ses baskets d'un air gêné. Et il pensait: "Que me veulent-ils à la fin?" Sous l'assaut des trois regards, il lui semblait que son cartable était en train de se décrocher de son dos!

À ce moment-là, la cloche sonna. Le deuxième supercostaud lui dit:

– C'est quoi, ton nom?

– Hubert Petitloup, répondit Petitloup.

– On s'attend à la sortie?

– Bien sûr, répondit Petitloup, partagé entre le sourire et les larmes.

Car, malgré l'attitude un peu menaçante des supercostauds, il ne pouvait s'empêcher de penser: "Je me suis fait trois copains! Je me suis fait trois copains!" À 16 h 30, les trois supercostauds étaient là, les mains dans les poches. Quand il arriva, ils le saluèrent comme un prince:

– Oh, mais c'est notre Superloulou! Waow, Superloulou avec supercartable!

Le plus grand se retourna, montrant à Petitloup un vieux sac à dos tout élimé.

– Je te propose un marché. Je t'échange mon

superbe vieux sac pourri contre ton sublime Superloulou... Sinon, je te bute, signala le super-costaud.

Petitloup voulut s'opposer, mais il vit quelque chose briller dans la main du supercostaud. Qu'est-ce que c'était? Une paire de ciseaux? un cutter? Il vida son cartable silencieusement et le tendit, la mine défaite.

– Bravo, mon pote. T'as bien choisi, parce que sinon...

Et il lui fit le geste de l'égorger : couic.

Le lendemain, Petitloup sortit de la maison à pas de loup, pour que sa maman ne remarque pas son nouveau cartable à dos tout abîmé.

Jour après jour, le manège continua. Petitloup se débarrassa de sa gomme Superloulou, de son tee-shirt en agneau molletonné, de ses bonbons au poulet, de sa voiture téléguidée Mannix, et enfin du goûter qu'il apportait tous les jours à l'école. Comment dire non avec cet éclair d'argent qui brillait dans les mains des supercostauds, et cette menace : couic ?

Il fallut bientôt leur donner plus, beaucoup plus : de l'argent qu'il prenait en cachette dans le porte-monnaie, et même des boucles d'oreilles en argent de sa maman, quand le jour de Noël arriva.

Sans être jamais allés chez lui, les supercos-tauds n'ignoraient plus rien des objets de sa maison, car ils questionnaient longuement Petitloup sur ses jouets et ses vêtements de marque. Et Petitloup répondait sagement: sa maman ne lui avait-elle pas dit qu'il devait répondre poliment à toutes les questions qu'on lui posait? Il obéissait de la même façon aux trois supercostauds, et à leur "Si tu parles, t'es cuit".

De toute façon, n'était-il pas une minuscule crotte de loup, un ridicule petit loup incapable d'avoir des copains? Sans doute était-il normal qu'il paie, d'une certaine manière. Quand il rentrait à la maison, maman loup l'observait d'un œil inquiet. Difficile de cacher quelque chose à quelqu'un qui vous aime. On a beau camoufler derrière un sourire poli, dire: "Oui, la cantine était bonne, oui, j'ai bien travaillé", les mamans savent quand le cœur de leur petit loup est en détresse.

Quand il arrivait à l'école, Petitloup avait l'estomac qui faisait trois tours de piste. Et il se retrouvait à l'infirmerie, à se tordre de douleur.

– Comme tu as le ventre tendu! lui dit un jour l'infirmière. On le croirait plein de vilains secrets.

– C'est un morceau de poulet qui ne passe pas, répondit faiblement Petitloup, qui savait bien que c'était la peur.

La peur avait commencé à le grignoter, jusqu'au bout des moustaches. La peur que sa maman ne découvre qu'il fouillait dans son porte-monnaie, la peur de se faire rosser, la peur d'avoir peur...

Mais il ne disait rien à ses parents. Il avait appris à ne pas dénoncer et, de toute façon, les supercostauds l'avaient menacé. S'il disait le moindre mot, les supercostauds auraient sa peau, c'est sûr, ils lui avaient raconté ce qui s'était passé avec un petit de CP qui refusait de donner son goûter.

Un jour, alors que Petitloup s'approchait de la grille de l'école, il vit... la voiture de son papa. Et son papa, avec sa voix puissante qui gronde, était en train de disputer les trois supercostauds !
– Ah, je comprends tout maintenant. Bande de voleurs ! Tas de vauriens !
Petitloup ouvrit bien grandes ses oreilles. Il n'en croyait pas ses yeux ! Il en resta médusé. Il voyait bien que son papa était bien plus fort que les trois supercostauds ! Car, à force de faire des cauchemars, Petitloup avait perdu le sens du réel. Il s'était imaginé que les supercostauds, avec leur rage et leur convoitise, mesuraient au moins deux mètres ! Une nuit, il avait même vu, en rêve, les trois supercostauds menacer son papa devant une banque, avec une mitraillette ! Et voilà qu'ils semblaient tout petits devant son papa... Petitloup, les yeux écarquillés, se repaissait de ce spectacle de la loi, qui venait à son secours.

Le soir, papa, cette fois-ci, fit la leçon à Petitloup :

— La loi existe, chez les loups! Et la loi, c'est avoir le droit de faire certaines choses, et ne pas avoir le droit d'en faire d'autres. Voler les autres, raconter des histoires graves, menacer les plus faibles... On ne doit pas le faire, et c'est puni par la prison! Les petits loups, même très bien élevés, doivent se défendre absolument. Les trois supercostauds ont fait quelque chose de très mal, et ils seront punis.

Petit loup récupéra ses affaires, son cartable Superloulou, son polo Superloulou et sa gomme Superloulou. Il les conserva dans sa chambre, mais ne les prit plus jamais pour aller à l'école. Et depuis, il se sent beaucoup mieux, Petitloup! Tu le verrais, dans la cour de récré... Aujourd'hui, c'est lui qui crie, qui rit le plus fort.

Il n'a plus besoin de supermarques pour être un super petit loup. Et les supercostauds n'ont pas intérêt à lui marcher sur les doigts de pied de loup, c'est moi qui te le dis...

CÔTÉ PARENTS

Le racket et les marques

Selon les statistiques américaines, un enfant sur trois serait victime du racket. Heureusement, la France n'en est pas encore là... Mais le racket, lié à l'émergence de l'enfant consommateur, du pouvoir des griffes (les petits de maternelle connaissent déjà l'impact des Nike et Adidas), est de plus en plus fréquent dans les lycées, les collèges... Et même dans les écoles élémentaires, certains « petits » de CP se voient privés de leurs billes ou de leur goûter.

Attention aussi au troc. C'est l'antichambre du racket, car les grands profitent ainsi de la crédulité des petits. Si votre écolier rentre, triomphant, en exhibant un pauvre stylo à quatre couleurs, qu'il a échangé contre son cartable tout neuf, il est temps d'agir...

Le profil de l'enfant racketté

Bien sûr, les racketteurs ne s'en prennent ni aux « caïds », ni aux enfants débordant de confiance en eux, ni aux « bandes » de copains, mais lâchement aux petits nouveaux.

Le « racketté » peut l'être à son insu. Dans ce cas, l'enfant manque à ce point de confiance en lui qu'il se sent obligé de multiplier les petits cadeaux pour se faire des copains. À vous également de rectifier le tir : on ne « paie » pas pour se faire des amis !

Quand et comment en parler

De toute façon, avant l'entrée en sixième, si cela n'a pas été fait avant. Et plus tôt si l'on pense que l'école est à risques, ou en zone sensible (dès le CP).

Si cela lui arrive, s'il est menacé par un ou plusieurs élèves, il doit, dans un premier temps, penser à sortir sans une égratignure, quitte à donner ce qu'on lui demande.

Ensuite, il sera temps d'en parler à la maison.

S'il est menacé, il ne doit pas craindre les représailles. Les racketteurs ne sont pas plus forts que les autres, même si on a l'impression du contraire. Si on les dénonce, ils peuvent se retrouver en prison.

Et s'il ne parle pas ?

Son comportement a pu changer. Il peut y avoir une chute des résultats scolaires, il est sombre, il cauchemarde, recommence à faire pipi au lit, et à vos questions il répond : « Je ne veux pas t'en parler. » Renseignez-vous à l'école.

Sans jouer aux espions, regardez de temps en temps son cartable pour constater éventuellement certaines disparitions et « nouvelles acquisitions ». Qu'est devenue la belle boîte de feutres qu'on lui a offerte à la rentrée ?

Les phrases clés

- « Tout objet a un propriétaire. »
- « Le vol est un délit. C'est très mal. Les grands se

retrouvent en prison, et parfois pour longtemps, quand ils ont volé. C'est la même chose pour les enfants. »

- « Tous les objets ont une valeur et coûtent de l'argent. Un vieux cartable ne coûte pas le même prix qu'un cartable tout neuf. »

- « Les autres n'ont pas le droit de te voler ni de toucher ton corps. »

- « Donner est un acte gratuit. On ne donne pas pour se faire des copains. Les vrais copains nous aiment pour ce que l'on est, non pas pour les cadeaux que l'on donne. Et même s'ils te disent le contraire. »

Comment cuisiner un lapin

Vus de loin, les lapins ont l'air tous semblables. Mais ils sont tous différents. Il y a
les durs, les coriaces, les tout tendres à l'intérieur.
Ceux qui ont les oreilles fringantes, pleines
d'amour d'eux-mêmes, ceux qui manquent de
confiance en eux, ceux qui vient très fort, ceux
qui vient en dedans. Un peu comme les petits
garçons et les petites filles. Certains parlent beaucoup, d'autres gardent les mots pour eux.

Émile avait le cœur tendre, les joues qui passaient souvent du gris au rose, et des moustaches
frétillantes, signe de grande sensibilité. Émile
observait beaucoup les autres, et admirait les
durs et les coriaces, ceux qui bombent le torse à
la récré. C'est ainsi qu'il arriva, Émile, avec sa
tendresse et sa timidité, à la grande école. Dans
la cour de récréation, il ouvrit grands les yeux.
C'était immense, avec des bancs verts tout autour,
et des grands qui chahutaient.

Il se terra dans un coin, l'oreille piteuse, en
faisant mine de déchiffrer sur le sol un message

très important. Mais par terre il n'y avait que du gris.

À chaque récréation, Émile se disait: "Cette fois, j'y vais... Je leur demande de jouer avec eux." Mais Émile avait toujours appris à ne jamais entrer nulle part sans y avoir été convié. C'était un code de politesse, mais ça n'était pas celui de l'école. Et dans ces mêlées de rugby, il n'y avait pas le moindre espace pour lui.

De jour en jour, son cœur s'alourdit dans sa poitrine, et il perdait sa confiance en lui.

– Je suis nul. Nul, archi-nul, dit-il à sa maman.

Si seulement quelqu'un était venu le prendre par la main, lui faire un petit signe, ne serait-ce qu'un clin d'œil! Il serait venu, il aurait parlé, il aurait tout donné.

À force d'être seul, on finit par se faire remarquer. Un jour, un grand de la classe d'à côté s'approcha de lui en bombant le torse.

– Salut, toi! Petite souris!

Et il tira sur ses moustaches.

– Avec mes copains, on se demandait si t'étais un lapin ou une petite souris.

Émile rosit légèrement.

– Tu vois bien que c'est un lapin. Regarde ses oreilles! fit le deuxième larron, un immense et costaud avec des moustaches noires.

Et hop, il lui tira l'oreille.

– Mais non, regarde sa queue! C'est une souris! ricana le troisième.

Émile sourit piteusement. Les joueurs de la partie de foot, à côté, le lorgnaient avec intérêt. Soudain, Émile, qui parlait aux grands, était devenu quelqu'un d'intéressant. Émile se sentait tout léger. Après tout, n'était-il pas en train de se faire des copains? C'était à tout prendre beaucoup mieux que de rester tapi dans le fond de la cour de récré. Ce soir-là, Émile rentra dans son terrier tout chaud en faisant des bonds.

– Maman, maman! J'ai rencontré des grands! Des copains!

Et maman avait les yeux brillants.

Les trois grands le surnommaient "mon petit lapin", ils lui tiraient sans cesse les oreilles, mais n'était-ce pas normal? Émile se sentait si nul, au fond de lui, qu'il pensait: "Je peux bien leur accorder de tirer mes oreilles, si eux m'accordent le privilège d'être leur copain, non?"

Il aurait tant voulu être comme eux, vivre d'un rire gras, regarder tout le monde d'un air supérieur. Le troisième jour, en sortant de l'école, un des trois grands lui glissa à l'oreille:

– On se demande comment on va te cuisiner, mon petit lapin, avant de te grignoter un peu.

– Oui, répartit le grand. On se demande si on va te cuisiner aux olives, aux oignons... Aux pruneaux, aux lardons?

Pour Émile, si tendre à l'intérieur, ce fut

comme un choc. Il rosit et rit d'un rire faux, un rire qui voulait dire "Vous êtes fous!", mais pas "Non, non et non".

Le jour suivant, on lui dit:

– T'as de jolies fesses, mon joli lapin.

– Lapinou chouchou! Lapinou chouchou!

Et il se retrouva, tout nu et grelottant, après que les grands se furent amusés avec son corps de lapin.

Le soir, il eut du mal à s'endormir. Les images de cauchemar roulaient dans sa tête. Ce qui lui était arrivé était tellement incroyable, que c'était sûrement un fait de son imagination. Ça ne pouvait pas être possible. De toute façon, s'il l'avait dit, on l'aurait regardé d'un œil rond.

– Émile, tu rêves... Tu nous racontes des histoires. Ça n'a pas pu arriver: toi, tout seul, tout nu, avec les autres qui jouent avec ton zizi. Ça n'arrive pas avec d'autres enfants.

Chez les petits lapins timides et imaginatifs, ça se passe parfois comme ça. Ils ont l'impression que ce sont eux qui inventent. Que ce sont eux, les coupables! Émile enfouit le secret dans un coin de son cœur et se dit: "C'est toi qui as tout inventé, espèce de fou. N'en parle à personne."

Mais les grands recommencèrent à jouer avec son corps, sur le terrain de foot, dans les toilettes de l'école...

– Si tu dis le moindre mot, lui avait dit un grand, je te coupe la langue ou le zizi, au choix.

Émile ne disait toujours rien. N'était-ce pas le prix à payer, pensait Émile, quand on est un petit lapin sans intérêt? Ah, s'il avait pu trouver les mots, Émile, il aurait dit:

– Non-non-non! C'est mon corps, mes fesses! Pas touche!

Mais Émile n'avait jamais appris à dire non. "Dire non, pensait Lapinou, c'est un sacré luxe, quand on est lapin. C'est réservé aux autres. Aux costauds qui ont plein de copains."

Cette histoire dura deux semaines. Pendant deux semaines, Émile enfouit en lui ces mauvais gestes, ces mauvaises paroles, ces ricanements. Son teint rose devint tout gris, ses yeux tout tristes et son ventre tout douloureux. Et surtout, il ne pouvait plus aller à l'école, car ses jambes se dérobaient sous lui. Les mamans lapins sont très perspicaces, ce qui signifie qu'elles comprennent tout, à demi-mot.

Émile se mit à parler, tout bas. C'était difficile, car il fallait dire des mots qu'il n'avait jamais prononcés. Comme "mon corps, tout nu, sexe, zizi". Sa maman évidemment fut horrifiée, et ne cessait de répéter:

– C'est horrible, horrible! Ils n'ont pas le droit! Ton corps t'appartient. Je dois en parler au directeur, c'est trop grave.

Avec les mots, Émile sentit son ventre se détendre. C'était tellement bon de s'entendre dire que ce qu'il avait vécu était "terrible". Et que ça n'était pas de sa faute. Les choses étaient si claires qu'il se sentait guéri.

Dès le lendemain, il regarda les trois grands dans les yeux et leur dit:

– Je ne vous suivrai pas. Non. NON, non, je ne veux pas.

Le grand lui tourna l'oreille, désarçonné. Qu'est-ce qui lui prenait, à ce petit lapin? À ce moment-là, le directeur arriva... Et ce sont les trois grands qui passèrent un très sale moment.

Émile essaya d'oublier, mais les grands revenaient la nuit. Dès que la lumière s'éteignait, les trois grands l'attendaient, et lui ricanaient des choses terribles à l'oreille.

Un peu plus tard, Émile se fit des amis, de vrais amis. Il apprit aussi à parler avec eux, d'égal à égal. C'est-à-dire à dire oui quand il le voulait, non quand il ne voulait pas. "Non, merci, je n'ai pas envie de jouer au ballon prisonnier." Ça, c'est important. Dire oui à un gâteau quand on a faim, dire non quand on ne veut pas. C'est normal! Il apprit aussi à parler sans crainte de se voir couper la langue, ou autre chose...

Lire aussi

« Le gros secret d'Aglaé », p. 299.
« Hubert Petitloup et les supercostauds » (sur le racket),
p. 307.

Les grandes questions
sur le monde

La fée publicité

I l était une fois, au pays des fées, une petite fille du nom de Minouche qui regardait la télé toute la journée. Eh oui, même les fées ont leurs petits défauts ! Ce qu'elle aimait surtout, ça n'était pas les documentaires ou les dessins animés, c'était... la publicité.

On a beau être fée, on a toujours besoin d'un peu de rêve, et de beaucoup de magie. Et la publicité la faisait terriblement rêver. Tous ces jouets, tous ces objets, que la télé proposait, même en imagination, elle n'en concevait pas d'aussi incroyables !

Il y avait une fusée télécommandée qui allait jusqu'à la lune, un sous-marin grandeur nature, un audi-fourmi pour comprendre la langue des insectes, une poupée qui fabrique des esquimaux à la fraise, etc.

Alors, quand arrivait la publicité, son cœur battait plus vite, ses joues devenaient roses, ses yeux s'écarquillaient. L'envie arrivait, plus forte que tout. D'abord un creux à l'estomac, un chatouillis dans le ventre, une idée fixe dans la tête et une voix stridente qui hurle: "Je veux! J'achète! Je le veux et je l'aurai!" Et ce malaise ne la quittait pas jusqu'au moment où elle obtenait enfin l'objet.

Au pays des fées, grâce à la poudre magique, et même si l'on n'a pas de sous, on obtient ce que l'on veut, sauf les baguettes magiques, qui ne sont délivrées que par l'Académie des fées. Minouche faisait venir à elle tous les objets: la fusée télécommandée, la poupée pâtissière, le sous-marin grandeur nature, le robot qui range la chambre.

Pendant une ou deux secondes, le temps d'agiter sa baguette magique, Minouche était très joyeuse: elle riait toute seule, elle chantait, elle courait partout. Mais, dès que le jouet venait à elle, elle était inévitablement déçue. Le robot ne fonctionnait qu'avec des piles introuvables, la fusée ne revenait jamais de la lune, les glaces à la fraise de la poupée avaient un vieux goût de plastique.

Bref, la magie disparaissait quand l'objet devenait réel. Curieusement, ça n'empêchait pas Minouche de continuer à regarder la publicité, qui raconte de si jolies histoires et qui vous donne envie de posséder l'univers entier!

Alors, le manège recommençait: creux dans le ventre, chatouillis, idée fixe, voix qui crie: "Je le veux, je l'aurai!", jouet qui sort de la télé, et grosse crise de larmes, à cause de la déception.

On ne comptait plus, dans le grenier, le stock de vieux jouets accumulés, d'engins flambant neufs, de babioles, de trains qui ne sifflaient plus, de nouvelles voitures plus rapides les unes que les autres, de nouvelles céréales pour le petit déjeuner vues à la télé, et avec un cadeau dedans!

Un jour, en allumant la télévision, Minouche sentit son cœur battre encore plus vite, ses joues devenir encore plus roses.

Sur le petit écran, une petite sorcière vantait les mérites... d'une baguette de vermeil:

– Avec une baguette de vermeil, ton Q.M. (quotient de magie) sera plus élevé, et tu feras des merveilles! Avec la baguette précieuse, tu seras la plus heureuse.

La petite sorcière déclina ensuite tous les tours fabuleux que l'on pouvait réussir grâce à la baguette en vermeil: transformer une princesse en orang-outang, une maman en papa, un papa en grand-mère, une cocotte-minute en chapeau de belle-mère, un morceau de chocolat en carré de sucre... Oh, comme elle en avait envie, la petite fée!

Mais les petites fées, rappelle-toi, peuvent tout obtenir, sauf... les baguettes magiques. Quand elle prit conscience de cette atroce, de cette horrible réalité, Minouche faillit s'arracher les cheveux. C'était la première fois qu'elle ne pouvait faire taire cette voix stridente : "Je le veux, je l'aurai !" Son cœur était rempli d'amertume.

Si elle ne pouvait changer une princesse en orang-outang, et une biche en triple crapaud, une cocotte-minute en chapeau de belle-mère, et un morceau de chocolat en carré de sucre, à quoi cela servait-il donc de vivre ?

Elle se retournait dans son lit, en se demandant comment obtenir cette baguette de vermeil qui faisait des merveilles. Une nuit, alors qu'elle s'était retournée 1 678 fois dans son lit, apparut devant elle sa marraine-fée, celle qui secourt toujours les petites fées désespérées. Quand Minouche lui expliqua pourquoi elle ne pouvait plus dormir, que c'était à cause de la baguette de vermeil qui faisait des merveilles, la marraine rit très fort de son rire de grelots.

– Pourquoi ris-tu ? Ça n'est pas drôle, bougonna Minouche.

Mais la marraine continuait à rire.

– C'est la fée publicité ! La coquine ! Elle raconte un peu n'importe quoi. Et tient rarement ses promesses. Veux-tu que je te dise ? Elle est un peu sorcière... Quand elle voit un enfant devant la télé, elle se frotte les mains et ricane dans son coin : "Ha, ha, en voilà encore un tombé en mon pouvoir…" Elle est comme ça, la gredine. Tout ce qui l'intéresse, c'est être la reine du monde !

Et la marraine-fée redevint sérieuse :

– Ta baguette de vermeil est comme une autre baguette, sauf qu'elle brille un peu plus, un point c'est tout !

La petite fée piqua une mini-crise de colère, elle tapa du pied, lança son édredon en l'air, jeta sa baguette par la fenêtre. Puis elle se calma et réfléchit.

Elle n'en continua pas moins à regarder la télévision. Mais quand elle l'allumait, et dès qu'elle sentait le chatouillis à l'estomac, l'idée fixe, le cœur qui bat plus fort, bref, l'envie d'obtenir le jouet de la télé, elle voyait la fée publicité, dans son coin, ricaner et se frotter les mains : "Rêve, ma fille, rêve… Bientôt, je serai la reine du monde ! Tous les enfants seront à moi !"

Alors, Minouche éteignait la télé et disait tout haut :

– Non, non, vilaine fée, cette fois, tu ne m'auras pas ! Ton jouet a l'air magique, mais il ne l'est pas du tout !

Et c'est elle qui riait sous cape, en imaginant la fée verte de rage. Et elle se disait : "De nous deux, c'est moi la plus forte !"

CÔTÉ PARENTS

Les enfants de la télé

La télé plonge nos petits dans un état quasi hypnotique ! C'est si bon d'être devant un écran et de se laisser aller... C'est bien la raison pour laquelle la pub pour enfants se développe à vue d'œil. Tout est fait pour les séduire dans la publicité : histoires courtes, colorées... Les enfants sont de redoutables prescripteurs d'achats – et les publicitaires en profitent ! D'après les chiffres, 43 % de la consommation des familles (plus de 4 achats sur 10 !) passent par le crible des enfants. Souvent, c'est à eux que l'on s'adresse (même pour les voitures). Voir, dans la pub pour la Peugeot 806 : « La voiture que les enfants conseillent à leurs parents »... Sur les écrans, on ne compte plus la présence d'enfants – destinée à provoquer une identification entre le petit spectateur et le « héros ». Résultat : selon une étude (Conso-junior), 42 % des 8-10 ans trouvent que la pub « donne envie d'acheter plein de choses » et (pire !) 26 % vont jusqu'à dire qu'elle « aide à convaincre les parents »...

D'après les psychologues, les « grands » enfants (7-8 ans) ne sont pas forcément plus crédules que les adultes. Mais ils ont envie de croire à ce pouvoir de la pub, car ils ont envie de s'intégrer dans un groupe.

Comment réagir face à la menace « télé » ?

On use et abuse du magnétoscope, qui rend acteur et responsable de son choix, et ne transforme pas en esclave de la pub.

On proscrit la télévision le matin. Rien de tel pour fusiller la concentration et... la communication familiale.

On évite la télé dans la chambre des enfants (fait de plus en plus courant), on exige qu'ils demandent l'autorisation avant de l'allumer.

On limite le temps passé devant le petit écran : 20 minutes maxi entre 2 et 3 ans, 30 minutes entre 3 et 6 ans, une heure par jour le week-end. Entre 6 et 11 ans : une heure par jour en semaine.

On évite la « télé-tapisserie » : la télévision allumée vingt-quatre heures sur vingt-quatre : une très mauvaise habitude pour les enfants ! « C'est fou, le nombre d'enfants qui s'endorment devant la "neige de la télévision", affirme la psychanalyste Geneviève Djenati. Pour moi, ça correspond à un abandon de luxe. »

On ne diabolise pas la télé. De temps en temps, on prend l'initiative de louer une cassette ou de regarder un programme ensemble. On leur fait connaître les dessins animés qui nous ont fait vibrer pendant l'enfance.

On demande à la baby-sitter d'oublier la télévision. Au besoin, on camoufle la télécommande dans un tiroir.

Comment réagir face à la menace « publicité » ?

On décrypte quelques spots de pub avec eux : « Là, tu vois, ils ont mis de la musique, et puis les couleurs... Ça donne très envie d'acheter, n'est-ce pas ? »

On profite de la moindre occasion pour les alerter sur les manipulations des concours, jeux, etc. Le matin, en lisant la boîte de céréales qui promet une console de jeux, par exemple.

Les phrases clés

- «Tu as remarqué? Quand un jouet passe à la télévision, il devient un peu magique. On a envie de l'acheter.»
- «Une poupée paraît beaucoup plus grande à la télévision, et les céréales croustillent beaucoup plus à la télé que dans ton bol.»

Les Martiennes très coquettes

On pense que les Martiens sont des monstres verts et gluants. Il y eut une époque, il y a très très longtemps, où les petites Martiennes étaient terriblement coquettes. Elles adoraient les vêtements, les petits sacs, les coiffures, les maquillages, les barrettes et les chouchous. C'est quelque chose que l'on ne dit jamais, et pourtant, tu peux me croire, sur Mars, à des millions et des millions d'années-lumière de notre bonne vieille Terre, personne ne sortait avant midi. Tu comprends, il fallait le temps de se pomponner, de se frisotter, de se limer les griffes, de tresser ses tentacules. De se regarder 56 000 fois dans le miroir magique, de poser 56 000 fois la question suivante: "Miroir, mon beau miroir, suis-je à la mode?" Jusqu'au moment précis où, à la 56 millième fois, le miroir magique répondait: "Oh oui, ma belle verte. À la mode tu es, à la mode tu resteras."

En ces temps-là, les modes se succédaient à la vitesse de l'éclair. Il y eut la mode des tentacules tressés, la mode des tentacules-couettes, des chapeaux à cinq étages, des talons de cinquante-sept centimètres. La mode des baskets volantes, la mode des poux verts (il fallait les avoir dans les cheveux), des araignées vivantes, des visages horribles, des nez épatés, des nez fins. Des bonbons aux salsifis, du poil à gratter, la mode du vert à lèvres et du vert à ongles. Parfois, il y avait des instants de panique, car les fabricants lançaient une mode toutes les deux secondes, et il fallait suivre, immédiatement. "C'est la mode des tentacules tressés!" hurlaient-ils. Et alors, avant de sortir et de passer devant le miroir, il fallait se faire aplatir le nez en vitesse, acheter une demi-douzaine d'araignées au tabac du coin, manger énormément pour se faire grossir les joues en cinq minutes.

Les marchands de mode engraissaient, eux. Ils comptaient leurs petites pièces vertes, et ils rigolaient doucement dans leur coin en se demandant: "Demain, qu'est-ce qu'on va encore pouvoir inventer?" Et ils faisaient passer des messages disant que, grâce à la marque Temps t'acule, Petipois, Ninito ou Tutuche, on devenait plus fort, plus courageux, plus futé, plus amoureux.

De temps en temps, une petite Martienne se rebellait. Elle sortait comme ça, quasiment en chemise de nuit. Horreur! Elle était foudroyée sur place. Et, au pays des Martiens, être fusillé du regard, par trois cent soixante yeux, ça fait mal, tu peux me croire. On avait mis au point un détecteur d'anti-modes et des pistolets laser dans les yeux.

De telle sorte que, quand vous sortiez en balle-rines, alors que c'était la mode des pieds d'élé-phants, quand vous alliez en pantalon de ski, alors qu'on ne parlait que de robes, tout le monde vous regardait. À l'école, c'était pareil. Tu aurais vu dans les cours de récré... Si l'une arrivait sans être au courant, avec des tentacules étoilés au lieu d'être tressés, ou bien des baskets à crampons au lieu d'être en papier, c'était une catastrophe. Elle était fusillée aussitôt par trois millions d'yeux anesthésiants, et elle retournait en courant chez elle !

Une petite Martienne en eut assez. Elle voyait sa mère, ses sœurs, se faire friser, défriser, mai-grir, grossir, rougir, elle les trouvait bébêtes. Un jour, elle déclara :

– Moi, je sors en pyjama ! Un point c'est tout !

Et elle s'en fut, sans un regard pour le miroir magique.

Tu aurais vu les réactions des autres filles. Les yeux leur sortaient des tentacules.

– Elle... elle est folle ! Elle est cinglée !

Mais la petite fille avait glissé des bouchons dans ses oreilles. Elle réunit quelques personnes.

– On vous fait croire qu'il faut obéir ! La planète s'est transformée en secte ! Et nous passons des heures devant les miroirs, nous dépensons tout notre argent... C'est honteux! dit la petite Martienne avec sa voix de synthèse. C'est idiot. Nous sommes tous différents, malgré notre peau toute verte. Alors, pourquoi s'habiller pareil?

Le lendemain, une petite fille enfila une robe à pois roses et bleus, et une autre d'un ravissant imprimé, assorti à des sabots de gazelle. Chacun s'amusa à inventer ainsi de nouveaux costumes. C'était ça, la nouvelle mode : être tous différents!

La petite Martienne créa des vêtements complètement fous, des pois et des rayures, des marques inconnues. Mais jamais elle ne prétendit qu'ils étaient magiques. Et plus jamais les yeux ne se mitraillèrent les uns les autres. Quant au miroir magique, il est devenu... vert de rage, bien évidemment.

CÔTÉ PARENTS

La mode
des petites Lolitas

Phénomène récent : le souci du corps est de plus en plus précoce, et la mode attire les petites filles de plus en plus tôt. Les sociologues et spécialistes de l'adolescence ont leur explication : en devenant autonomes de plus en plus tôt, les enfants se sont approprié les codes et les modes des adultes.

Depuis peu, des marques spécifiques se sont créées pour attirer les petites filles de 8 à 12 ans. Et même les spécialistes du jouet l'affirment : on délaisse de plus en plus tôt les jouets (vers 8-10 ans) pour se diriger vers les vêtements, les accessoires de mode, etc.

Pourquoi la mode, c'est séduisant ?

Parce qu'être habillé à la mode (c'est-à-dire comme tout le monde) efface les particularités, rend invisible, croit-on, aux yeux d'autrui : une sacrée aubaine au moment où, vers 10 ans pour une petite fille, le corps commence à se métamorphoser. Parce que, comme le souligne une petite ado, « si j'arrivais pas à la mode à l'école, on me regarderait comme une pestiférée ».

Parce qu'on a le sentiment, comme l'indique Serge Tisseron, psychanalyste, de maîtriser précisément les transformations intérieures du corps en maîtrisant l'extérieur.

Pour appartenir à une tribu. Et éviter de se sentir exclu.

Mais est-ce une raison pour se plier de manière systématique aux diktats de la mode ?

Comment réagir ?

On évite de céder au « fun shopping » : le shopping comme activité de loisirs. À 9 ou 10 ans, c'est un petit peu tôt... Surtout que certaines le font entre copines.

On évite de céder au réflexe des parents culpabilisés : donner de l'argent de poche ou acheter des fringues.

On décode avec les enfants le pouvoir des marques. On leur donne le coût de telle ou telle griffe, et on convertit : « Tu vois, moi je préfère économiser de l'argent pour que

nous partions tous en vacances – pour que tu fasses du ski »,
etc.

On feuillette avec eux les vieux albums photo et on leur
montre les modes passées, la longueur des ourlets... Tout ce
qui nous semblait être le comble du chic et qui est devenu
totalement « out » en peu de temps.

On évite pour autant de critiquer son petit top pailleté
ou son long pull cache-fesses. Ça fait partie de son langage
à elle, de sa manière de se définir. Croyez-en les psychologues : plus vous critiquerez, plus elle s'enfermera dans
« sa » mode.

Lire aussi

Sur le corps : « La révolte du petit reflet de Lola » et « La
petite fée qui voulait devenir la plus belle femme du
monde », p. 158 et p. 170.
Sur la pub, le marketing… : « La fée publicité » et « Le
roi Sousou Ier », p. 326 et p. 340.

Le roi Sousou Ier

Sousou Ier était un roi archi-multi-billio-mégalo-milliardaire. Son château était fait de briques d'or, il dormait sur un matelas de rubis incrusté de diamants (qui lui piquaient les fesses en dormant), prenait son bain dans une eau enrichie en or pur, qui laissait de délicates zébrures dorées sur son corps. Quand on est richissime, il faut savoir tenir son rang.

Quand le soleil se levait, Sousou Ier se prosternait nez contre terre : "Bonjour, ô, mon Louis d'or!", et il lui jetait à la figure quelques piécettes, pour le remercier de ses bons et loyaux services. S'il s'autorisait toutes ces privautés avec le soleil, c'est qu'il l'avait acheté il y a quelques années. Sousou Ier avait acheté beaucoup de choses, comme un enfant capricieux qui, dans un magasin, pointe du doigt un jouet et hurle : "Je le veux!"

Sousou passait toute sa vie à acheter. Tout bébé, il avait eu des avions à réaction, des sceptres électroniques, des petits rois en peluche, des dragons cracheurs de flammes, puis il avait acquis des auto-tamponneuses, des parcs d'attractions entiers, des fêtes foraines, des fontaines d'or, des stations de ski. Beaucoup plus tard, il avait acheté des gens, qui étaient autant de joujoux vivants : ainsi, il possédait un préposé à l'actualité, qui lui récitait le journal tous les matins, un fabricant spécial de galettes des rois, un coupeur d'ongles de petit doigt, un entortilleur d'écharpes par temps d'hiver, un déshabilleur par temps d'été, un ouvreur de lit le soir, un porteur de cartable le jour, un faiseur de devoirs, un récitant de récitations. Cent millions de pages ne suffiraient pas à énumérer toutes ses acquisitions humaines.

Le personnage le plus important du royaume, c'était, justement, monsieur Achats, qui venait voir Sousou tous les matins et déroulait devant lui la liste des nouveaux joujoux à acheter. Sousou le guettait tous les matins le cœur battant, comme un amoureux, à l'affût de toutes les propositions :

– Un hôtel avec piscine, un lotissement de vingt maisons, un restaurant gastronomique cinq étoiles, vingt princesses orientales ? Trois forêts de chênes millénaires ? Trois pirates et deux sorcières ?

Le roi Sousou frétillait alors sur son trône et hurlait :

– Que l'on m'apporte mon or ! J'achète !

C'est ainsi que Sousou avait tout acheté... À commencer par quelques millions de kilomètres de ciel bleu, 654 nuages, 320 cumulo-nimbus prêts à exploser, trois volcans en ébullition tout chauds, une montagne de 10 000 mètres, une cinquantaine d'éclairs royaux qui laissaient de jolies zébrures d'or dans le ciel.

Dès que monsieur Achats ouvrait la bouche, il hurlait :

– J'achète ! Qu'on m'apporte mon or !

Avec le temps, il s'était mis à acheter sans réfléchir. Car c'est l'acte d'acheter qui lui plaisait, le moment où tout bascule et où le joujou passait en son pouvoir. Après avoir acheté, il s'endormait en ronflant, à cause de l'émotion.

Et quand il se réveillait, il était de fort méchante humeur. Il tournait comme un lion dans une cage dorée, et il hurlait qu'il s'ennuyait comme un fou.

– Acheter ! Acheter ! Je veux encore acheter ! grondait-il.

De temps en temps, Sousou Ier piquait de vraies crises de colère, quand il estimait avoir été roulé. Sa plus grande déception, c'était la pluie. Il avait acheté toute la pluie du monde en se disant : "Si elle m'appartient, je l'empêcherai de tomber."

Alors, quand la météo annonçait une averse, il se fâchait tout rouge :

– Comment cela ! Appelez-moi le service après-vente : ma pluie est cassée !

Mais la pluie, têtue, n'en faisait qu'à sa tête...

Et monsieur Achats tremblait en pensant qu'un jour, le roi risquait de découvrir que ce qu'il avait acheté n'était pas à vendre! Monsieur Achats travaillait maintenant jour et nuit pour trouver de nouvelles idées. Car le roi en voulait plus, toujours plus! Il voulait des joujoux de plus en plus luxueux, de plus en plus ingénieux, de plus en plus faramineux… Tout allait de plus en plus vite! L'acte d'achat se déroulait maintenant en six dixièmes de seconde. Monsieur Achats disait très vite: "Blablablablablablabla…" Sousou répondait: "J'achète!", puis s'endormait deux secondes, se réveillait et grondait: "Je m'ennuie!" Et ça n'en finissait plus.

Le pire, c'était de voir tous ces superbes joujoux, ces voitures de course, ces hélicoptères, ces hôtels cinq étoiles…, qui jonchaient maintenant le sol du royaume. Il y en avait partout! Les donjons étaient remplis de babioles cassées, de princesses russes, orientales, de pirates vieillissants qui soupiraient dans leur coin. Mais celui qui s'ennuyait à mourir, c'était le roi! Sousou Ier avait l'impression d'être lui aussi enfermé dans son donjon. Avec toutes ses choses mortes et cassées. "À quoi cela sert-il, pensait-il, d'acheter des choses, si personne ne vient jouer avec vous?"

Un jour, pourtant, Sousou Ier se remit à frétiller, son cœur se remit à battre, quand monsieur

Achats lui proposa un joujou beaucoup plus amusant que les autres :

– Je vous propose… un ennemi : Gros-Sous Ier est en route pour vous faire la guerre.

– J'achète ! J'achète ! J'achète ! hurla Sousou Ier, qui sentit son cœur se dilater dans sa poitrine. Oh, comme je suis content ! Il n'y a rien de tel qu'un petit ennemi pour passer le temps.

Et c'est ainsi qu'il acheta son pire ennemi et l'enferma dans un cachot, comme il était coutume de le faire. De temps en temps, quand il s'ennuyait, il le ressortait du cachot.

– Fais-moi la guerre.

– Oh, ça me barbe, répondait Gros-Sous Ier.

– Tu n'as pas le droit ! Tu es à moi, tu dois jouer avec moi.

Gros-Sous bâillait en guerroyant. Il savait bien qu'il était le jouet de Sousou Ier. Alors, à quoi bon mettre du cœur à l'ouvrage ? Tu imagines que, dans ces conditions, plus personne ne s'amusait au château. L'amuseur du roi, le clown privé et le bouffon, et même le faiseur de blagues idiotes n'arrivaient plus à lui arracher un sourire. "À quoi cela sert-il d'avoir cent mille millions de jouets et personne pour jouer avec vous ?" se demandait-il.

Le préposé à la tristesse ausculta le roi : son cœur avait gonflé comme un ballon de baudruche. Et sa tête était pleine de questions inso-

lubles. On fit venir le préposé aux questions délicates.

— Pourquoi suis-je seul? demanda le roi.
Pourquoi les écoles sont-elles vides? Pourquoi,
quand je me promène dans mes cours de récréation, il n'y a plus un seul enfant?

— Ils sont dans les donjons, parmi les jouets,
répondait le préposé.

— Ah? soupirait Sousou Ier.

Qui demanda encore:

— Pourquoi mes 156 châteaux, mes 320 maisons de campagne, mes montagnes, ma pluie, et
même mon soleil m'ennuient-ils terriblement?
Pourquoi, dès que j'achète quelque chose, je me
sens horriblement triste?

Le préposé aux questions délicates répondit
d'un air docte:

— Parfois, c'est l'envie d'acheter qui rend heureux, mais pas ce que l'on achète.

Et il dit encore:

— Parfois, ce qui rend heureux, c'est la seule,
l'unique seconde, où l'on a envie d'acheter ce qui
est nouveau. Mais, quand on l'achète, la nouveauté cesse d'être une nouveauté. Alors, ça nous
ennuie.

— Quelle serait la solution? demanda le roi.

— Ce serait... Eh bien, de ne pas acheter.

Le roi Sousou Ier fit alors venir son préposé
aux achats.

— Vous êtes un imbécile. Pendant des années,
vous m'avez proposé des choses idiotes, qui ne

servent à rien et qui m'ont rendu malheureux. Vous ne m'avez jamais proposé de copains. Je n'aurais jamais dû vous acheter.

— On n'achète pas des copains, lui répondit monsieur Achats. On s'en fait, simplement.

— Où puis-je trouver des copains ?

— Il faut quitter le royaume, parcourir des millions et des millions de kilomètres, droit devant soi, répondit monsieur Achats. Quand vous arriverez au pays où vous n'avez encore rien acheté, vous pourrez trouver des copains. Mais ne cherchez surtout pas à les acheter.

Dès le lendemain matin, de très bonne heure, le roi Sousou Ier partit, baluchon sur l'épaule, et sans son préposé au voyage, ni son porteur d'eau, ni même son faiseur de sandwiches. Il n'eut pas un regard pour ses tours remplies de soupirs et de jouets cassés. Il marcha longtemps, très longtemps, en croisant, sur son passage, des millions d'écriteaux : "Propriété de Sousou Ier", "Défense d'entrer", "Chasse gardée", "Résidence Sousou Ier"... Tout ce qui lui appartenait. Il dévala des collines, grimpa à flanc de montagne, escalada, roula, redévala, regrimpa...

Après des jours, des semaines et des années de marche, quand il était devenu bien vieux et que ses cheveux commençaient à grisonner, il cessa de voir des panneaux et des écriteaux.

Le paysage qu'il découvrait tout nouveau, tout beau, avec des petites maisons qui ne ressemblaient à aucune autre. Émerveillé, le cœur battant, les joues roses, il s'écria:

– Apportez-moi mon or! J'achète!

Mais il se souvint qu'il était parti sans un seul louis d'or et qu'il voulait trouver des copains.

Alors, il s'installa dans une de ces petites maisons de village au toit rouge et partit se promener dans sa nouvelle vie. Au cours de ses promenades, il rencontra des tas de gens, qui ne coupaient pas ses ongles de pied, ni ne portaient son cartable. C'étaient des copains avec qui il jouait, parlait, se disputait, faisait la guerre sans acheter la victoire, et qu'il n'enfermait jamais dans aucun donjon.

Et quand, le soir, le soleil se couchait dans un horizon de couleurs roses et pourpres, Sousou soupirait en pensant à son joli château. Alors, il s'installait à son observatoire, d'où il avait une vue superbe sur toute la nature, et il écrivait. Il inventait des histoires de volcans en ébullition, de dragons cracheurs de flammes, de princesses orientales qui ne seraient jamais à vendre, de montagnes que personne n'escaladerait jamais. Les petits enfants du village, émerveillés, applaudissaient à ses histoires. Sousou était terriblement fier et heureux. Car il pensait: "Dans mon ancienne vie, je n'avais plus rien à acheter et tout m'ennuyait. Mais aujourd'hui, je n'aurai pas assez de toute ma vie pour m'inventer mille et une histoires. Au lieu de les enfermer dans des donjons, elles s'envoleront de ma tête, comme des tourterelles !"

Et c'est ainsi que, de roi archi-multi-billio-mégalo-milliardaire, le roi Sousou devint un simple raconteur d'histoires.

Certains choisissent d'être peintres, joueurs d'échecs, judokas, grands pianistes, escaladeurs de montagnes... D'autres deviennent simplement de grands observateurs, pour regarder comme le monde est beau, comme il tourne bien, de loin, quand on ne pense pas forcément à le posséder...

CÔTÉ PARENTS

Pourquoi
ils aiment l'argent

Pour les enfants, l'argent est magique. Il est synonyme de pouvoir. Avec l'argent, pensent-ils, on achèterait tout : bonbons, jouets, etc.

Cette impression de « magie » est renforcée par les distributeurs automatiques : ils ont l'impression que l'argent arrive directement, dès qu'on le demande. D'où leurs expressions : « Va le chercher dans le mur », ou « Va le chercher à la banque ».

D'après les psys, les enfants seraient de plus en plus intéressés par l'argent. C'est dû aux préoccupations quotidiennes, mais aussi à l'électronique qui a « dopé » les étiquettes des jouets. Comment, dès lors, ne pas être focalisé sur l'argent ?

À partir de 8 ans, moment d'entrée dans la socialisation, ils peuvent se montrer anxieux : crainte de la pauvreté, du chômage... C'est à cet âge qu'on les voit souvent compter leurs sous.

Doit-on leur donner de l'argent ?

On peut commencer à leur en donner vers 7 ans (au CP), au moment où ils maîtrisent la soustraction. On évite de leur en donner trop (c'est angoissant pour un enfant) et surtout de leur fournir des avances (ce qui risque d'installer le réflexe « crédit »).

Pourquoi aiment-ils tant acheter ?

C'est l'attrait de la nouveauté. Ils veulent ce petit objet, puis la voiture, et le sachet de bonbons. Tout, pourvu que l'on achète. Mais, en cédant à leurs caprices, on ouvre la boîte de Pandore – car leurs désirs sont illimités. Il faut donc éviter de développer en eux le réflexe « babiole » et « carotte » : « Je te donne une petite voiture parce que tu as été sage », « Tu as bien travaillé ? Voilà une poupée »... On évitera aussi systématiquement la « boutique des musées », certes très appétissante pour les enfants. Le plaisir des belles choses ne se réduit pas à l'acquisition d'une babiole.

Les phrases clés

● En tirant de l'argent au distributeur automatique : « Tu vois, le distributeur interroge ma banque pour savoir si j'ai de l'argent. Là-bas, on garde l'argent que j'ai gagné en travaillant.»

● «L'argent ne sert pas à acheter n'importe quoi. On paie d'abord le loyer, on achète à manger pour toute la famille... Puis on s'occupe des vacances.»

Lire aussi

«Monsieur le prince Colère», p. 269.

La guerre des lapins

C oup d'grisou et Coup d'torchon regardaient
l'Océan. De loin, on pouvait voir leurs quatre
oreilles de lapin frétiller doucement dans le vent,
comme si elles souriaient. Une paire d'oreilles
toutes grises chez Coup d'grisou, blanches comme
un nuage chez Coup d'torchon. Les oreilles se
dressaient quand ils se parlaient et frémissaient
quand ils se mettaient à rire. Grisou et Torchon
étaient copains comme cochons. Et entre cochons
ou lapins, pas besoin de se parler pour savoir que
l'on s'aime. Donc ils restaient là, en soupirant
de bonheur. Soudain, Coup d'grisou ouvrit la
bouche :
  – Oh, comme l'eau est belle, toute bleue
comme ça, dit-il.
  Coup d'torchon sourit.
  – L'eau est belle, mais elle n'est pas bleue. Elle
est verte, répondit-il.
  Coup d'grisou fronça les sourcils.
  – Ça m'étonnerait, regarde donc ce reflet, là-
bas. Il est bleu comme le ciel bleu.
  Coup d'torchon sourit toujours.

– Oui, mais regarde celui-là. Il est vert comme le jade! Vert comme une prune pas mûre.

Et, pendant un quart d'heure, ils continuèrent à parler. Bleue, verte? Chacun avait son opinion. Ils restèrent là, jusqu'à la nuit, à compter le nombre de reflets, à comparer le vert et le bleu.

De loin, on pouvait voir deux paires d'oreilles, toutes droites, qui ne frétillaient plus du tout. Puis, les insultes suivirent.

– Tu as une sale tête de caboche, tout le monde sait que la mer est bleue.

– Espèce de triple crétin, tu as le Q.I. d'une carotte verte.

– Tu n'es bon qu'à servir de civet!

Les deux paires d'oreilles partirent chacune de leur côté, toutes raides dans le soir. Les deux lapins, copains comme cochons, se quittèrent extrêmement fâchés, et bientôt, dans le village, deux clans se formèrent: ceux qui pensaient que la mer était verte, et ceux pour qui elle était bleue. Ils se groupèrent chacun les uns contre les autres, en deux armées de lapins. C'est ainsi que la guerre débuta.

Les ingénieurs en chef lapins mirent toute leur intelligence dans la confection d'armes les plus sophistiquées. Il y avait des carottes bourrées d'explosifs, qui faisaient d'énormes trous dans l'estomac, des champs entiers de luzerne inondés de pestouille. On appela cette opération le "coup du lapin". Il y avait aussi les ruisseaux que l'on assécha et remplit de poison violent, de telle sorte qu'on ne put plus se désaltérer nulle part. Ce fut un massacre. Et des centaines de lapins innocents furent tués. Parfois, les états-majors se réunissaient pour mettre en place de nouvelles stratégies à base de microbes mortels.

La guerre se poursuivit encore et encore pendant des générations et des générations. Le fils de Coup d'torchon et le fils de Coup d'grisou furent déclarés "ennemis héréditaires", puis le petit-fils et l'arrière-petit-fils, l'arrière-arrière-petit-fils, et encore plus loin, jusqu'à leur dernière dent de lapin devinrent aussi des ennemis héréditaires. Comme les lapins avaient fait d'énormes progrès dans le maniement des armes, on arrivait à tuer encore plus de lapins, avec encore moins d'armes. "Ce qui était d'un excellent rapport qualité-prix", disaient les généraux. La mort était devenue facile, c'était génial! Il suffisait d'un quart d'ongle de pestouille pour éliminer une centaine de lapins. On ne pensait plus qu'à tuer son ennemi.

Parfois, il arrivait que deux lapins se rencontrent, discutent ensemble, et s'aiment. Et quand soudain ils comprenaient qu'ils étaient ennemis, ils sortaient leur carotte à retardement et, hop là, terminé. Plus de lapin, et plus d'amour. La civilisation des lapins devint très fortiche dans l'art de la guerre. Quels progrès on réalisa, alors! Les carottes devinrent nucléaires, les navets atomiques, les choux verts certifiés bourrés de pestouille, et le gazon sentait le poisson pourri. De grands progrès pour l'humanité des lapins.

La guerre dura cent ans. Cent ans, c'est long. Les lapins perdirent la mémoire, car s'ils sont doués en fabrication d'armes, ils n'ont pas une mémoire d'éléphant. De telle sorte que l'on savait qu'il fallait faire la guerre, mais on ne savait plus exactement pourquoi (c'est souvent le cas, avec les guerres).

Un jour, Coup d'cœur décida de faire des recherches. Dans sa bibliothèque, il essaya de retrouver les origines de la guerre, ce que l'on appelle l'Histoire. Quand, après des mois et des mois de lecture, il comprit ce qui s'était passé devant l'Océan entre Coup d'grisou et Coup d'lapin, il manqua tomber dans les choux (les pommes si tu préfères). Il hurla: "Nom d'une oreille de lapin!" Tuer des milliers, des millions, des milliards de lapins, pour une raison aussi ridicule, c'était indigne!

Coup d'cœur réunit ses concitoyens dans le village, ceux qui avaient les oreilles coupées, les estomacs troués, les cervelles bourrées de pestouille, et il leur annonça la nouvelle terrible et, encore plus terrible, la vérité vraie sur la couleur de la mer: "La mer est bleu et vert à cause des reflets." L'arrière-arrière-arrière-arrière-arrière-petit-fils de Coup d'torchon serra la main de l'arrière-arrière-arrière-arrière-arrière-petit-fils de Coup d'grisou. Cette guerre était si longue et si absurde, qu'ils l'écrivirent sur leur manuel d'histoire et qu'elle devînt la "Guerre de cent mille ans". Quand on rappelait aux petits enfants que tout cela avait commencé à cause d'une histoire de goûts et de couleurs, leurs oreilles de lapin sifflaient. Une telle brouille pour une broutille !

Toutefois, la guerre ne cessa pas dans la minute, car rien n'est plus compliqué que d'arrêter une guerre. C'est comme une machine folle que l'on met en route et qu'on n'arrive plus à maîtriser. Pourtant un jour, cent ans plus tard, on cassa toutes les armes, et on se remit à faire des bébés lapins. Les oreilles se remirent à frétiller, à se câliner, à se frotter les unes contre les autres.

Depuis, les lapins détestent regarder la mer, l'eau des rivières, et même le ciel, qui sont si changeants. Aujourd'hui, les lapins préfèrent l'herbe verte qui, comme chacun sait, est sans reflets.

Et, quand l'un d'entre eux dit : "Oh, regardez, là, elle est un peu jaune... À cause du soleil, sans doute", les oreilles des lapins se dressent de peur. Et chacun dit : "Bien sûr... Tu as raison, allez, les gars, j'ai une carotte sur le feu..." Ou bien : "Il faut que je file, les copains. Je dois acheter des navets." Ou encore : "C'est pas tout ça, mais j'ai rendez-vous chez le dentiste. Les dents des lapins, vous savez..." Et on voit des petites oreilles détaler dans les champs.

CÔTÉ PARENTS

Faut-il les éveiller
au monde qui les entoure ?

Oui, car dès l'âge de 4 ans, et *a fortiori* à 6 ans, ils ont conscience du monde dans lequel ils vivent. Ça permet de ne pas les surprotéger, de ne pas les faire vivre hors de la réalité (ils passent déjà toute la journée dans un cocon, à l'école !).

On profite de la radio pour leur en parler le matin, au petit déjeuner. En sachant que les sujets qui les passionnent ne sont pas forcément les nôtres.

Leurs thèmes fétiches ?

– l'écologie (animaux, ouverture de la chasse, etc.) ;

– les enfants (maltraitance, pédophilie, racisme) ;

– la guerre, la violence, les mines antipersonnel...

En revanche, ils détestent la « politique politicienne ». On les comprend...

Doit-on leur montrer des images ?

Il vaut mieux leur en avoir parlé avant de leur montrer les images. Surtout quand il s'agit de guerre.

Choisissez d'être présent quand ils regardent les images, car ils sont plongés, devant la télé, dans un état hypnotique, sans pouvoir « médiatiser » ni se raisonner. Les enfants d'aujourd'hui sont bombardés d'images. On les dit plus éveillés, plus dégourdis qu'avant... Mais ils n'ont pas forcément les outils conceptuels pour les décoder.

Ainsi, pendant les attentats du 11 septembre 2001 (qui ont eu lieu en début d'après-midi), nombre d'enfants se sont retrouvés seuls, au retour de l'école, devant le poste de télé, les yeux grands ouverts sur le film des deux tours en feu et des corps qui sautent dans le vide... À éviter.

Les phrases clés

- Pour éviter la parano en culottes courtes, soulignez toujours le caractère exceptionnel de l'info : « Ça ne risque pas de t'arriver, ça se passe très loin d'ici. » (Certains psys, aujourd'hui, évoquent la peur panique des enfants pendant le conflit États-Unis-Irak : les enfants pensaient que les Scud tombaient à cinquante mètres de chez eux.)
- Mettez des mots sur les images.
- Revenez aux notions de « bien » et de « mal », dont on fait l'impasse dans les JT pour adultes. « Voler l'argent de l'État, c'est mal. » Et revenez aux origines précises des guerres. Elles ne sont pas toujours aussi ouvertement absurdes que celles qui ont déclenché la guerre des lapins, mais...

Fable des deux scorpions

D ieu avait créé la Terre, la mer, le ciel, les animaux bons, les animaux mauvais pour l'homme. Enfin, il créa les scorpions, en ignorant s'ils seraient bons ou méchants. Pour le savoir, il décida de les mettre à l'épreuve.

– Ma Terre est pauvre pour l'instant, dit-il aux deux scorpions, l'un noir, l'autre jaune. J'ai besoin de richesses pour les hommes, pour leur construire des maisons, des hôpitaux, des écoles, et tout ce qu'ils réclament pour vivre et élever leurs enfants. Je vais donc vous confier une mission : vous me rapporterez toutes les pierres précieuses que vous trouverez dans le désert. Elles sont enfouies très profondément, mais vos dards vous aideront à les trouver.

Dieu les regarda dans les yeux.

– Ces richesses seront très utiles à mes hommes. Je vous paierai pour ce labeur trois pierres précieuses chacun.

Et Dieu fronça les sourcils.

– C'est un travail long et difficile, et vous serez

forcément tentés de garder les pierres pour vous. Mais si vous me mentez, vous serez sévèrement punis.

Ainsi partirent les deux scorpions, après avoir juré leurs grands dieux, c'est le cas de le dire, de remettre au bien public la plus petite des pierres rencontrées en chemin. Amasser des trésors pour l'État, pour le bien de tous les hommes, ça n'est pas comme trouver des richesses pour soi. Il faut lutter contre le désir de tout garder pour soi!

Les scorpions partirent aussitôt, en affrontant la chaleur, le vent, le sable, enfonçant leur dard profondément dans les dunes, dans les vagues, là où l'on trouve, si l'on regarde bien, des rubis, des saphirs, des diamants facettés.

On sait que le désert regorge de richesses cachées, que ce soit des pierres précieuses, des louis d'or, ou toute autre chose. On sait aussi que c'est la nuit, quand tout le monde est endormi et que l'on se sent très seul, que l'on a une chance de gagner. Car les richesses sont souvent enfouies loin des regards, ce qui rend le travail de "chercheur d'or" fatigant, épuisant, sous 50 degrés le jour et moins 20 degrés la nuit, et sans une goutte d'eau à se mettre sous le dard! Mais si ça n'était pas fatigant, ça ne s'appellerait pas un "trésor", n'est-ce pas?

Le scorpion noir fouilla, fouilla, fouilla, encore et encore. Comme il était vif et astucieux, il avait déjà trouvé cent diamants, six cents émeraudes, trois cents saphirs et d'innombrables rubis. À mi-chemin, à cause de la fatigue, une mauvaise pensée lui vint à l'esprit: "Tout ce travail! Et pour récolter quoi? Un pauvre petit diamant, un quart d'ongle de rubis, une maigrelette émeraude, un saphir de rien du tout? Mais si je garde les plus belles pierres, je serai l'animal le plus riche et le plus puissant de la Terre! Et peut-être Dieu nous considérerait-il, nous, les scorpions, avec autant de respect que les hommes." Et, avec son dard, il enterra très profondément, dans une cachette ultra-secrète, les plus belles pierres précieuses dans le sable.

Pendant ce temps, le scorpion jaune traînait entre ses pattes le maigre trésor amassé: trois rubis, cinq diamants, sept saphirs, un peu d'or gratté sur une pierre. Le butin était maigre, car il avait passé beaucoup de temps à se dorer au soleil et surtout à discuter avec le renard des sables et tous les habitants du désert, pour tromper sa solitude.

Quand l'heure du bilan fut venue, Dieu fit venir devant lui les deux scorpions. Le scorpion noir ne rapporta à Dieu que six pierres. Elles étaient toutes petites, ridicules et mal fichues.

– Je n'en ai pas trouvé davantage, mon Dieu,

mentit le scorpion noir. Mon frère jaune a été trop rapide! Il a tout ramassé avant moi!

En disant cela, ses deux yeux rougirent et flamboyèrent comme des rubis, signe de mensonge et de fourberie. Dieu lui répondit calmement:

— Tu mens! Tu as gardé tout le trésor pour toi tout seul! Ce que tu as fait est mal. D'abord, parce que tu m'as menti. Ensuite, et surtout, tu as volé la richesse des hommes. Ton intérêt est passé avant celui des hommes. Et pour cela, tu seras maudit! Quand tu verras un homme, ou un animal, tu auras une irrésistible envie de le piquer avec ton dard, et, si tu y parviens, tu le tueras.

Puis Dieu se tourna vers le scorpion jaune.

— Toi, tu as été très paresseux, tu as passé ton temps à tromper ta solitude. Mais il faut avoir du courage et savoir supporter la fatigue et l'isolement pour trouver des trésors. Ton dard piquera également, mais ne donnera de la fièvre que pendant trois jours et trois nuits.

Depuis ce jour, quand les hommes voient un scorpion noir, ils l'écrasent avec leurs pieds, à cause de la peur qu'il leur inspire. Mais quand ils voient un scorpion jaune, ils savent bien qu'il est gentil, et ils le laissent en vie, tout en s'éloignant de lui.

Le petit roi Ego Ier

E go Ier avait beau n'avoir que huit ans et être haut comme trois pommes, on ne voyait que lui dans le royaume. Il faut dire qu'il avait fait poser des miroirs partout : dans le salon, dans la chambre, dans la salle de jeux, dans les toilettes, dans les cagibis, les greniers. À force de ne vivre qu'avec son image, Ego Ier ne prêtait attention qu'à ses propres désirs. Il inventait des lois rien que pour servir ses intérêts. Comme il aimait beaucoup les chewing-gums, les car-en-sac et les roudoudous, il avait édicté une loi selon laquelle les bonbons étaient la propriété exclusive du royaume. Chaque semaine, les enfants devaient les apporter en sacrifice devant le pont-levis. Et tous les mois, les ministres condamnaient à mort ceux qui osaient garder malabars et roudoudous chez eux.

D'habitude, les lois sont équitables, ce qui signifie qu'elles doivent rendre heureux tout le monde. Mais chez Ego Ier, c'était tout le contraire : les lois ne servaient qu'à son intérêt particulier. C'est pourquoi elles étaient franchement bizarres. Dans les transports en commun, aucune place n'était affectée aux handicapés et aux invalides de guerre. Il n'y avait que des sièges réservés "aux petits rois de moins d'un mètre soixante et de trente-cinq kilos". Donc, tout le monde restait debout, même pendant les heures de pointe, de crainte de rencontrer un représentant du roi qui ne vous fît décapiter. Au cinéma, on pouvait s'asseoir dans la première et la dernière rangée, toutes les autres étaient systématiquement réservées pour le petit roi, son garde du corps, ses amis. Pourtant, Ego Ier ne venait jamais, car il n'avait plus d'amis.

Après quelques années de règne, il n'y eut plus un seul habitant dans le royaume. Tous les enfants étaient partis, les poches pleines de bonbons. Comment peut-on vouloir rester avec un roi qui ne s'intéresse qu'à son propre bonheur et pas à celui des autres? Le roi Ego Ier resta tout seul dans son royaume, sans savoir qu'il était tout seul. Depuis des semaines, les ministres du roi se ruinaient en bonbons, malabars et car-en-sac, pour continuer à lui faire croire que les collectes avaient toujours lieu!

Un matin, en consultant son calendrier royal, Ego s'aperçut qu'il allait bientôt avoir neuf ans et qu'il avait furieusement envie de donner une fête avec des enfants de son âge. On lui remit un million de cartons d'invitation, sur lesquels il fit imprimer: "Le petit roi Ego Ier a l'immense honneur de vous inviter à fêter ses neuf ans, samedi 17 juin, entre 14 heures et 20 heures." Et, après avoir réfléchi, il ajouta : "Tout individu entre cinq et dix-sept ans doit se présenter devant les portes du royaume sous peine d'être décapité."

Évidemment, personne ne se présenta, puisqu'il n'y avait plus d'enfants. Les ministres tremblaient comme des feuilles, craignant que le petit roi ne s'aperçoive qu'ils lui avaient menti depuis des semaines !

Le jour de l'anniversaire, on ramassa quelques vieux clochards dans la rue, on les pomponna, les baigna, les vêtit de propre, on les maquilla, on arracha leurs cheveux gris pour faire croire au roi que c'étaient des enfants. Les clochards se goinfrèrent de gâteaux au chocolat, bonbons et autres liqueurs délicieuses, et ensuite ils s'assoupirent en ronflant.

Le petit roi Ego Ier, furieux, hurla :

– Je punis de mort tous ceux qui osent s'endormir à une fête d'anniversaire !

On décapita donc tous les clochards, qui dormaient du sommeil du juste. Et le roi Ego Ier resta là, à bougonner devant ses miroirs, que les gens étaient bien malpolis, goinfres, intéressés, égoïstes, qu'ils ne faisaient que s'endormir après avoir boulotté tous les gâteaux d'anniversaire, et qu'il était bien seul.

– Il y a quelque chose de pourri au royaume d'Ego Ier, maugréa-t-il.

Il était si seul, enfermé dans sa prison dorée, qu'il décida de sortir sans sa garde. Quand il se promena dans le jardin, les roses se fanèrent aussitôt, le soleil se coucha. Après quelques longs kilomètres dans son jardin, Ego Ier croisa le jardinier, qui était sourd comme un pot et un peu fou de la tête, de telle sorte qu'il ne reconnut pas le roi.

— Ho là, hurla Ego Ier. Brave homme, j'ai perdu mon chemin. Peux-tu m'indiquer où je puis trouver refuge pour la nuit ? Un bon royaume, avec un roi sympa ?

Le jardinier lui indiqua le royaume d'en face.

— Allez donc dans cette bonne maison où vit un bon roi, doux et généreux, qui cherche à rendre heureux les autres. Et il chuchota :

— Partez vite d'ici, où vit l'insupportable Ego Ier, égoïste à en crever. Il a bien de la chance de ne pas s'être fait décapiter par ses sujets. Ah ça, oui !

Pour remercier le jardinier de sa franchise, Ego lui laissa la vie sauve et se précipita dans le royaume d'en face.

Là-bas, il apprit un certain nombre de lois : on ne doit pas gribouiller sur les murs de la ville, on ne doit pas mentir, ni frapper les autres, ni leur manquer de respect. De temps en temps, il fallait donner de l'argent, non pas pour le roi, bien sûr, mais pour pouvoir acheter et fabriquer de grandes choses, des hôpitaux, des écoles, des crèches et des tas de bâtiments utiles. On appelait cela les impôts. Ego Ier en était époustouflé. Comme ces lois étaient bien faites!

Il décida d'apprendre son métier de roi en vivant ici, au milieu des autres. C'était si bon de voir de bonnes têtes, bien souriantes, et pas décapitées pour un sou. "Bientôt, pensa Ego Ier, quand je serai guéri de mon insupportable égoïsme, car il faut bien appeler les choses par leur nom, je reviendrai dans mon royaume, et j'écrivai rien que des bonnes lois, bonnes pour tous!"

Il tint parole: quand il devint un grand roi, et non pas un ridicule roitelet haut comme trois pommes, il édicta des règles dignes de ce nom, et non plus de ridicules petites crottes de lois qui n'intéressaient que lui. Il développa un grand royaume, fit de grandes choses. Et tout le monde fut si heureux, chez lui, que personne ne pensa plus jamais à partir.

CÔTÉ PARENTS

Le civisme, ça se perd...

Un enfant à qui on n'a jamais rien refusé, à qui l'on a fait comprendre qu'il est la cinquième merveille du monde... vit comme un nourrisson capricieux. Or grandir, c'est accepter, progressivement, de remplacer le «principe de plaisir» par le «principe de réalité»: les règles intrafamiliales, mais aussi les lois de l'école et de la société. Et c'est au moment où l'enfant entre à l'école que cette loi se fait jour. L'enfant se mue alors en citoyen, qui doit respecter sa cité, les autres, le matériel de classe...

Aujourd'hui, le civisme et le respect des lois se perdent facilement. Est-ce à cause de la désaffection des pères, comme on le dit souvent ou... de la pression des parents ? On entend beaucoup de parents dire : « La vie est dure, il faut l'encourager à être un battant... » Autrement dit : à marcher sur les autres, pour être le premier... Au contraire, c'est plutôt le rendre « looser » que de le faire vivre hors société ! Ça n'est pas non plus lui faciliter la tâche pour se faire des amis...

Les phrases clés

- « Les lois ont été faites par des adultes qui ont pensé à tout le monde. »
- « C'est d'ailleurs pour cela que l'on a créé un État, qui doit distribuer les choses – comme une maîtresse distribue équitablement les parts d'un gâteau quand on tire la galette des rois, par exemple. »
- « Pour mieux partager les richesses, il faut mieux partager le monde. »
- « S'il n'existait ni règles à respecter, ni loi humaine, ce serait la "loi de la jungle" – celle qui régit le monde des animaux. C'est-à-dire : chacun pour soi, moi, je veux tout pour moi ! »
- « Si la maîtresse donnait les trois quarts de la galette des rois à un enfant, et le reste aux autres, ce serait totalement injuste. La maîtresse serait un mauvais chef, et la loi ne serait pas respectée. »

- « Dans l'autobus, il y a des places réservées pour les handicapés, les femmes enceintes, les aveugles... Tu peux les voir. La loi a décidé de réserver quelques places pour les gens qui ne peuvent pas tenir debout, ou qui ont du mal à rester debout. Et tu dois les leur laisser. »

- « À l'école, c'est pareil. Il faut respecter les règles : ne pas tricher, ne pas abîmer le matériel, ne pas écrire sur les murs... »

- « Notre envie première, c'est de garder tout pour nous : les jouets, le fond de Nutella... Mais, à ce régime-là, les copains disparaissent ! »

- « Imagine simplement que l'on te fasse subir la même chose... Là, tu ne serais plus d'accord. Tu dois tout le temps te mettre à la place de l'autre. Et te dire : "Est-ce que, moi aussi, ça ne me ferait pas plaisir que... ?" »

Lire aussi

« Fable des deux scorpions », p. 358.

Les petits rats de l'Opéra

C'était une famille de petits rats, qui vivait dans un grenier, à Paris. Pas n'importe lequel: c'était celui de l'Opéra! Les rats sont, dit-on, extrêmement intelligents, mais on ne dit pas suffisamment à quel point ils ont l'oreille musicale. Ces petits rats avaient élu domicile ici, parce qu'ils pouvaient entendre la musique à travers une bouche d'aération. Comme ils étaient heureux, à écouter leurs airs favoris, les mains jointes comme pour une prière!

Il y avait là papa, maman, les grands-parents et les deux petites filles. Pour chaque première d'un spectacle, ils s'habillaient d'un frac ou d'une longue robe blanche. Les deux petites filles, Elsa et Elsie, s'étaient taillé un tutu rose dans un vieux morceau de tulle oublié. Et elles faisaient des pointes sur la musique de "Casse-Noisette". Elles rêvaient qu'elles seraient danseuses, et même danseuses étoiles.

Dans la famille rats, on ne parlait pas beaucoup. Les rats sont très pudiques, c'est sans doute pour cela qu'ils aiment la musique. Ils croisaient leurs mains, fermaient les yeux, écoutaient en silence, des étoiles plein les yeux. Si on leur avait posé une question, ils auraient répondu :

– Chut ! Il faut laisser la musique parler à notre place.

Et voilà tout.

Ils laissaient la musique parler pour eux.

La vie s'écoulait ainsi, comme une longue phrase musicale. Mais la vie n'est pas toujours tendre, et surtout ne me demande pas pourquoi. Parfois, un bémol, une croche, vient vous faire un croche-patte. Ça s'appelle un accident.

Le jour de ses quatre ans, tout occupée à faire ses pointes, Elsa n'avait pas vu arriver Verdi, le chat du chef d'orchestre. Il ne fit d'elle qu'une bouchée, clic-clac, en affûtant ses dents. Et c'en fut fait de la danseuse étoile. Elle aurait pu tout aussi bien se noyer, attraper une maladie dont les rats ne réchappent pas. C'est ce qu'on appelle un drame, et qui agit en deux coups de dents. Bien sûr, pas de quoi s'inquiéter. Il y a une chance sur des milliards pour que cela se produise, et les petits rats, même ceux de quatre ans, ont en eux tout ce qu'il faut pour se défendre contre le destin.

Mais peut-être penses-tu : "Bah, un chat qui mange un rat... C'est normal, non ? Pas de quoi en faire une histoire, ou sortir son mouchoir !"

Mais quand la mort s'abat dans une famille, et même une famille de rats, c'est un terrible malheur. Surtout quand il s'appelle Elsa et qu'il a quatre ans. Les parents pensaient: "Jamais nous ne pourrons oublier", Elsie pensait: "Pourquoi elle? Et pas moi?" Le plus terrible, c'était pour les grands-parents. "Comment est-ce possible? pensait la grand-mère aux cheveux gris. La mort s'est trompée. C'était à nous de partir en premier. C'est elle qui est morte."

C'était un sacré bémol dans le cœur, un ruisseau de larmes, un silence, une pause, une cacophonie, tout à l'intérieur. Il n'y avait rien d'autre à en dire, sauf que la musique avait changé de camp. Elle n'était plus du côté du rêve, ou du bonheur, mais du terrible malheur. Car la musique s'y entend aussi en matière de tristesse et de nostalgie.

Voilà soudain nos petits rats incapables d'écouter une seule note. Parce qu'elle chavirait les cœurs et leur rappelait la petite sœur. Ils se mirent à la détester, cette musique qui les avait enchantés et qui leur rappelait tant leur petite danseuse.

Chaque note leur déchirait le cœur. Alors, en silence, ils bouchèrent la grille d'aération du grenier, ils glissèrent du coton dans leurs oreilles, ils firent, eux aussi, les morts. C'est ce qu'on appelle le deuil.

Parfois, les larmes coulaient, malgré eux. Ils les essuyaient, furtivement, en rouspétant:

– Ah là là, quelle poussière, dans ce grenier!
Il faudra bien un jour se décider à nettoyer.

Et puis, un jour, quelques longues semaines
après, Elsie, en collant son oreille très très fort sur
le parquet, entendit les premières mesures de
"Casse-Noisette". C'était le morceau préféré d'Elsa.
Quelque chose se remit à vibrer en elle, comme un
violon sorti du placard après de longues, longues
années. C'était curieux, la musique avait cessé
d'être triste. Elsie se remit à faire des pointes.

À partir de ce jour, ils débouchèrent les trous
d'aération et se remirent à écouter en silence cette
musique si belle, et qui venait de si loin, des profondeurs du monde, et peut-être du cœur d'Elsa.
Ils l'écoutaient, les mains jointes, les yeux fermés,
avec encore plus d'amour qu'avant.

Ils l'entendaient rire, ils la voyaient danser et
tourner sur ses pointes! "Je sais maintenant pourquoi j'aime tant la musique, pensa le papa. La
musique agrandit l'univers. C'est grâce à elle que
l'on est transporté ailleurs. Très loin. Dans un
endroit où, peut-être, Dieu existe. Avec Elsa." Mais
il se tut.

La maman pensait: "La musique nous parle
d'un endroit, où sont Dieu et tous les disparus.
C'est un endroit qui n'est pas sur la Terre, mais
plutôt dans le ciel. C'est pourquoi elle est si belle!"
Mais elle se tut.

Et Elsie pensait: "C'est comme un album-photos. Il suffit que j'écoute quelques notes pour voir Elsa devant mes yeux. Je pense encore plus à elle!" Mais elle se tut.

– Moi, dit tout haut mamie Rat, je l'entends, notre Elsa.

Je l'entends rire à travers les notes, je la vois tourner dans son tutu rose. Écoutez! C'est comme si elle était là...

Grand-mère rat ne s'aperçut pas qu'elle avait parlé tout haut. C'était la première fois que le nom d'Elsa était prononcé. Ses paroles résonnèrent comme dans une cathédrale.

À ces mots, maman essuya furtivement une larme, avec le coin de son petit tablier.

– Encore une poussière dans l'œil, grommela-t-elle. Ah là là. Qui donc se décidera, un de ces jours, à nettoyer le grenier?

Quant au gros matou, bourrelé de remords, il en avait gros sur le cœur. Il tourna les talons en pensant: "Tant pis pour les rats, ils sont ma foi trop indigestes et bien trop intelligents."

Et il s'enfuit à jamais du grenier de l'Opéra pour s'occuper... des poissons rouges!

CÔTÉ PARENTS

La question de la mort

Françoise Dolto écrivait : « Dans une maison, les chats et les enfants savent toujours tout. » Et il est vrai que, on l'a tous constaté, les enfants détestent les secrets, les tabous, les non-dits. Il suffit d'essayer de camoufler quelque chose pour que cela échoue lamentablement.

À quel âge lui parler de la mort ? À partir de 4 ans, disent les psychologues, l'enfant commence à avoir une petite conscience de la mort. Sans savoir pour autant qu'elle est irréversible et qu'elle le touchera de façon certaine.

À 6 ans, au moment de l'entrée au CP, la « pensée magique » commence tout doucettement à s'effriter. Il cesse de croire aux lutins, farfadets et Père Noël. Il est prêt à recevoir des infos sur le cycle de la vie, de la naissance à la mort.

À 8 ans environ, il prend conscience de l'universalité et de l'irréversibilité de la mort.

Sa réaction

Elle peut être totalement inattendue, comme le jour où vous lui avez expliqué comment on fait des bébés. Il peut soudain se montrer distrait, papillonnant, attrapant une feuille pour faire un dessin... Ça ne signifie pas qu'il n'écoute pas, bien au contraire...

La mort d'un proche

Reste que la mort d'un proche (grand-parent, cousin, et même chaton !), c'est tout autre chose. Comment réagir ?

On évoque la succession inéluctable des générations. « Grand-père est né avant papa qui est né avant toi », « Il ne faut pas être triste : il est mort parce qu'il a fini sa vie »...

Pour un petit frère, une petite sœur, etc. : « Parfois la vie est cruelle : il arrive des accidents. C'est très rare, mais cela peut arriver. Il faut bien faire attention à soi. »

Les enfants sont toujours prompts à culpabiliser. Il ne faut pas hésiter à préciser : « Ça n'est la faute de personne, s'il est mort... »

On peut évoquer l'« après-mort ». Soit en invoquant la religion, dans les familles croyantes, soit en évoquant le souvenir du disparu – que l'on retrouve dans la mémoire, dans la musique...

Doit-il assister à l'enterrement ?

On doit pouvoir le lui proposer à partir de 6-7 ans... Et, en tout cas, ne jamais le lui interdire, au prétexte qu'il est trop petit. Le désir de protection poussé à ce point ne peut qu'engendrer non-dits et traumatismes. Autre solution : laisser passer l'enterrement, mais l'accompagner sur la tombe du défunt très rapidement.

Les phrases clés

● « On n'oublie jamais quelqu'un qu'on a aimé, qui est disparu. Les morts continuent à vivre en nous. Ton

grand-père (ton oncle, ton cousin, etc.) t'a appris beaucoup de choses, n'est-ce pas ? Il continue à vivre en toi
de cette manière. »

- « On sera très triste, ce sera comme si, pendant quelque
  temps, quelque chose était mort en nous – on aura
  envie de pleurer tout le temps. Et puis, progressivement,
  quelque chose remplacera la tristesse. Ce sera plus doux,
  plus profond. Quelque chose comme un souvenir... Ça ne
  signifie pas qu'on oubliera. »
- On évitera, bien évidemment, les réponses lénifiantes :
  « Il est parti pour un long voyage », « Il dort pour toujours », « Il s'est endormi ». À un âge où un mot, c'est un
  mot, il vaut mieux ne pas entretenir la confusion sommeil = mort.

Mon petit chat est mort

En enfilant son manteau bleu marine, parce que le froid avait recommencé à percer, Alice a vu quelques poils gris sur le revers du col. Des poils de chat. Ça a fait comme des coups de griffe dans son cœur. Alice est restée debout dans le couloir, l'air malheureux. Elle s'est parlé à elle-même : "Qu'est-ce que tu attends, espèce de bêtasse ?" Elle n'attendait personne, surtout pas César.

César n'allait plus se frotter contre ses jambes, ni tendre sa tête en caressant ses mollets, de haut en bas, en disant dans son langage de chat :

– Ne me laisse pas tout seul. Pourquoi ne m'emmènes-tu pas ? Je m'ennuie tant, dans cet appartement.

Alice n'allait plus jamais lui répondre :

– Allons, César ! Sois sage ! Tu sais bien que je vais à l'école !

Et elle n'allait plus jamais le soulever en l'air ni lui caresser le dessous du menton, là où c'est si doux, en lui disant des secrets.

Non. César était mort. Il avait fallu l'emmener

chez le vétérinaire et lui faire une piqûre. Alice se rappelait: la longue table recouverte de papier blanc, l'odeur qui pique le nez, les mains carrées du vétérinaire, son regard très bleu.

– Allons, ma petite fille, avait-il dit, un peu de courage. Ton petit chat ne sentira rien, je te le promets. Il va s'endormir, tranquillement. Et puis c'est tout.

Alice avait regardé César, mais César n'avait pas regardé Alice. Son corps s'était tendu, puis relâché brusquement, pour toujours.

Alice est seule, debout dans le couloir, dans son grand manteau bleu marine, seule avec son chagrin. En retirant, un à un, les petits poils gris, elle pense à sa petite langue rose et râpeuse qui venait caresser le dos de sa main, quand elle rentrait de l'école, à son ronronnement si doux, quand il venait sur son lit. Son cœur va éclater. "César, comme tu me manques ! Mais comme tu me manques !" Elle voudrait dire d'autres mots, mais il n'y a rien d'autre à dire. Rien d'autre que ce gros nuage noir.

Maman arrive derrière Alice, elle la prend par le cou. Son regard est triste, et bleu.

– Alice, dit-elle. Tu viens ?

En vrai, maman ne dit rien, mais Alice comprend les mots cachés, qui se dissimulent derrière cette phrase. Maman voudrait lui dire :

– Ne sois pas triste, tu sais, il ne pouvait pas guérir, nous y étions obligés.

– Nous y étions vraiment obligés ? demande Alice, silencieusement.

– Vraiment-vraiment, répond maman, en silence.

Alice ne sait plus quoi faire de ses bras, de ses mains, de son cœur. Elle n'a plus envie d'habiller ses poupées, de faire de la pâte à modeler. D'ailleurs, a-t-elle encore le droit de jouer, quand des petits chats meurent tous les jours ?

Quand elle pense à tous ces chats, à tous ces gens, qui meurent chaque jour, ça doit faire des centaines, des milliers, des millions..., Alice serre les poings et ouvre enfin la bouche.

– À quoi ça sert tout ça ? hurle-t-elle. Je ne comprends pas ! Un petit chat vit, il tombe malade... Et puis il meurt. Et moi, il faudrait que je sois gaie, que je rie, que j'aille me promener ?

Maman soupire :

– Tu sais, Alice, ça va passer.

C'est si difficile de trouver les mots. Elle voudrait lui dire le cycle de la souffrance.

– Ta peine va passer, doucement, lentement. Il te restera d'abord de la tristesse et de la nostalgie. Et puis des bons souvenirs. Ça ne veut pas dire que tu l'oublieras. Au contraire. Mais tu penseras à lui, tu regarderas des photos. Tu te diras : "J'ai eu la chance de le connaître, même pendant quelques années. Il m'a donné beaucoup de joie, et moi aussi. Il m'a appris comme le dessous du menton et l'arrière des oreilles des petits chats sont doux! Je lui ai appris comme il est doux, aussi, de faire la fête à quelqu'un qui revient de l'école. Aujourd'hui, je suis contente, parce qu'il ne souffre plus, et moi non plus.»

Petit Pierre rencontre
la dame aux histoires

Pierre habitait avec ses parents, son chat Alphonse et son lapin blanc, dans une jolie maison en ardoise. C'était un petit garçon "presque" comme les autres..., sauf qu'il n'arrêtait pas de poser des questions. Il en avait cent à l'heure, dix à la minute! Tout petit déjà, avant de savoir parler, il montrait du doigt quelque chose d'un air interrogatif et, quand la réponse tardait, il hurlait et devenait tout rouge.

"Et pourquoi le chocolat est-il marron? Et pourquoi les lapins n'aiment-ils pas le chocolat? Et pourquoi le sucre est-il sucré? Et comment fait-on le sucre? Et pourquoi dit-on que les Martiens sont verts, alors qu'on ne les a jamais vus?" Ses parents levaient les yeux au ciel pour y chercher une solution, mais aucune réponse ne venait.

Plus Pierre grandit, plus ils se grattaient la tête, car, avec l'âge, les questions deviennent toujours plus compliquées. C'était, par exemple: "D'où viennent les maladies? Pourquoi les vieux finissent-ils par mourir? Et pourquoi suis-je moi, et pas Robin des Bois? Et où j'étais, avant de naître?" C'étaient des réponses qui exigeaient un peu plus de temps, et quand les parents sont occupés à changer une roue de voiture ou à préparer le dîner, c'est difficile pour eux de répondre.

Quand il posait certaines questions (celles sur les bébés, sur les maladies, sur la mort, par exemple), maman hochait la tête et répondait:

– Hum... C'est une question bien délicate, mon fils. Laisse-moi un petit moment pour y réfléchir, veux-tu.

Et systématiquement, peut-être parce qu'elle avait oublié, mais peut-être aussi parce qu'elle ne savait pas comment tourner les phrases, la maman de Pierre restait muette.

Il y a un âge où, à force de ne pas obtenir de réponses, vous ne posez plus de questions. C'est pourquoi le jour où Pierre trouva Lapinou blanc raide mort dans sa cage, il n'osa pas interroger sa maman, craignant de la plonger dans l'embarras. Sans doute, pensait-il, parce que certains mots comme "mort, malade, faire des bébés" sont des gros mots. Alors, le petit garçon enterra son lapin en silence, et sa question par-dessus.

Il se réfugia dans le jardin, dans sa petite tente à lui tout seul, comme font souvent les enfants uniques, et il réfléchit à la vie, à l'existence, et tout ça fit un petit nuage noir qui se promena dans sa tête. Il fut un peu triste, il eut un peu froid. Il ne savait pas que ça s'appelait "la solitude".

Un jour, en plein après-midi, alors qu'il était encore réfugié dans sa tente, Petit Pierre entendit une voix très douce. Il vit une dame, avec des yeux profonds et noirs, qui l'observait en souriant. Il aurait tout aussi bien pu la rencontrer dans le grenier, parmi les vieilleries, dans une brocante. Dans le ciel, pendant un baptême de l'air en hélicoptère, pendant une partie de pêche ou un concert de musique.

– Bonjour, Petit Pierre, lui dit la dame. Sais-tu qui je suis ? Je suis la dame aux histoires.

– La dame aux histoires ?

– Je viens voir les petits garçons comme toi, qui ont un nuage noir dans le cœur. Pour leur dire que certaines histoires, dans les livres, peuvent donner des réponses.

– Des réponses à toutes MES questions ? demanda Petit Pierre en écarquillant les yeux.

La dame aux histoires hésita :

– Tu n'y trouveras pas forcément TOUTES les réponses, mais certainement TOUTES tes questions. Tu verras, en lisant, que d'autres les partagent avec toi. C'est pourquoi les livres sont faits pour les petits curieux, ceux qui ont des milliards de questions et qui en plus veulent vivre plusieurs vies en même temps. Tu peux être à la fois Robin des Bois, Peter Pan, sans avoir d'autorisation spéciale ! Et le plus merveilleux, dans les livres, c'est que tu apprendras à vivre, à respirer, à goûter, à jouer... À faire beaucoup de choses que tu ne connaissais pas! Simplement avec quelques mots, du papier, et beaucoup d'imagination...

Elle lui tendit un livre, qu'il attrapa goulûment. À mesure qu'il lisait, son petit nuage noir disparaissait, et il se sentait si léger qu'il eut envie de chanter. Le vent dans les arbres chuchotait: "Lis, lis... C'est si bon, de lire." Et les oiseaux se groupaient dans leur nid pour le regarder savourer son livre.

Pendant qu'il le feuilletait, Petit Pierre crut entendre les chuchotements de petits gnomes, qui tournaient les pages avec lui. En réalité, il n'était plus du tout dans le jardin. Il n'était plus dans la cabane. Il aurait pu tout aussi bien être dans un avion, dans un bateau, dans un château, avec le roi Arthur.

Il était tout cela à la fois, il ressentait des choses qu'il n'avait jamais vécues auparavant. Le goût de la mer sur les lèvres, alors qu'il n'avait jamais vu la mer, la saveur d'un gâteau au citron, alors qu'il n'y avait jamais goûté, le cœur qui fait des bonds dans la poitrine quand on est amoureux, alors qu'il détestait les filles!

Il leva les yeux du livre, pour demander à la dame aux histoires comment de simples pages, de l'encre et du papier, et peut-être aussi de l'imagination, pouvaient avoir cet effet-là.

Mais la dame aux histoires avait déjà disparu. Dans le lointain, il entendit sa douce voix lui dire (mais peut-être était-ce le chuchotement du vent dans les arbres ?) :

– Petit Pierre, je reviendrai. Il existe des centaines de milliers, de milliards de livres !

Le nuage condensé de questions, tout noir, s'était envolé.

À la place, il y avait un petit nuage transparent, plein du désir de lire les milliers et les milliards de livres du monde entier. Depuis ce jour, Petit Pierre ne se sentit plus jamais écrasé par ses questions, dès qu'il avait un peu froid, et qu'il se sentait un peu seul, un peu chagrin, il attrapait un livre et, chaque fois, la magie recommençait.

CÔTÉ PARENTS

La question
de la transcendance
et de la philosophie

Les enfants savent très vite qu'un « autre monde » existe, un monde d'idées au-delà du réel. Tâchons donc de ne pas étouffer le philosophe qui sommeille en lui. On peut lui répondre avec des mots très simples, à sa portée. Mais on peut aussi, un peu plus tard, lui donner le goût de la philosophie, des livres et des arts.

Ses questions, si complexes, peuvent trouver une résonance dans la littérature, la poésie, la musique, la peinture... Les arts délivrent un langage universel, compris par tous, que nous recevons en plus avec émotion et plaisir. C'est pourquoi il est bon de leur montrer des œuvres d'art, que ce soit dans les musées, dans les livres ou à la télévision (pour les opéras).

Il doit apprendre une récitation pour jeudi ? Au lieu de le faire ânonner un peu bêtement, on peut lui en expliquer le sens caché, lui demander ce qu'il ressent devant telle ou telle image...

Lui faire aimer les livres

Si les livres ne l'accrochent pas encore, on lui raconte nos émotions enfantines, notre « plaisir du texte » (à notre époque, c'était plutôt Fantômette ou le Club des Cinq que Harry Potter). On peut même essayer de retrouver les livres à la bibliothèque. C'est important de leur transmettre nos émotions.

Ne soyons pas trop sélectifs ! Il vaut mieux lui laisser lire absolument ce qui lui plaît. Y compris des recettes de cuisine, des B.D., des livres « bébé ». S'il a l'amour des mots, il viendra de lui-même à autre chose.

Les phrases clés

- « Souvent, les livres sont des "doudous", pour les grands aussi. »
- « Les livres sont nos meilleurs amis... Souvent, ce sont

eux qui savent répondre aux questions importantes que l'on se pose. »

- « Un grand écrivain (Montesquieu) dit que même les gros chagrins peuvent passer, quand on se plonge pendant une heure dans un bon livre... »

Apolline cherche Dieu

Apolline était infiniment curieuse. Le premier mot qu'elle avait prononcé n'était ni "papa", ni "gâteau", mais "pourquoi". Et pourquoi les nuages sont-ils blancs? Et pourquoi les poissons rouges? Jusque-là, ça allait encore. Mais les questions changent avec l'âge. Un jour elle se demanda qui était ce Dieu dont on parlait tant.

– Dieu, c'est comme un grand-papa, avec une barbe blanche.

– Mais ça n'est pas un Père Noël. Dieu a créé le monde, et nous avec, Dieu habite dans le ciel. Voilà, ma chérie, répondit sa maman.

– Ah bon? Et quand il était petit, où habitait-il? Il a bien dû aller à l'école, du moins à partir de six ans?

Maman soupirait très fort:

– Ma chérie, Dieu n'a jamais été petit, il a toujours été très grand et très bon. Et grâce à lui, nous sommes grands et bons.

– Mais dans ce cas, demanda Apolline, pourquoi est-ce qu'on m'a volé mon vélo, dimanche dernier? Hein, maman?

La maman d'Apolline soupira en hochant la tête.

— C'est vrai. Dieu n'empêche ni les tremblements de terre, ni les vols de vélo, ni les bagarres dans les cours de récréation. Dieu ne peut pas empêcher que les hommes s'entre-tuent, c'est comme ça. Maintenant, laisse-moi travailler, s'il te plaît.

C'était bien la première fois qu'Apolline était renvoyée à ses questions. Elle se planta au beau milieu de sa chambre, les poings sur les hanches.

— Dieu, si tu existes, fais apparaître tout de suite un gâteau au chocolat avec des pépites dedans. Tout de suite!

Mais rien ne bougea. Évidemment.

— Allez, je suis sympa... Disons... une sucette. Une Chupa-Chups au Coca-Cola.

Elle ferma les yeux très fort et les ouvrit.

— Fais un tout petit miracle, que je croie en toi!

Mais, bien sûr, ni sucette ni Chupa-Chups ne descendirent du ciel.

Le lendemain, à l'école, Apolline posa la question à Clara, à Henri, à James.

— Ma maman dit que Dieu n'existe pas. Moi, je crois que Dieu, c'est le Père Noël, répondit James, ils ont tous les deux une grande barbe blanche, et on ne les voit jamais. C'est simplement que, le jour de Noël, il descend sur terre dans un habit rouge.

Clara lui dit:

– Mon papa m'a dit qu'il y a des tas et des tas de dieux! Il y a le dieu du vent, le dieu de la pluie, le dieu des blés, et tout ça.

Et Henri lui dit:

– Ma maman pense que Dieu se cache tout le temps. Il est invisible, et pour le trouver, il faut aller loin, très loin... dans le désert dans le ciel. Ou en forêt.

Toutes ces explications semblaient tenir debout, ce qui compliquait encore les choses. Apolline prépara son petit sac. "Henri a raison: tout se passe dans les forêts, réfléchit-elle. C'est là que le Petit Chaperon rouge a rencontré le loup; c'est là que Boucle d'or a vu les trois ours. Moi, je vais y rencontrer Dieu." Et ainsi Apolline s'enfonça profondément dans la forêt. Elle marcha pendant des kilomètres et des kilomètres, avant de rencontrer qui que ce soit. Enfin, devant elle, elle croisa un petit pinson qui sautillait gaiement.

– Bonjour, le pinson! Je cherche Dieu! dit Apolline.

– Dieu, c'est le printemps, les nids, les brindilles, les petits vers, et un peu de soleil en prime, dit le petit pinson en voletant à tire-d'aile. Allez, salut!

Apolline soupira et hocha la tête. Ça, c'était bien

une réponse de pinson... Elle reprit courageusement sa marche. Après quelques centaines de mètres, un lapin gris détala devant elle. Apolline lui cria sa question:

— Tu n'aurais pas vu Dieu, par hasard?

Le lapin s'arrêta tout net et lissa ses moustaches d'un air triste.

— Il y a encore quelques mois, je t'aurais dit qu'il était là, loin des balles et des fusils. Mais ma maman s'est fait tuer par un chasseur dimanche dernier. Alors, à quoi bon avoir un Dieu, s'il vous permet de vous faire tuer?

— C'est vrai, dit Apolline. Nous aussi, on a des tremblements de terre, et des catastrophes, et des famines... Et moi aussi, dimanche dernier, je me suis fait voler...

Mais le lapin avait déjà détalé.

Le jour commençait à baisser, et Apolline avait très faim et soif. La question faisait un énorme creux et des zigzags au fond de son ventre. Et, en regrettant sa petite chambre bien douillette, mais pleine de questions, c'est alors qu'elle le vit... Non pas Dieu, mais un minuscule petit troll doté d'une crinière bleu roi, qui faisait un petit halo dans la nuit noire. Apolline s'agenouilla par terre, prit sa plus petite voix, car elle savait que les trolls disparaissent parfois en un clin d'œil, quand ils sont effarouchés.

— Dis-moi, petit troll... Je voudrais voir Dieu, lui demander s'il nous aime, ou s'il se fiche de nous, dit Apolline. Sais-tu où je peux le trouver?

– Oh, oh, répondit le troll de sa minuscule voix, je suis désolé, ma grande fille, mais il est impossible de voir Dieu. Et tu sais pourquoi?

– Non! dit Apolline.

– Dieu est un grand timide, qui se cache un peu partout. Dieu est dans le soleil, au-dessus des peupliers, tout chaud, tout rond. Il est dans le parfum des feuilles, dans le printemps qui revient après l'hiver, dans le nuage rose qui se couche, très loin, dans la musique, si belle et si triste qu'elle te fait monter les larmes aux yeux. Quand tu es amoureuse et quand tu lis un livre formidable qui te remue tout entière, Dieu est là aussi.

Et le petit troll hocha la tête.

– Tu ne trouveras pas Dieu dans le bruit, tu ne le trouveras pas si tu cours trop vite, si tu ris trop bruyamment, et peut-être pas non plus si tu le cherches trop fort. Moi, parfois, quand je reste assis, comme ça, le nez au vent, le visage dans le soleil, et bien j'entends et je vois Dieu, même si j'ai les yeux fermés.

Apolline ne disait plus rien, mais elle pensait: "Moi aussi", et le troll regarda Apolline en mettant le doigt sur sa bouche.

– Maintenant, petite fille, rentre vite chez toi! Il ne faut pas non plus tout expliquer, ni tout analyser. Sinon, Dieu s'en va aussi vite qu'il est venu. Non seulement il est timide, mais il déteste les explications.

Apolline salua le troll et le remercia énormément. Et repartit avec un peu moins de curiosité, et beaucoup plus d'émotion dans la gorge.

Quand elle rentra chez elle, elle se mit au piano. Et elle joua, longtemps, jusqu'à en avoir les larmes aux yeux. Et c'était bien la première fois que cela se produisait. C'était un petit miracle, et beaucoup mieux qu'une sucette au coca ! Pour le pinson, c'était le printemps ; pour le lapin, c'était le silence.

– Moi, mon Dieu à moi, c'est la musique, décréta-t-elle.

Plus tard, Apolline devint une pianiste, ce qui, bizarrement, diminua un peu sa curiosité.

CÔTÉ PARENTS

Ses questions sur Dieu

À 4-5 ans, les prémices de la « pensée de la mort » se font jour en lui. Il commence donc à éprouver le besoin de croire en Dieu et en l'au-delà. C'est un besoin de se rassurer. Il en parle parfois sous forme de questions, après le décès d'un proche : « Et grand-père, il continue à respirer ? Comment il vit, là-haut ? Comment est-il habillé ? » À 6-7 ans, âge de raison, il entre vraiment de plain-pied dans le réel. Il quitte le monde du Père Noël et, à ce moment-là, éprouve souvent un réel besoin de croire en Dieu. En outre, à travers le récit des origines, ce qui le fascine, c'est sa propre origine... Comment suis-je né ? Qu'y avait-il avant moi ? La religion permet d'arrêter la chaîne du questionnement : pour lui, c'est rassurant.

Comment lui répondre ?

Dans les familles croyantes, c'est facile : direction catéchisme dès le cours préparatoire.

Si l'on doute, il faut lui laisser développer sa vision des choses, et non lui assener avec violence qu'on n'y croit pas, et encore moins qu'« il n'y a rien après la mort » !

En revanche, inutile de prétendre que l'on croit en Dieu si ce n'est pas le cas.

Les phrases clés

- On lui dit : « Tu as le droit de penser différemment, nous ne sommes pas obligés de partager le même avis. »
- C'est le moment de lui dire que Dieu peut exister dans autre chose – ce que l'on appelle la « transcendance ».
- « On ne le voit pas, mais on a le sentiment que quelque chose d'autre existe (autre chose que le réel...). On peut le reconnaître dans la musique, dans les arts, dans les livres aussi. »
- « C'est un sentiment religieux, comme quand on est dans une église et que l'on se met à prier et à chanter tous ensemble. »

Lire aussi

« Petit Pierre rencontre la dame aux histoires », p. 381.
« Les petits rats de l'Opéra », p. 369.

Bibliographie

Bettelheim Bruno, *Psychanalyse des contes de fées*, Robert Laffont, 1976.

Causse Rolande, *Qui a lu petit, lira grand*, Plon, 2000.

Rodari Gianni, *Grammaire de l'imagination*, Rue du Monde, 1998.

Bachelard Gaston, *Poétique de la rêverie*, P.U.F., 1997.

Pennac Daniel, *Comme un roman*, Gallimard, 1995.

Péju Pierre, *La Petite Fille dans la forêt des contes*, Robert Laffont, 2002.

Desmeuzes-Balland Sylvette, *La Grande Enfance, 6-11 ans*, Albin Michel, 1998.

Brunet Christine, Sarfati Anne-Cécile, *Petits tracas et gros soucis de 1 à 7 ans*, Albin Michel, 2002.

Dolto Françoise, *La Cause des enfants*, Pocket, 1995.

Dolto Françoise, *Les Chemins de l'éducation*, Gallimard, 2000.

Winnicott Donald, *L'Enfant et sa famille*, Payot, 2002.

Winnicott Donald, *Conseils aux parents*, Payot, 1995.

Table

Table   401

Table 403

 **www.livredepoche.com**

- le **catalogue** en ligne et les dernières parutions
- des **suggestions de lecture** par des libraires
- une **actualité éditoriale permanente** : interviews d'auteurs, extraits audio et vidéo, dépêches…
- **votre carnet de lecture** personnalisable
- des **espaces professionnels** dédiés aux journalistes, aux enseignants et aux documentalistes

Composition réalisée par IGS-CP

Achevé d'imprimer en mai 2009 en France sur Presse Offset par
Maury-Imprimeur - 45330 Malesherbes
N° d'imprimeur : 147100

Dépôt légal 1re publication : juin 2009
Librairie Générale Française - 31, rue de Fleurus
75278 Paris Cedex 06